城市效率学初探

——基于城市住区代谢效率的研究实践

赵千钧　张国钦　吝　涛　等　著

科学出版社

北京

内 容 简 介

本书以中国科学院重要方向项目"城市住区形态变迁对城市代谢过程及效率的影响研究"及后续相关科研项目的系列成果为主要内容，以城市住区代谢效率作为研究对象，从城市生态学角度出发，结合地理学、人居环境科学、城市规划与管理学、社会学等多学科理论与技术，从城市功能运行和空间组织两个层面系统地开展城市住区代谢效率的调查、分析、评估、模拟、影响因素及政策探讨，主要内容包括：城市住区代谢效率的有关概念和研究思路，住区形态变迁的制度背景及住区物质形态和社会形态的变迁，城市住区运行代谢效率的评估与模拟，城市住区与就业空间组织及城市住区与休憩空间组织对城市住区代谢效率的影响。本书旨在为当前快速城镇化背景下的中国城市规划、城市建设与城市管理提供科学的理论与方法支持。与同类书籍相比，本书内容上更具有学科交叉性和综合性的特点，既涉及生态学中的理论创新内容，又吸收了地理学、城市规划学、社会学等学科的方法论，开展应用实践研究。

本书主要读者对象包括生态学、地理学、环境管理、社会学、城市规划等相关学科的大专院校和科研机构相关专业科研人员及学生，以及城市建设、市政园林、国土、环保及交通等相关部门的管理与工作人员。

图书在版编目（CIP）数据

城市效率学初探：基于城市住区代谢效率的研究实践/赵千钧等著. —北京：科学出版社，2017.6

ISBN 978-7-03-053343-2

Ⅰ. ①城… Ⅱ. ①赵… Ⅲ. ①城市地理学–研究 Ⅳ. ①C912.81

中国版本图书馆 CIP 数据核字（2017）第 130589 号

责任编辑：文 杨 程雷星/责任校对：何艳萍
责任印制：徐晓晨 /封面设计：迷底书装

科学出版社 出版
北京东黄城根北街 16 号
邮政编码：100717
http://www.sciencep.com

北京京华虎彩印刷有限公司 印刷
科学出版社发行 各地新华书店经销

*

2017 年 6 月第 一 版 开本：787×1092 1/16
2018 年 1 月第二次印刷 印张：16 1/2
字数：420 000
定价：79.00 元

（如有印装质量问题，我社负责调换）

前　言

　　城市是人-地系统相互作用最强烈的区域，也是各种人类活动与自然因素构成的复合生态系统，一直以来都是城市学家、社会学家、地理学家、生态学家等关注的热点。但由于人类对城市生态系统认识不足，城市规划和建设未能完全按照系统学、地理学、生态学、环境学等学科的规律进行，从而引发一系列的城市病。因此，城市发展各系统及系统之间运行的效率研究应该成为城市规划和发展布局的科学理论基础，用以衡量城市各功能的发展程度和合理性。开展城市效率学研究，能够帮助人们科学认识城市社会-生态系统的代谢过程与效率，尤其是城市居民住区形态变迁和城市居民出行方式改变带来的城市能量代谢过程的影响机制及其演变规律，是城市规划管理及其可持续发展的基础，具有重要的理论与应用价值。

　　国际上对城市的基础代谢研究十分重视，并陆续开展了一系列重要的科学研究计划。但值得深思的是，城市效率作为城市各类规划的基本衡量指标，需要建立完善的理论体系和方法论，以及完善的学科体系，以使"与人类健康、生产、生活及发展最密切的城市发展研究"更加科学化，并建立城市效率学。此背景下，研究组在中国科学院重要方向项目"城市住区形态变迁对城市代谢过程及效率的影响研究"（项目编号 KZCX2-YW-450）的成果基础上，总结归纳，梳理整合，对城市效率研究进行了初步探索，期望借此来推动城市效率学研究。

　　本书以中国科学院重要方向项目"城市住区形态变迁对城市代谢过程及效率的影响研究"的系列成果为主要内容。该项研究从城市生态学角度出发，结合地理学、人居环境、城市规划与设计、社会学等学科，探索城市住区形态及城市代谢如何与可持续城市建设有效衔接、城市生态系统服务如何进行区域优化配置、城市生态环境承载力如何与城市规模相匹配等问题。

　　本书主要从城市住区内部运行的代谢效率和城市住区空间组织的代谢效率两个层面系统展示了城市住区代谢效率的系列研究成果，旨在为合理的城市规划、城市管理与城市建设提供科学的理论与方法支持。与同类书籍相比，本书内容上更具有学科交叉性和综合性的特点，既涉及生态学中的理论创新内容，又吸收了地理学、城市规划学、社会学等学科中方法论研究的精髓。

　　本书十二个章节以城市住区代谢效率作为城市效率学的具体研究对象，这十二章可以分为四个部分，第一部分包括第一章和第二章，主要阐述城市住区代谢效率的有关概念和研究思路；第二部分包括第三章~第五章，主要论述住区形态变迁的制度背景及住区物质形态和社会形态的变迁；第三部分包括第六章~第九章，主要研究城市住区运行代谢效率的评估与模拟；第四部分包括第十章~第十二章，重点关注城市住区与就业空间组织及城市住区与休憩空间组织对城市住区代谢效率的影响。其中，第一章主要由李旋旗、肖黎姗、刘江、刘勇等完成，第二章由赵千钧、崔胜辉、吝涛、李新虎、郭青海、林剑艺、张国钦等完成，第三章~第五章由赵千钧、张国钦、尹锴、赵煜完成，第六章由李旋旗、冯玲等完成，第七章由高莉洁完成，第八章由冯玲、吝涛完成，第九章由王进、吝涛完成，第十章和第十一章由邱全毅、周健完成，第十二章由叶红、宋瑜、邱全毅等完成。全书由赵千钧、张国钦、吝涛统稿。

本书在撰写过程中，得到了中国科学院、国家自然科学基金委员会等有关部门的大力支持，并得到中国科学院重要方向项目"城市住区形态变迁对城市代谢过程及效率的影响研究"（项目编号 KZCX2-YW-450）、国家自然科学基金面上项目"基于碳代谢的城市功能空间布局与运行效能评估研究"（41371540）、国家自然科学基金青年科学基金项目"基于城市功能分区的碳收支平衡时空分异机制分析与模拟"（4201598）、国家自然科学基金青年科学基金项目"融合多要素的城市住区复合可达性时空分异、影响机制与优化策略研究"（41201155）、国家自然科学基金青年科学基金项目"融合多尺度 GIS 空间分析与环境暴露评价解析城市癌症高发区形成机制"（40901243）、国家自然科学基金青年科学基金项目"耦合社会人文与自然环境因子的城市家庭能耗碳排放驱动机制研究"（41101551）、国家自然科学基金面上项目"基于绿化植物优选和群落结构配置的城市森林滞尘效应定量模拟研究"、国家自然科学基金青年科学基金项目"基于高分辨率遥感影像的城市森林固碳释氧生态服务功能综合评估方法研究"等项目的资助。在此成书之际，谨向一直以来关心、支持和帮助此项研究的中国科学院、国家自然科学基金委员会，以及中国科学院城市环境研究所、中国科学院遥感与数字地球研究所等相关部门领导和专家致以谢忱，向参与此项研究的同事和同学表示衷心的感谢！

城市效率学研究是一门新学科的初步探索，理论与方法尚不成完整体系，加之成书出版时间仓促，作者水平有限，难免有疏漏和不足之处，期望专家同行与广大读者不吝赐教，以期在后续的研究中不断完善进步。

作　者

2016 年 10 月于厦门中国科学院城市环境研究所

目　　录

前言

第一章　城市住区形态与城市代谢理论 ………………………………………… 1

　　第一节　城市住区形态 …………………………………………………………… 1

　　第二节　城市代谢理论 …………………………………………………………… 5

　　参考文献 ………………………………………………………………………… 11

第二章　城市住区代谢效率研究概述 ………………………………………… 14

　　第一节　研究背景 ……………………………………………………………… 14

　　第二节　研究方案 ……………………………………………………………… 18

　　第三节　研究区域 ……………………………………………………………… 22

　　参考文献 ………………………………………………………………………… 25

第三章　城市住区形态变迁的制度背景 …………………………………………… 27

　　第一节　中国城市住房制度改革回顾 ………………………………………… 27

　　第二节　厦门城市住房制度改革回顾 ………………………………………… 34

　　第三节　城市住房制度改革述评 ……………………………………………… 40

　　参考文献 ………………………………………………………………………… 40

第四章　城市住区物质形态的演变过程 …………………………………………… 41

　　第一节　经济特区成立之前（1980 年以前）………………………………… 41

　　第二节　住房制度改革前期（1980~1990 年）……………………………… 45

　　第三节　住房制度改革初期（1990~2000 年）……………………………… 50

　　第四节　住房制度改革后期（2000 年以来）………………………………… 54

　　第五节　城市住区物质形态变迁的定量分析 ………………………………… 61

　　第六节　研究小结 ……………………………………………………………… 64

　　参考文献 ………………………………………………………………………… 64

第五章　城市住区社会形态的分异 ………………………………………………… 66

　　第一节　基于统计数据的分析 ………………………………………………… 66

　　第二节　基于问卷调查的分析 ………………………………………………… 75

　　第三节　城市住区社会形态的因子分析 ……………………………………… 83

　　第四节　研究小结 ……………………………………………………………… 87

　　参考文献 ………………………………………………………………………… 87

第六章　城市住区内部运行的代谢效率 …………………………………………… 89

　　第一节　分析方法 ……………………………………………………………… 89

　　第二节　数据来源 ……………………………………………………………… 93

　　第三节　数据处理 ……………………………………………………………… 95

第四节　不同住区类型代谢效率比较 ··· 98
参考文献 ··· 106
第七章　典型城市住区的代谢效率 ·· 108
第一节　研究概述 ·· 108
第二节　研究方法与数据 ·· 109
第三节　住区系统代谢流分析 ·· 115
第四节　住区系统能值及代谢效率分析 ·· 128
第五节　结论与展望 ·· 141
参考文献 ··· 143
第八章　城市住区形态变迁碳足迹评估 ··· 146
第一节　研究概述 ·· 146
第二节　数据及方法 ·· 147
第三节　碳排放分析 ·· 155
第四节　住区间碳排放差异与影响因素 ·· 159
第五节　结论与对策建议 ·· 166
参考文献 ··· 168
第九章　低碳城市住区形态的时空模拟 ··· 170
第一节　研究概述 ·· 170
第二节　研究方法 ·· 173
第三节　研究结果 ·· 177
第四节　分析与讨论 ·· 193
第五节　研究小结 ·· 194
参考文献 ··· 195
第十章　城市住区形态变迁的通勤效应 ··· 198
第一节　研究概述 ·· 198
第二节　研究方法 ·· 199
第三节　研究结果 ·· 208
第四节　分析与讨论 ·· 218
第五节　研究小结 ·· 222
参考文献 ··· 222
第十一章　城市住区形态变迁的碳排放效应 ··· 224
第一节　研究概述 ·· 224
第二节　研究方法 ·· 224
第三节　研究结果 ·· 228
第四节　分析与讨论 ·· 232
第五节　研究小结 ·· 235
参考文献 ··· 235

第十二章　家庭能耗碳排放的城市化影响机制 ································· 237

第一节　研究概述 ·· 237

第二节　研究方法 ·· 237

第三节　研究结果 ·· 241

第四节　分析与讨论 ·· 251

第五节　研究小结 ·· 252

参考文献 ·· 253

第一章　城市住区形态与城市代谢理论

第一节　城市住区形态

一、城市住区的概念界定

1. 城市住区的概念

住区是指人类赖以生存和发展的定居地，有广义和狭义之分。广义的住区是具有泛义性的概念，通常指联合国人类住区规划署所说的"人类住区"，泛指城市、集镇和村庄及维系人类一切活动所需的物质和非物质的结构整体，其范围大至整个人类共同居住的地球，小至人类聚居的城市、乡村。"人类住区"不仅是一个地理系统，还涵盖了人类定居生活的过程，以及维系这一过程的社会结构的有机结合。广义的住区通常应包括人群、地域、设施、制度和文化五个要素，具体是指：①以一定生产关系为纽带组织起来的，进行共同生活的、达到一定数量规模的人群；②人群赖以从事社会活动的有一定界限的地域；③整套相对完备的生活服务设施；④一套相互配合的、适应群体生活的制度和相应的管理机构；⑤基于经济发展水平和历史文化传统、生活方式，以及与之相连的社会成员对所属住区在情感上和心理上的认同感和归属感等[1]。

狭义的住区则可理解为"居住的区域"，是指以居住功能为主，包括相关配套服务设施在内的区域。因此狭义住区具有地域性的特点，一般与特定的地域相联系并且具有相应设施以维系其中的人的生存与发展。狭义住区的早期原型是"聚落"，聚落在人文地理学中指人类住宅及其附带的各种营造物的集合体。

一般而言，住区可以分为城市住区和农村住区。农村住区是人类社会出现得最早的住区形式。城市住区是由人类住区的概念演化而来的，相对于农村住区而言的关于城市居住区及其环境的综合性概念。与住区概念类似，社区这一概念也较多被用在城市聚居地的相关研究中[2,3]，但是社区表示一种"有共同价值观念的同质人口组成的密切、互助、人情浓厚的社会团体"，比住区涵盖的内容更为广泛，它还包含居民相互间的邻里关系、价值观念和道德准则等维系个人发展和社会稳定与繁荣的内容，而住区更多地体现在地域范围上，强调人类居住功能[4]。因此，本书中的城市住区，指没有规模等级、没有特定的人口规模大小或用地面积指标，城市市域范围内具有明显边界的居住生活聚居地。

2. 相关概念的比较

除了上文提及的住区概念以外，还有住宅、居住区、社区等比较常见的人居单元的概念，它们与住区的异同和关系，在进行下一步讨论之前有必要加以诠释和比较。

1）住宅

住宅是指专门用于人类居住的房屋，多指房屋建筑，是一个单体的概念。主要包括公寓、别墅、廉租房、自建房和集体宿舍等。如果单纯按层数的不同可将住宅建筑分为四类：低层住宅（1~3 层）、多层住宅（4~6 层）、中高层住宅（7~9 层）和高层住宅（10 层以上）。

2）居住区

居住区经常在城市规划中使用，是新中国成立以后我国的住区规划受到苏联规划思想的影响而形成的"居住区-居住小区-居住组团"的结构中最高等级的居住单元。根据《城市居住区规划设计规范》（GB 50180—1993〔2002〕）中的定义，"城市居住区泛指不同居住人口规模的居住生活聚居地和特指被城市干道或自然分界线所围合，并与居住人口规模（30000~50000 人）相对应，配建有一整套较完善的、能满足该区居民物质与文化生活所需的公共服务设施的居住生活聚居地"。

3）社区

"社区"一词最早源于拉丁语，意指"共同的东西"或"亲密伙伴关系"。1887 年德国社会学家腾尼斯（Ferdinand Tönnies）首次将"社区"一词用于社会学，表示一种"有共同价值观念的同质人口组成的密切、互助、人情浓厚的社会团体"。中文的"社区"一词，是20 世纪 30 年代中国社会学者由英语"community"翻译而来的，其本意是指共同的事物和亲密的伙伴关系。社区与住区的概念类似，目前国内对于社区有众多定义，部分如下[2,3]。

（1）社区是若干社会群体或社会组织聚集在某一地域内形成的一个在生活上相互关联的大集体。

（2）社区是进行一定社会活动、具有某种互动关系和共同文化维系力的人类生活群体及其活动区域。

（3）社区是指一定地域内按一定社会制度和一定社会关系组织起来的，具有共同人口特征的地域生活共同体。

（4）社区是由聚集在某一地域中的社会群体、社会组织所形成的生活上相互关联的社会实体。

（5）社区是指聚集在一定地域范围内的社会群体和社会组织，根据一套规范和制度结合而成的社会实体，是一个地域社会生活共同体。

（6）社区是一个地域内的主要社会活动或者生活方式基本上属于同一类型的相对独立的地区性社会。

这些定义可以分为两大类：一类是功能主义的观点，认为社区是由具有共同目标和共同利害关系的人组成的社会团体；另一类是地域性的观点，认为社区是在一个地域内共同生活的有组织的人群。虽然"社区"一词可以作多方面的理解和使用，但其地域性的特征得到大多数社会学家的认可。

住宅是组成居住区、住区、社区等的基本单元。居住区更多被用作城市规划的专业术语，强调客观的居住功能本身。住区指包括住宅在内的整个居住空间，除了住宅外，还包括居住所必需的基础设施和公共配套设施等，是一个区域的概念。住区在某种程度上强化了居民主体、社会、文化等内涵，而不考虑"居住区"体系的规模等级[4]。

二、城市住区形态的内涵

《辞海》中对"形态"的定义是指事物在一定条件下的表现形式，包括形状和神态两方面。因此，住区形态可以指住区的各组成要素在一定的社会经济背景下，一定的生活方式和生活观念的制约下（或社会系统的作用下）所表现出的物质形态和社会形态，其中社会形态可以理解为与物质形态相对应的非物质形态[4]。

住区的物质形态是指感官所见的住区最明显的特征，不仅包括内部空间结构，如住区内部单体住宅的类型和风格、群体的布局、用地规模和形状、配套设施、住区道路、住区景观等实体要素的外部表现形式，还包括住区的区位及其与周边功能空间的关系等外部空间结构，如距离公共服务设施的距离、交通的便利程度、工作地点与住区的距离等。

非物质形态一方面体现在住区内部居民的社会属性上，表现为居民在户籍、年龄、受教育程度、职业、收入水平、家庭结构、生活方式、文化价值观念、行为心理、人际关系等方面的差别和住区管理模式的不同；另一方面也由于建造年代的不同，带有一定的时代特色，如计划经济时期的单位福利房与市场经济时期的商品房反映出人们不同的居住模式。从生态学的角度来看，住区形态的形成是一种复杂的经济、文化现象和社会过程，也是社会经济自然复合生态系统中各要素相互作用的结果，在不同的地理环境和区域内部，不同的社会发展阶段，都有不同的表现形式。

三、城市住区形态的类型

1998 年国务院颁布了《关于进一步深化城镇住房制度改革加快住房建设的通知》（国发〔1998〕23 号），该文件宣布全国城镇从下半年开始停止住房实物分配，全面实行住房分配货币化，同时建立和完善以经济适用住房为主的多层次城镇住房供应体系，彻底宣告了旧有的福利住房分配体制的结束，标志着住房制度改革进入了一个新的时代。住房改革使居住形态发生演替和更迭，但是住房制度具有继承性和路径依赖性，因此包含了各个时期丰富的居住形态。下面以本书案例城市厦门市为例，阐述城市不同时期的住区形态类型。

自住房制度改革实施以来，厦门市的住区形态承接了福利分房时代遗留的"单位大院"形式的低层住宅楼（如分别建设于 20 世纪 80 年代和 90 年代的湖滨二里和外代小区），在随后的市场化转轨过程中，出现了配套齐全的商品化居住小区，这一阶段住宅从单一化模式化逐渐向多样化、社区化过渡。20 世纪二三十年代大同路沿线发展起来的骑楼建筑依旧保持完好，旧式的住区形态如传统的闽南大厝在厦门岛内还可以寻见踪影。传统民居、单位制居民楼和各类居住小区，共同构成了厦门市多样化的住区形态。这一时期的住宅模式最为丰富齐全，呈现出社会转型时期的时代特点。根据对厦门市内住区的考察和对具有代表性住区的调查，以住房制度改革为主线，根据城市住区的各种主要特质，将城市住区分为旧式住区、传统单位住区、普通商品房住区、新式商品房住区和半城市化住区 5 个类型。

1. 旧式住区

这类住区有三个特点：一是年代久远，一般在新中国成立之前；二是层数较低，一般为2~3 层；三是特色明显，如鼓浪屿上很多建筑都有百年以上的历史，中山路附近沿街骑楼建筑具有典型的闽南特色。然而，这一区域内部居民自建住宅拥挤、老化，居住环境不佳则是老居住区的另一特点。骑楼糅合了传统建筑和西方建筑特点，适应炎热多雨的气候，成为近代住宅和沿街商店等建筑的主要形式。分布于厦门市中山路、大同路沿线的近代骑楼建筑，不但具有气候适应性，而且横贯老城区，成为富含厦门城市特色的购物、居住、旅游空间[5]。

2. 传统单位住区

传统单位住区一般是单位自建房，由单位出资或者职工集资建设，建成后免费（或收取象征性房租）供本单位职工居住，房屋产权归单位所有。根据规模的不同，传统单位住区可能只是一个居住组团或者居住小区，规模较大的公用设施齐全、布局完整、统一规划、环境良好、以成套多层住宅为主。单位住区由于建筑年代较早，总体建筑面积小，缺乏绿地空间和室外空间的规划设计。典型的如湖滨四里厦门酿酒厂职工宿舍，为厦门市 1981 年职工住宅自筹基建计划准备项目，建筑面积为 2554m²，建筑高度 18m，平均层高 3m，于 1984 年 10 月竣工验收。平均每户建筑面积 53.21m²，每户居住面积 30.84m²，共 48 户。又如，槟榔花园 B1 原为厦门东南亚工程公司商住楼，1989 年 12 月 30 日竣工，有三幢商住楼，建筑形式为 7 层混合结构。住区内早期的居民都属于一个单位，居民之间社会关系紧密。住房制度改革之后，居民拥有了房屋的产权，并有机会在条件更好的小区购房，所以住区内出现了房屋转让和出租现象，也造成传统单位住区内居民社会结构的变动。

3. 普通商品房住区

住房制度改革后住房已经成为商品供市民买卖。由于土地资源紧俏，厦门岛内住区开发密度不断增加，2000 年以后，7 层以上的小区占住区开发的比重不断提高。住区统一规划，内部环境良好、布局完整、市政公用设施配备齐全，居民的社会结构复杂，不同职业和背景的人口居住在同一小区内。这一时期的典型住区如金尚小区和瑞景新村等。金尚小区建成于 20 世纪 90 年代末，小区内常住人口规模约为 15000 人，包括 5000 人左右的外来人口；小区内有沿街店面、绿地、停车场，户外活动空间规划完好，公共基础配套设施齐全。瑞景新村开发周期较长，从 20 世纪 90 年代末延续到 2000 年后，建筑高度为 6~18 层，居住规模大，小区内部设施完善，位于城市繁华地带，周围商业和交通发达，开发周期长，建筑层次参差不一。

4. 新式商品房住区

随着经济的快速发展，社会财富迅速增加，人们对高水平生活的追求也在不断提升。科学技术的进步，使生活方式的转变节奏也逐渐加快。因此，为满足一部分中高收入人群的居住需求，新式商品房住区在 20 世纪末的国内大中城市逐渐展露身影。这一类型的住区一般都进行区域整体规划开发，有针对私家车管理的完整设计。然而，由于居民拥有私家车较多，所以对住区周围配套设施的便利程度要求并不高，其选址一般偏重环境优美的地方。新式商品房住区在市区以 12 层以上的公寓小区为主，而城市外围主要以别墅形式存在。

5. 半城市化住区

随着城市化、工业化进程的加快，城市和乡村在社会、经济和自然环境上相互作用，在两者的界线上出现的趋于模糊、渐变特征显著的区域或复合生态系统被称为半城市化地区。半城市化地区，地域景观混杂，城市景观和农村景观并存，城乡职能混杂交错[6-8]。与传统的城乡二元景观不同，半城市化是指以农村地域为基础，部分出现城市特征的非完全城市化现象和过程，空间分异构成一定的城市化梯度[9]。半城市化地区特有的自然格局、经济属性和人口聚集程度衍生出一系列生态环境问题。

6. 城中村

"城中村"从字面上可以理解为位于城市建成区内部的"农村"。具体为原来的农村居民点周围集体所有的土地在城市发展的过程中被城市建设征用，而自身的发展空间受城市规划影响被限制在特定的范围内，又很少有规划引导，成为城市建设的盲点，由此造成自身与周围的城市景观格格不入的状态。城中村在物质形态和非物质形态上都与周围的城市住区有很大的差别。首先，建筑密度高于其他商品房住区，无统一规划，多为农民自建房，住区内部基础设施和配套设施没有按城市的标准进行配置，但是居民可以利用周围的城市设施，生活很方便。其次，居民从农民转变为市民，谋生方式表现为非农化的特征，但是受居民自身素质所限，很少能从事技术性较高的工作，多数是在附近的工厂打工、从事个体经营或者提供房屋租赁。居民的其他社会特征也出现了不同程度的转变，如生活方式上更接近城市居民、子女有更多的机会接受高等教育从而改变普遍受教育程度较低的现状等。最后，城中村中聚集了大量外来人口，一方面，外来人口对廉租房的需求造成了城中村竖向增长、建筑布局混乱的物质形态；另一方面，外来人口的涌入使社会结构变得复杂，城中村往往成为城市问题地区的代名词。根据 2009 年厦门市 IKONOS 遥感影像解译结果，厦门岛内城中村用地为 8.75 km^2，城镇住宅用地为 24.46 km^2（不含城中村用地）。城中村占岛内各用地类型的比例达6.13%，是城镇住宅用地的 35.77%。例如，位于湖里区的寨上，靠近工业区，交通比较便利，聚集着大量外来人口。建筑层高多为 4~7 层，为 20 世纪 90 年代翻修，建筑质量差，无活动空间和绿化设施，主要用于出租给外来务工人员。城中村的社会结构混乱，社区组织管理薄弱。空间形态和内部结构与周围反差强烈[10]，住房建设杂乱，基础设施严重缺乏，落后于城市发展进程。

第二节　城市代谢理论

一、城市代谢理论的起源

"代谢"（metabolism）一词起源于生物学对生命体的研究，牛津词典中将之解释为生命体内把食物等一切原料转化为成长所需的能量和物质的一系列有序化学反应的总称。城市是一个不完全的生态系统，其运转所需的物质与能量及运行产生的末端废弃物都必须与外界进行交换而获得或处置，而在此过程中，自身的结构和功能得以维系和发展，一定意义上来说这与一个完整生命体的特征十分吻合。基于这一点，1965 年 Wolman 首次提出"城市代谢"理论，并将"城市的代谢需求"解释为：用来维持城市居民生活、工作和娱乐的所有材料和商品，以及在一段时间内城市构建和维护所需的建筑材料；代谢循环的整个过程，直到废弃物和生活残留物完成危害最小化处理后才算真正完结[11]。在"城市的代谢"一文中，作者认为城市系统的运作是一个新陈代谢的过程，进而可以将其视为一个有机体来分析城市系统对各种资源和能源的需求，并以一个人口为 100 万的假想城市为例分析了城市对于能源、水、矿产资源及废弃物的代谢情况，以及排放的废弃物反作用于自然生态系统的压力[11]。普遍认为，这一研究标志着城市代谢研究的开始。此后，城市代谢理论迅速得到广泛认同。在接下来的近半个世纪里，此领域研究不断深入，并在与其他城市研究的核心领域相互渗透与演变过程中持续地更新拓展。时至今日，城市代谢的相关研究已经成为国际城市生态环境会议的必备议题。早期的城市代谢模型如图 1.1 所示。

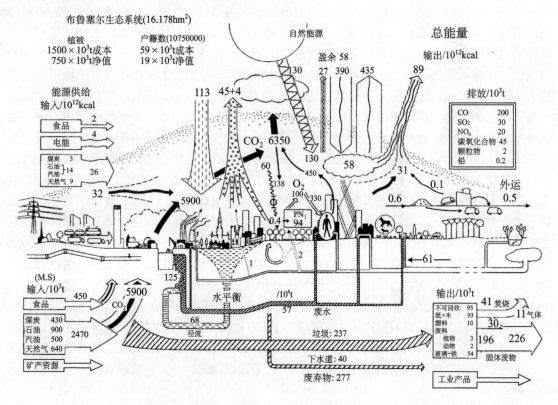

图 1.1　20 世纪 70 年代初期比利时布鲁塞尔城市代谢模型[12]

城市代谢研究主要关注城市中的物质与能量的流向、流量、积累与代谢效率。代谢效率即代谢过程中单位投入与产出之比，由于其针对性和现实指导性强等，城市代谢效率的相关研究已经成为现代城市生态研究领域的焦点。

尽管经过了多年的演化与发展，时至今日仍然没有人能做出被学术界广为接受的更为严谨的城市代谢定义和范围的诠释。城市代谢研究依旧是一个比较宽泛的概念，并且不再局限于对单个城市代谢过程的研究，微观区域、城市群、宏观区域乃至国家和世界范围的代谢研究都已经屡见不鲜。之所以仍然统称为城市代谢，很大程度上也主要是为了能更直观地与传统生命科学中的代谢研究区分开来。当今国际学术界，这一类型的概念除了城市代谢（urban metabolism）之外，还存在着社会代谢（societal or social metabolism）、社会经济代谢（socio-economic metabolism）等多种名称，尽管各自研究的侧重点有少许出入，但他们以一个有机体代谢的视角关注物质和能量流的核心内容没有变化。

另外，城市代谢研究的发展过程中，在交叉领域演变出了一些相对独立的学术分支。例如，类似的代谢理念于 20 世纪 80 年代末被运用到工业生产领域，他们模拟生物新陈代谢过程和生态系统的循环再生过程开展了"工业代谢"研究。他们认为现代工业生产过程就是一个将原料、能源和劳动力转化为产品和废物的代谢过程，并进一步从系统角度提出了"产业生态系统"（industrial ecological system）和"产业生态学"（industrial ecology）的概念[13]。

综上所述，城市代谢理论所包括的研究内容，应该说可以涵盖研究区域内的所有物质和能量，因此，国内一些学者将物质代谢和能量代谢作为独立的理论体系提出来，其实是欠准确的。与城市生态系统相比较，城市代谢研究模拟生物体的代谢过程这一核心内容，也将两者区别开来，不能混淆。

二、城市代谢研究的发展

从城市代谢研究的发展历程来看，所运用的研究方法与技术手段受不同时期的研究热点影响，在时间序列上呈现出明显的阶段性分化，目前看来可暂时分为三个阶段。

第一阶段：早期的学者们如 Rappaport[14]和 Newcombe 等[15]集中在对城市代谢理论的解释，以及尝试对城市的各种物质代谢效率进行分析，方法主要为物质核算法。这里所提出的物质核算法，是指运用物质和能量的常规计量单位对它们在城市代谢过程中的投入与产出进行分析的方法。研究的内容也主要通过物质核算法对代谢效率进行演算，将不同时期或不同城市的各种物质能量的代谢效率进行比较。经过一段时间的改进与发展，到 20 世纪 70 年代中期一套规范化的分析框架体系逐渐形成，即后来的物质流分析法。

物质流分析在统一的框架内采用相同的重量指标分析城市物质消耗、生态环境影响与可持续性水平，使得不同经济体之间的代谢系统比较成为可能[16]；同时通过"隐流"（hidden flow）的概念反映伴随资源转换进入经济系统却未能被有效利用的物质，在一定程度上表征了经济系统所产生的某种环境压力[17]。

早期的城市代谢研究专注于物质流能量流的独特视角开辟了生态学的崭新领域，这些黑箱研究发掘出城市代谢效率日趋低下等一系列问题，然而由于没有建立适合城市代谢研究特点的分析框架，对于在什么环节和为什么出现问题还无法解释。在基于物质核算法的城市代谢研究中，由于计量单位不统一，各类物质能量无法进行综合比较，物质与能量的转化也就无从分析，因此往往把物质和能量分离开来，进行单纯物质代谢或能量代谢的研究。

第二阶段：为弥补以上不足，20 世纪 70 年代以后，有些学者曾以货币的购买力为基础，尝试将货币核算法运用到城市代谢领域。货币核算法对于分析生态系统服务和自然资本的经济价值是有效的，但对于城市系统中有些功能的核算是以支付意愿获得的，带有很大的主观性[18]。显然，在世界向经济一体化转型的现阶段，此种方法的核算体制准确性往往无法保证。

到了 20 世纪 80 年代，热力学方法的兴起与发展为在城市复杂代谢过程中追踪多种物质能量流提供了条件，其中以 Odum 的能值分析法最具影响[19]。Odum 将某种物质或服务形成过程所需要的直接或间接投入能量的总和称为能值（emergy）。不同类型的能量可以按照其产生或作用过程中直接或间接使用的太阳能的总量来衡量，以其实际物质含量乘以太阳能转化率（transformity）来比较。能值分析是建立在定义太阳能为生物圈最根本且是唯一的能量来源基础上的。

在这之前，传统方法对于进入城市代谢的物质和能量究竟有多少转化为废弃物或者转化为经济产品在城市中被储存和流通无法解答，而热力学方法的应用在这一点上实现了突破。热力学的定律保证了所有进入系统的物质都将最终转化为废弃物，或以不同的形态在各个不同的地点被排放出去[20]。

进入 20 世纪 90 年代，为更直接地反映城市代谢过程对生态环境的压力，Wackernagel 和 Rees[21]把生态足迹引入城市代谢研究中，进而带动了基于生态足迹核算法的系列研究。一系列的研究结果表明，大多数城市的生态足迹都是它们自身面积的 2~3 倍。

第三阶段：临近 21 世纪，环境保护呼声日益提高，人们对城市效率的关注吸引了一大批学者加入城市代谢研究的大流中。Newman[22]发现悉尼的人均资源消费和垃圾产出都呈增加趋势，他还提出应把人类居住适宜度纳入可持续城市的考虑范围。Warren-Rhodes 和 Koenig[23]发现 1971~1997 年，香港人均食品、水和原材料的消耗量分别增加了 20%、40%和 149%。Sahely 等[24]对多伦多的分析显示，1987~1999 年在大部分的人均资源能量投入持衡或少许增长情况下，人均产出与固体废弃物都显著降低了。此外，还有对维也纳[25]、伦敦[26]、开普敦[27]、瑞士低地地区的典型城市系统[28]等世界众多城市的研究。

随着信息产业的迅猛发展，研究手段也日新月异，这一阶段中的城市代谢研究内容和方法也呈现出爆炸式的拓展。下面对这一阶段产生的主要研究领域和相应的方法进行详细的总结，见图 1.2。

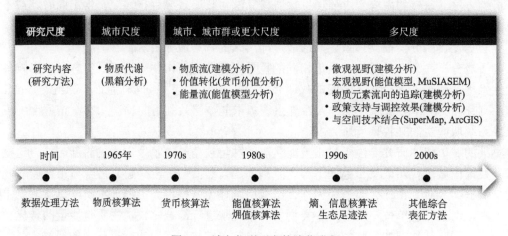

图 1.2　城市代谢研究的演化进程

三、城市代谢研究的方向

1. 宏观尺度的拓展

以往的城市代谢研究绝大部分集中在城市与城市群尺度，但是近年来，一部分研究有向多尺度，以及国家和国际超大尺度发展的趋势。奥地利、中国、英国等都已率先完成了国家级物质代谢研究。

多尺度社会与生态系统代谢分析法（multi-scale integrated analysis of societal and ecosystem metabolism, MuSIASEM）是由 Giampietro 和 Mayumi 在 1997 年提出，由前者在 2003 年整理成系统性的研究方法[29,30]，其基本理论是将物质与能量流用血液与体外循环概念来分析；代谢中动态预算结构用生物经济模拟方法中的超循环和生态系统的耗散结构来解析；经济发展将带动代谢规模的整体变化，代谢速率及能量的动态预算结构则解译为人类活动内容及土地利用在各经济部门间的剧烈转化。其特点在于摈弃了传统的热力学中的㶲（exergy）、熵（entropy）、能值（emergy）等概念，而用能量在能量部门转化速率来表征能量的数值，它与其他经济部门之间的关系则用来调节关键数量因子，较之传统热力学方法有了明显突破。因此，此方法多致力于综合多变量、大波动、多层次的方案分析。

运用这一理论，学者们对西班牙[31]、厄瓜多尔[32]及越南[33]等进行一系列的分析。在对中国的分析中[34]，作者指出，与别国相比，中国现阶段的劳动力人口比重具有明显优势，这在为当今的飞速发展带来巨大推动力的同时，也为不久的将来所导致的负担带来隐忧。此外，无论中国能否有效地改善其资源代谢效率，它的资源需求都会急速增长。

2. 微观尺度的深入

从城市扩展到社区乃至建筑物与家庭的代谢研究，Biesiot 和 Noorman[35]及陶在朴[36]分别对荷兰、奥地利的家庭代谢情况及影响家庭代谢的因素进行了分析。Li 和 Wang[37]运用能值与生命周期混合模型对北京天通苑小区进行细致分析，对小区建设、物质与能量代谢都有精确的计算。

此外，还有更小尺度住房代谢效率的研究。Kibert 等[38]从环境保护的角度出发，分析建筑的代谢和生命周期过程中的能源与资料消耗，向追寻可持续的建筑模式迈进了一步。Assefa 等[39]对不同建筑材料与建筑风格的建筑代谢情况进行了情景分析，内容包括室内效应与室外即环境效应，结果表明室内效应更高的建筑由于资源投入与能耗高导致了较低的室外即环境效应。除了能值分析，物质流分析（material flow analysis, MFA）和源于产业生态学（industrial ecology）的生命周期分析（life cycle analysis, LCA）也常被借鉴到这类研究中。

3. 物质流量化研究

20 世纪 90 年代以来，Graedel 研究小组每年对 As、Cd、Cr 等近 20 种金属进行流动分析，获得了大量金属资源、消费结构等方面的有用数据[40]。Liu 等[41]通过多年关注中国的磷代谢指出，国有磷产业相关经济与地方私有磷产业经济的效率有着显著区别，私有经济不但产出效率与排放都较劣，更成为湖泊污染的源头。其后 Fan 等[42]进一步用物质流分析法，分三个阶段研究了中国的磷代谢过程，并建立了相关的改良代谢模型。Forkes[43]通过追踪多伦多食物循环中氮代谢，提出了城市及周边地区氮平衡模型，为城市管理和规划提供了指导。

尽管全世界城市面积仅占全球陆地面积的 2.4%[44]，却贡献了约 80%的碳排放，城市已经汇聚了全球一半以上的人口，并且这几个数字都在持续增加，城市中的碳循环因而也越来越受关注。过往的碳研究大多针对大尺度的陆地，而 Churkina[45]首次提出了用城市代谢的理论构建城市碳代谢模型的想法，并指出，其中除了物质的投入、过程与产出外，还必须对人类本身活动的碳代谢加以考虑。

资源与能源是人类经济活动的根本，自然也最受关注。最近的研究包括 Haberl[46]用社会经济代谢方法分析了能量在各社会系统中的流通情况，指出人类活动导致了前所未有的人为能量流动，使得自然生态系统的能量供给降低；Octave 和 Thomas[47]从资源代谢的角度对生物资源化技术的产业化道路进行了评估与预测；Ramos-Martín 等[48]通过对西班牙加泰罗尼亚地区的石油等能源价格对城市代谢的影响，指出对地方低产能的建筑与服务业改造的必然性和迫切性。

4. 政策影响与调控

用城市代谢方法对现有政策效果进行评估，进而探讨有效的政策调控手段也是城市代谢的发展方向之一。Browne 等[20]用碳足迹评价法对爱尔兰住区的垃圾代谢情况进行了分析，进而对垃圾管理政策进行了评估。Graham[49]通过引用一系列社会代谢与生物经济的研究成果对农产品生物汽油产业的优劣进行了论证，结果表明，农产品生物汽油产业对环境和粮食供给造成的压力远远大于其所带来的实际效益，指出生物资源化技术充满希望，但现有的农产品生物汽油技术显然不是一条出路。Jin 等[50]用生态足迹法来表述城市代谢过程，并建立了以决策参考为目的的系统动力学模型。Xu 等[51]对辽宁的社会代谢进行深入分析后发现，尽管其代谢流量较高，但其代谢效率却低于全国平均水平，而中国的平均效率仅为欧盟国家的30%，指出政策对代谢效率有主导作用；Liu 等[52]对包头城市生态系统健康指数的能值分析，证明与其他五个主要城市相比，包头的城市生态健康指数稳步上升，环境规划经验值得借鉴。

5. 与空间分析结合

与空间分析技术相结合，研究城市代谢过程中各种资源、能量在空间尺度上的流向与累积是城市代谢研究的另一热点。

在 Von Bertalanffy 的一般系统论（general system theory）与 Odum 的系统建模理论（system modelling）基础上，结合 GIS 技术，Costanza 与 Voinov[53]创建的空间系统建模理论（spatial system modelling）致力于动态时间空间下的生态系统研究，随后开发了专业的 SME（spatial modelling environment）软件。SME 更可与其他建模软件如 Stella 兼容，用来对区域内和区域间的生态过程进行模拟。

以此为蓝本，Huang 等[54,55]分别对中国台湾地区和台北的能量与物质代谢进行了模拟。而后 Lee 等[56]用 ArcGIS 软件对空间系统模型进行了拓展，大大增加了其可追踪和解释的目标数量，并研究了城市系统生物物理过程对土地利用的影响。Lee 等[57]用类似方法又分析了台北市代谢过程中的物质与能量累积对城市扩展的驱动作用，进行了空间模拟。

四、城市代谢研究的展望

大尺度的代谢研究对管理、规划和情景预测都有着重要的意义，随着分析尺度的增大，分析模型的复杂程度和牵涉的数据量都将呈几何增长，同时由于技术和方法的局限性，研究的精确度往往无法保证。利用空间分析法开展的城市代谢研究有其独特的优点，能在各种尺度下有效地模拟城市中的物质能量流乃至气候变化因素对城市与区域生态系统的动态影响，但是往往对数据和工作量的要求会随着研究精度的提高而成倍增加。随着分析方法和硬件计算能力的不断提高，这两类研究的复杂性和精确性都有望进一步改善。

尽管追踪城市代谢过程中特定物质的代谢情况难度较大且精度难以保证，但是相关研究的开拓者们长年以来坚持探索和尝试积累了许多宝贵的实践经验，随着整个社会信息化水平的不断提高，数据收集手段与分析方法的不断完善，这一方面的发展也将值得期待。

城市代谢的研究方法日益丰富，小尺度的研究也因此受益良多。小尺度的研究具有很强的针对性和可操作性，然而此类研究的有效性很大程度上取决于对研究目的的理解。因此，找准科学问题，设计完整的分析框架，选取正确的研究手段是进行此类研究的关键。

　　各种极具针对性的城市代谢模型持续涌现，使得用模型模拟政策手段的实际成效的准确性不断提高，这一方面的研究在政策规划中的作用将会越来越引人注目。在基于城市代谢的政策研究中，对城市代谢安全保障、城市系统代谢弹性和对灾害或突发事件免疫力的研究正在悄然兴起，为提高城市的安全性开辟了一条新的道路。

　　与空间分析相结合是城市代谢研究的又一个发展方向，在空间上研究观测城市代谢过程，为更好地把握城市代谢异常的症结所在创造了有利条件。此类研究对城市代谢的分析具备更强的针对性和实用性，是分析解决现实问题最值得期待的拓展方向。

参 考 文 献

[1] 唐由海. 城市·基因·形态——传统住区形态更新. 重庆: 重庆大学硕士学位论文, 2002.

[2] 程玉申. 中国城市社区发展研究. 上海: 华东师范大学出版社, 2002.

[3] 魏群. 中国传统居住社区的空间形态及其流变. 泉州: 华侨大学硕士学位论文, 2007.

[4] 刘江, 崔胜辉, 唐立娜, 等. 半城市化地区住区形态及空间分布特征——以厦门市集美区为例. 地理科学进展, 2010, 29(5): 579-585.

[5] 杨哲. 城市空间: 真实想象认知——厦门城市空间与建筑发展历史研究. 厦门: 厦门大学出版社, 2008.

[6] 黄云凤, 崔胜辉, 石龙宇. 半城市化地区生态系统服务对土地利用/覆被变化的响应. 地理科学进展, 2012, 31(5): 551-560.

[7] 刘盛和, 叶舜赞, 杜红亮, 等. 半城市化地区形成的动力机制与发展前景初探——以浙江省绍兴县为例. 地理研究, 2015, (4): 115-170.

[8] 肖黎姗, 卉涛, 潘玲阳, 等. 半城市化地区生活垃圾产生及其影响因素分析. 环境污染与防治, 2011, 33(2): 105-110.

[9] 张敏, 甄峰, 张晓明. 中国沿海欠发达地区半城市化特征与机制——以福建莆田为例. 地理研究, 2008, 27(4): 927-937.

[10] 郑开雄. 厦门 "城中村" 改造研究. 现代城市研究, 2005, 11: 32-36.

[11] Sahely H R, Dudding S, Kennedy C A. Estimating the urban metabolism of Canadian cities: greater Toronto area case study. Canadian Journal of Civil Engineering, 2003, 30(2): 468-483.

[12] Kennedy C, Cuddihy J, Yan J E. The Changing metabolism of Cities. Journal of Industrial Ecology, 2007, 11(2): 43-59.

[13] 王如松, 杨建新. 产业生态学和生态产业转型. 世界科技研究与发展, 2000, 22(5): 24-32.

[14] Rappaport R A. The flow of energy in an agricultural society. Scientific American, 1971, 225(3): 117.

[15] Newcombe K, Kalma J D, Aston A R. The metabolism of a city: the case of Hong Kong. Ambio, 1978, 7(1): 3-15.

[16] 陈效述, 赵婷婷, 郭玉泉, 等. 中国经济系统的物质输入与输出分析. 北京大学学报(自然科学版), 2004, 39(4): 538-547.

[17] Ritthoff M, Rohn H, Liedtke C. Calculating MIPS: resource productivity of products and services. Wuppertal Spezial, Wuppertal Institut für Klima, Umwelt und Energie, 2002.

[18] Costanza R, Daly H E. Natural capital and sustainable development. Conservation Biology, 1992, 6(1): 37-46.

[19] Odum H T, McGraw-Hill E C O. Energy basis for man and nature. Water Management, 1978, 3229(8): 1.

[20] Browne D, O'Regan B, Moles R. Assessment of total urban metabolism and metabolic inefficiency in an Irish city-region. Waste Management, 2009, 29(10): 2765-2771.

[21] Wackernagel M, Rees W. Our Ecological Footprint: Reducing Human Impact on the Earth. Gabriola Island: New Society Publishers, 1998.

[22] Newman P W. Sustainability and cities: extending the metabolism model. Landscape and Urban Planning, 1999, 44(4): 219-226.

[23] Warren-Rhodes K, Koenig A. Escalating trends in the urban metabolism of Hong Kong: 1971~1997. Ambio, 2001, 30(7): 429-438.

[24] Sahely H R, Dudding S, Kennedy C A. Estimating the urban metabolism of Canadian cities: greater Toronto area case study. Canadian Journal of Civil Engineering, 2003, 30(2): 468-483.

[25] Hendriks C, Obernosterer R, Müller D, et al. Material flow analysis: a tool to support environmental policy decision making. Case-studies on the city of Vienna and the Swiss lowlands. Local Environment, 2000, 5(3): 311-328.

[26] Chartered Institute of Wastes Management. A resource flow and ecological footprint analysis of Greater London. London: Best Foot Forward, 2002.

[27] Gasson B. The ecological footprint of Cape Town: unsustainable resource use and planning implications. National Conference of the South African Planning Institution, 2002: 18-20.

[28] Baccini P. A city's metabolism: towards the sustainable development of urban systems. The Journal of Urban Technology, 1997, 4(2): 27-39.

[29] Giampietro M, Mayumi K. A dynamic model of socioeconomic systems based on hierarchy theory and its application to sustainability. Structural Change and Economic Dynamics, 1997, 8(4): 453-469.

[30] Giampietro M. Multi-scale Integrated Analysis of Agroecosystems. New York: CRC Press, 2003.

[31] Ramos-Martín J. Historical analysis of energy intensity of Spain: from a "conventional view" to an "integrated assessment". Population and Environment, 2001, 22(3): 281-313.

[32] Falconí-Benítez F. Integrated assessment of the recent economic history of Ecuador. Population and Environment, 2001, 22(3): 257-280.

[33] Ramos-Martin J, Giampietro M. Multi-scale integrated analysis of societal metabolism: learning from trajectories of development and building robust scenarios. International Journal of Global Environmental Issues, 2005, 5(3/4): 225-263.

[34] Ramos-Martin J, Giampietro M, Mayumi K. On China's exosomatic energy metabolism: an application of multi-scale integrated analysis of societal metabolism(MSIASM). Ecological Economics, 2007, 63(1): 174-191.

[35] Biesiot W, Noorman K J. Energy requirements of household consumption: a case study of The Netherlands. Ecological Economics, 1999, 28(3): 367-383.

[36] 陶在朴. 生态包袱与生态足迹: 可持续发展的重量及面积观念. 北京: 经济科学出版社, 2003.

[37] Li D, Wang R. Hybrid Emergy-LCA(HEML)based metabolic evaluation of urban residential areas: the case of Beijing, China. Ecological Complexity, 2009, 6(4): 484-493.

[38] Kibert C J, Sendzimir J, Guy B. Construction ecology and metabolism: natural system analogues for a sustainable built environment. Construction Management and Economics, 2000, 18(8): 903-916.

[39] Assefa G, Glaumann M, Malmqvist T, et al. Quality versus impact: comparing the environmental efficiency of building properties using the EcoEffect tool. Building and Environment, 2010, 45(5): 1095-1103.

[40] Girardet H. The Gaia Atlas of Cities–New Directions for Urban Living. New York: Anchor Books, 1992.

[41] Liu Y, Chen J, Mol A P, et al. Comparative analysis of phosphorus use within national and local economies in China. Resources, Conservation and Recycling, 2007, 51(2): 454-474.

[42] Fan Y, Hu S, Chen D, et al. The evolution of phosphorus metabolism model in China. Journal of Cleaner Production, 2009, 17(9): 811-820.

[43] Forkes J. Nitrogen balance for the urban food metabolism of Toronto, Canada. Resources, Conservation and

Recycling, 2007, 52(1): 74-94.

[44] Potere D, Schneider A. A critical look at representations of urban areas in global maps. GeoJournal, 2007, 69(1-2): 55-80.

[45] Churkina G. Modeling the carbon cycle of urban systems. Ecological Modeling, 2008, 216(2): 107-113.

[46] Haberl H. The energetic metabolism of societies part I: accounting concepts. Journal of Industrial Ecology, 2001, 5(1): 11-33.

[47] Octave S, Thomas D. Biorefinery: toward an industrial metabolism. Biochimie, 2009, 91(6): 659-664.

[48] Ramos-Martín J, Cañellas-Boltà S, Giampietro M, et al. Catalonia's energy metabolism: using the MuSIASEM approach at different scales. Energy Policy, 2009, 37(11): 4658-4671.

[49] Graham M C. The biofuel delusion: the fallacy of large scale agro-biofuels production. London: Routledge, 2009.

[50] Jin W, Xu L, Yang Z. Modeling a policy making framework for urban sustainability: incorporating system dynamics into the Ecological Footprint. Ecological Modeling, 2009, 68(12): 2938-2949.

[51] Xu M, Jia X, Shi L, et al. Societal metabolism in northeast China: case study of Liaoning province. Resources, Conservation and Recycling, 2008, 52(8): 1082-1086.

[52] Liu G Y, Yang Z F, Chen B, et al. Emergy-based urban ecosystem health assessment: a case study of Baotou, China. Communications in Nonlinear Science and Numerical Simulation, 2009, 14(3): 972-981.

[53] Costanza R, Voinov A. Landscape simulation modeling: a spatially explicit, dynamic approach. Berlin: Springer Science and Business Media, 2004.

[54] Huang S, Lee C, Chen C. Socioeconomic metabolism in Taiwan: emergy synthesis versus material flow analysis. Resources, Conservation and Recycling, 2006, 48(2): 166-196.

[55] Huang S, Kao W, Lee C. Energetic mechanisms and development of an urban landscape system. Ecological Modelling, 2007, 201(3): 495-506.

[56] Lee C, Huang S, Chan S. Biophysical and system approaches for simulating land-use change. Landscape and Urban Planning, 2008, 86(2): 187-203.

[57] Lee C, Huang S, Chan S. Synthesis and spatial dynamics of socio-economic metabolism and land use change of Taipei Metropolitan Region. Ecological Modelling, 2009, 220(21): 2940-2959.

第二章 城市住区代谢效率研究概述

第一节 研 究 背 景

一、需求分析

1. 发展方向

认识城市代谢过程与效率是城市与区域可持续发展的理论基础，是当前城市生态学研究的前沿。城市是人与生态环境相互作用最强烈的区域，也是各种人类活动与自然因素构成的复合生态系统，城市生态系统的结构与过程表现出一些自身特有规律。人类对城市生态系统认识不足，在城市建设中违背生态学规律，从而引起了一系列的城市生态环境问题。开展城市生态系统研究，科学认识城市生态系统的代谢过程与效率，是城市规划与可持续管理的基础，具有极重要的理论意义和应用价值。

2. 重大挑战

高速城市化中建设可持续的城市住区，将是我国今后几十年城市可持续发展所面临的重大挑战。随着经济的高速发展，近 30 年，我国城市化进程迅速推进，至 2015 年，我国城镇化率已经达到 56.1%，据中国社会科学院发布的《2015 城市蓝皮书》，2020 年我国城镇化水平将超过 60%。

为日益增多的城市人口提供可持续的住区，将成为我国今后几十年城市可持续发展的瓶颈。尤其是 20 世纪 90 年代后期住房制度市场化改革以来，城市住区形态发生了巨大的变化，这种住区形态的变迁其背后的城市代谢效率如何，是城市建设必须面对的一个重要问题。研究城市住区形态变迁对城市代谢过程与效率的影响，不仅可为城市规划和管理提供科学依据，还为全国的城市化健康发展提供理论基础。

3. 典型意义

研究典型城市住区形态变迁对城市代谢过程与效率的影响，对认识城市发展与城市代谢过程与效率的响应机制，发展我国城市效率学、城市生态学和城市代谢调控方法具有典型意义。厦门是我国东南沿海的港口风景旅游城市，特区建设 20 多年来，已由昔日的海防前线、边陲小岛发展为我国重要的商贸旅游口岸、国际性招商会展中心、区域性交通枢纽和对台经贸、文化交流窗口。与此同时，城市人口增加迅速，建成区面积逐年增加及生活水平的快速提高使厦门市对住房的需求增大。而厦门市本身缺乏土地等自然资源，土地用地结构不合理，耕地日益减少，提高城市代谢效率对厦门市的可持续发展至关重要。因此，将厦门市作为研究区，具有一定的代表性和示范意义，可为今后逐步扩展到其他典型城市研究奠定基础。

4. 应对基础

研究城市住区形态变迁的碳足迹评估是发展低碳型城市，提高城市对全球气候变化的减缓和适应能力的基础。碳代谢是城市生态系统中最重要的元素代谢。联合国环境规划署确定2008年世界环境日的主题为"转变传统观念，推行低碳经济"。因此，建立低碳经济体系和生活方式，将对我国发展低碳型城市提出重大的挑战。

城市住区的形态变迁是自住房制度改革以来我国城市化进程中的一个显著特点。由城市住区形态变迁所引发的包括土地利用/土地覆盖、交通出行方式、住宅形态（如结构、材料和面积等）、家庭类型，以及家庭能源消费构成等方面的变化是评估某一特定区域在城市化进程中碳足迹的关键因子。同时，这些因子也是探索低碳城市住区形态优化方法的重要内容。低碳型城市发展战略是可持续发展的集中体现；低碳的城市住区形态将为可持续的城市规划和管理提供科学依据，使城市建设步入资源节约和环境友好的发展之路。

虽然城市仅占地球表面积约2.4%，但城市的人类活动造成了地球上大部分的二氧化碳排放，这使得城市成为缓解全球气候变化危机的关键。研究城市住区形态变迁的碳足迹评估不仅是城市代谢研究的重要内容，还是发展低碳型城市、提高城市减缓与适应全球变化能力的基础。

二、研究进展

1. 城市住区形态变迁

从城市住区形态变迁角度研究土地利用对交通出行的影响和居住结构对交通出行的影响一直是国内外城市地理与城市规划领域研究的热点课题之一。由于住区形态问题的综合性和复杂性，国际上对社会经济发展所带来的住区形态变迁的基础研究十分重视，并陆续开展了一系列重要的科学研究计划，探索从整体上揭示住区形态变迁的形成机理与影响。

1962年美国完成的《芝加哥地区交通研究》中提出的考虑城市土地利用的"四阶段交通预测"原理奠定了城市交通规划的基础。随后，1971年美国交通部首次提出了"交通发展和土地利用"专题研究。普什卡尔夫和朱潘、纽曼和肯沃思、塞维诺等一批学者就城市土地利用密度、城市土地利用混合程度、城市空间形态等土地利用特征对城市交通系统、城市交通方式（特别是公共交通）、城市出行特征（出行次数、速度、流量等）的影响开展了大量研究。除此之外，国外关于城市空间结构对交通出行影响的一个重要争论是城市单中心结构与多中心结构究竟何者对于缓解交通问题更为有利。

在过去的半个世纪里，国外学者对城市空间结构与交通出行的关系做了大量的研究，居住与就业作为城市空间结构的两个核心变量，受到了较多关注。早在20世纪60年代，Kain[1]提出的"空间错配假设"（spatial mismatch hypothesis）就对工作岗位和职工居住地在数量和质量上的空间不匹配进行了阐述。其后，就业-居住均衡概念在新城开发运动中逐渐明晰。一般认为，就业-居住均衡是指在一个城市的所有区域内，就业集中地附近有足够的房屋满足职工居住，反之亦然。同时，该区域的房屋价格等特征与当地职工特性相匹配。

与国外相比，国内对此的研究显得薄弱。周素红和闫小培[2, 3]采用熵的概念测度了广州的居住-就业均衡性和交通需求的空间均衡性，发现两者具有一致性。李强和李晓林[4]通过对北京回龙观和天通苑两大居住区的研究发现，迁入这两大居住区的居民由于"职住分离"，不仅派生出每天在固定时间大量的向心性交通流，加剧了城市交通拥堵，还延长了居民上班的出行距离和出行时间。宋金平等[5]也认为，随着住宅郊区化的大规模开发，北京出现了居住与就业空间错位问题，并造成了低收入阶层通勤的时间成本和经济成本的增加，导致交通拥堵、社会隔离等社会问题。

总体来看，目前住区形态自身的研究多集中在对住宅发展史的阶段性回顾上，对不同历史时期和社会发展阶段的住区形态进行了概括性的梳理，然而从空间物质形态分析入手对住区形态演变过程进行深入研究的尚不多见，综合遥感信息提取与 GIS 空间分析对住区形态进行分类更是需要深入探索的一项基础性工作。

2. 城市代谢过程研究

代谢分析一直是系统生态学发展最重要的驱动力之一。"城市代谢"概念最早由 Wolman Abel 于 1965 年提出，他将城市视为一个生态系统，认为城市代谢就是物质、能量、食物等供应给该系统，然后从城市生态系统中输出产品和废物的过程。1999 年，Newman 扩展了城市代谢的概念，他认为在城市物质代谢分析过程中还应该考虑人类居住的适宜程度[6]。Tjallingii、Newman、Newcombe 等从城市生命体的角度，对城市物质代谢的过程及机理进行了分析。

能量代谢是城市代谢的另一主要内容。能量代谢分析以能量守恒定律为基本依据，跟踪能量在社会经济系统中的流动途径及过程，揭示能量在特定区域内的流动特征、转化效率和总的吞吐量。城市能量代谢的重要方面是城市交通的能量代谢，许多学者对城市的交通用能状况进行研究，分析影响城市居民出行时所用能量的因素。

Newman 和 Kenworthy[7]对全球四大洲 32 个重要城市进行考察，探讨了城市人口密度与人均用能的关系，发现随着城市中人口密度的增加，个人交通能量消耗量减少。Anderson 等[8]认为城市的构造和形态、城市环境和交通能耗三者存在紧密的关系，从而将城市规划与城市能量代谢研究相结合，对后来的研究进行了指导。Naess[9]回顾了住区形态对交通行为的影响研究，并且以哥本哈根都市区为例，分析了住宅形态如何影响人们的出行方式。Zhang[10]从波士顿和香港的调查中分析土地利用形态对人们出行方式选择的影响。Estupiñán 和 Rodríguez[11]以波哥大的快速公交系统为例，证明了城市交通系统的建设可以改变人们的出行方式，也改变了周围的住区形态和居民生活方式，而环境的改变反过来又促使人们愿意步行去乘坐快速公交车。

这些研究虽然都在一定程度上探讨了城市形态和交通方式的关系，但没有对城市交通的能量代谢过程进行深入研究，也没有针对土地利用变化的城市代谢响应的专题研究成果出现。尤其在国内的相关研究中，忽略了居民在生活方式和出行方式上的主观能动性，也没有研究出行方式与能量代谢的关系，仅从经验上认为步行和自行车是环境友好型，认为公共汽车和有轨交通有利于城市环保，没有引入市民出行时的舒适度指标、与环境友好程度、出行远近等进行多因子分析。

综上所述，从国家和区域尺度开展城市代谢的研究较多，而针对中小尺度城市代谢状况的研究尚缺乏。在进行城市代谢规模研究的过程中，多数仅是机械地从物质的输入和输出的数量出发，获得社会经济系统物质能量代谢规模的指标，较少关注输入和输出过程内在组分之间的作用机制及其对代谢规模和代谢效率等特征的影响。而对城市住区形态与居民出行方式的研究，又往往没有涉及能量代谢过程和代谢效率的分析。因此，有必要针对城市住区形态、居民出行方式和能源代谢过程三者结合进行系统的研究，探寻其相互作用机制，为城市规划提供科学依据，为实现城市可持续发展提供技术支撑。

3. 城市代谢效率研究

从各国的实践来看，美国和加拿大最早对城市物质代谢及效率进行了广泛的研究，比利时、荷兰、瑞士、德国等国是欧洲诸国中研究城市物质代谢的先行者。此外，澳大利亚开展对悉尼物质代谢变化趋势的研究，我国相关研究起步较晚，针对香港、台北、澳门、深圳等区域的物质代谢过程的研究陆续出现。基于过程研究的成果，研究的视角不断扩展到交通、人口密度、人们的生活方式及城市的规划形态等方面，对代谢效率的影响也进行了有益探索。

能量代谢效率研究方法很大程度上跟随物质能量代谢的研究方法的发展而丰富。代谢效率的核算方法主要包括物质核算法、物质流分析、货币核算法、投入-产出分析、熵分析（exergy analysis）、能值分析法。近年来能值理论及分析方法在城市生态学研究中受到越来越多的重视。对城市能量代谢效率进行定量的分析，"效率评价指标体系"是常见的分析手段。例如，建立三维模型来分别表示资源效率、环境效率和经济效率，并辅以生产可能性曲线来分析福利指标和生态效率指标的组合情况，根据无差异曲线分析福利指标和生态效率指标之间的和谐度，还有将代谢效率分为资源效率和环境效率，并运用因子分析法加以验证，进而得出总体的效率。有人还尝试结合热动力模型与"投入-产出"表进行分析及采用 SWOT 分析方法来分析城市能量代谢效率。

总之，城市能量代谢效率研究是城市代谢研究的重要内容，国内相关研究仍处在起步和探索阶段，能值理论及其分析方法已经被证明是研究城市能量代谢效率问题的一条有效途径，并在不断深入发展。基于能值分析的指标体系是用来定量分析城市能量代谢效率的一种常见方法，与此同时，结合能值分析与模型构建来模拟城市能量代谢效率演变是一个新的发展方向。

4. 碳足迹分析

大气中二氧化碳浓度的增加而导致的全球气候变化引起了全球各界的广泛关注，同时随着城市化的迅速推进，有学者开始关注城市碳代谢过程[12]。目前，关于城市碳足迹的研究主要侧重于城市特有物质和城市特定形态变化对碳足迹的影响[13]，以及基于碳排放过程的碳足迹测算[14, 15]。现在较为通用的碳足迹测算为碳足迹计算器，是根据碳排放源中的碳含量及碳转化效率来计算碳排放量的[16, 17]。由于碳足迹对全球变化的影响受到的关注越来越大[18]，从政府到民间组织都开始意识到减少碳足迹的重要性[19-21]，并从人文、经济等多个角度开展减少碳足迹的活动[22]。例如，用植树的方式抵消飞机航行中的碳排放，或者用同等金额雇用别人植树。又如，政府提倡使用可再生能源、倡导节约用能等低碳经济活动与低碳城市生活方式[23]。

虽然，城市碳代谢的研究已经得到一定程度的开展[24]，但是目前关于城市碳足迹的研究还主要涉及单一影响因子的碳足迹测算[25]，从多因素（如宏观的层面）出发综合分析碳足迹的还较少，而往往这方面的研究对于分析城市化进程中宏观决策（人文、经济等）与生态的关系具有重要的指示意义。

三、科学意义

尽管目前国内已有不少关于城市居民出行行为或城市空间结构的研究。但二者之间的关系，特别是专门针对城市居住-就业空间组织与居民出行行为关系的研究尚少。目前，中国的城市处于社会转型时期，城市发展的模式、背景与国外城市之间存在较大的差异。在借鉴国外研究的基础上开展国内城市的案例研究，分析城市居民通勤行为与空间布局之间的关系对于引导城市开发，并向未来稳定模式发展具有重要的现实意义。从物质和能量代谢入手，研究城市代谢的总量、效率、特征、结构、演变规律和趋势等，是国内外研究城市发展的一个新方向，有助于解决城市生态环境问题。城市代谢中涉及的因素数量极大，其相互之间的关系和作用过程错综复杂。城市代谢研究对于减缓或者消除一个国家或区域社会经济活动对自然环境的压力有至关重要的意义。城市代谢研究是城市效率研究和城市可持续发展研究的关键，可以为城市和区域发展的规划与管理提供科学依据，是我国当前城市发展效率优先原则所急需解决的科学问题。

能量使用在不同行业的分配是划分城市类型和发展阶段的重要指标，而能量代谢效率可以划分城市化发展的水平。利用系统生态学和能值理论分析驱动城市系统的能量和城市结构、经济与组织之间的联系是一种新的尝试。能值分析帮助人们理解城市需要多少外部供给来维持其结构与功能的存在、运行，能值密度分布有助于理解城市形态的演变，为研究城市发展提供了一个生物物理学的视角。基于住区形态变迁的视角，采用能值分析方法，研究城市能量代谢的效率，具有重要的理论和应用价值。在理论上，有利于丰富城市生态学有关代谢理论的研究内容，有利于完善城市能量代谢效率的评价指标，有利于完善城市效率学研究内容。同时，明确住区形态变迁对城市能量代谢效率的影响机制和关键因子，有利于制定针对性的规划与调控措施，以促进城市代谢系统的健康发展，缓解资源环境问题，促进城市规划的合理进行，实现城市住区的可持续性和城市经济的又好又快发展，从而提高城市运行效率。

城市住区形态变化与城市人群生活质量密切相关，分析城市住区形态变迁导致的碳足迹变化为研究城市代谢效率提供了定量指标，为具体评价一个与城市发展息息相关的宏观行为提供了研究依据，这对于促进城市高效运行和可持续发展具有重要的科学意义。

第二节　研　究　方　案

一、研究目标

针对城市代谢中的关键环境问题，以厦门市为对象，开展城市住区形态变迁与城市代谢过程与效率的响应机制研究：阐明住房制度改革以来，城市住区形态的类型和空间形态的变化规律；研究不同住区形态对应的城市居民出行代谢过程，建立相应的代谢模型，阐明城市住区形态变迁引起的出行方式变化对城市能量代谢过程的影响，建立城市代谢的优化控制模式；研究住区形态变迁导致的城市能量代谢效率评估方法；模拟城市住区形态变迁对能量代谢效率的动态作用过程；明确住区形态变迁对城市能量代谢效率的影响机理，并提出有效调控手段；明确城市住区形态变迁对碳足迹的影响因子，计算城市住区形态变迁作用下不同影响因子的碳足迹，评估基于碳足迹的城市住区形态的碳代谢效率，提出城市住区形态优化方案，建立城市生态系统代谢过程模拟和提高城市代谢效率的技术途径，为城市综合规划与管理提供定量方法、科学参数和科学基础。

二、主要内容

1. 城市住区形态变迁过程及通勤效应研究

以厦门为例，分析住房制度改革以来城市住区形态的变迁情况。通过选择有代表性的城市住区，分析各单位人群在 1996~2006 年住区形态变迁过程中生活及出行方式变化情况；基于住区形态分类和就业空间分布选择典型的单位，调查人群出行的变化特征，重点研究住区形态变迁对出行方式的影响及其作用机理。

2. 城市住区形态变迁对城市代谢过程的影响研究

通过 3S（GNSS、RS、GIS）技术、采样分析和问卷调查等方式，运用结构与功能、格局与过程的景观生态学原理，针对厦门住区形态变迁特征及住区形态变迁对出行方式变化的影响，研究不同住区形态对应的城市居民出行代谢过程，建立相应的代谢模型，定量分析城市代谢过程，阐明城市住区形态变迁引起的出行方式变化对城市能量代谢过程的影响，建立城市代谢的优化调控模式，为探讨城市生态系统中代谢效率方法和机制奠定基础。

3. 城市住区形态变迁对城市能量代谢效率的影响研究

运用能值分析方法，对住区形态变迁导致的能量代谢效率变化的主要因素进行评估；建立基于能值分析的住区形态能量代谢效率系统动力学模型，运用情景分析方法，模拟住区形态改变影响下的能量代谢效率变化动态过程；基于城市住区形态的变迁对城市能量代谢过程的作用机理，应用能值分析方法核算能量流，沿其生命周期链条整合能值指标，构建城市能量代谢效率的评价指标体系，从社会、经济、自然的角度综合地定量评价城市能量代谢效率。

4. 城市住区形态变迁的碳足迹评估

分析住区形态变迁过程对碳足迹产生影响的因子，研究厦门在城市住区形态变迁过程中土地利用/土地覆盖方式变化所导致的城市下垫面组成上的变化及由此引发的土壤碳排放量的改变，评价城市住区土地集约利用及森林绿地的有效配置对城市生态服务功能和碳代谢的影响。重点研究不同社区对汽车交通的依赖程度（以平均出行里程来衡量）及由此带来的等量的 CO_2 排放，进而构建能最大限度降低碳排放的城市住区形态模式。

三、研究方案

1. 总体方案

案例总体研究方案如图 2.1 所示。

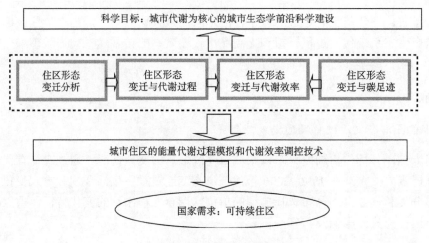

图 2.1　总体研究思路

　　以土地资源紧缺和快速城市化的厦门市为背景，以促进城市代谢为核心的城市生态学前沿科学建设为目标，根据国家对可持续住区建设的重大需求，以住房制度改革以来住区形态变迁所导致城市能量代谢过程与效率变化问题为对象，从住区形态变迁的研究入手，综合考虑住区形态变迁带来的出行方式的变化，在系统认识城市能量代谢过程的基础上研究城市代谢效率评估和调控的技术系统和整体方案，提出可持续住区建设的措施，为国家和城市可持续发展提供科学技术支撑。

　　2. 学术思路

　　学术思路如图 2.2 所示：以厦门市住区形态变迁的城市代谢问题研究为主线，通过住房制度改革对住区形态变迁的驱动机制、出行方式的改变、能量代谢过程、能量代谢效率和碳

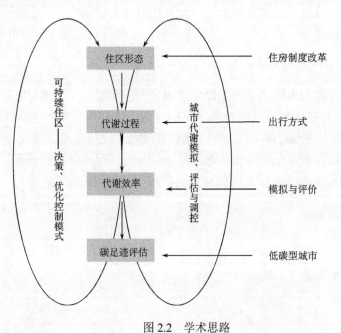

图 2.2　学术思路

足迹关系的深入研究，为可持续住区建设提供科学基础，进而形成包括城市代谢模拟、评估和调控在内的集成应用技术体系，为全面解决可持续住区建设提供成套方案，建立可持续的住区形态，为我国城市可持续发展战略实施提供科学技术支撑。

3. 技术途径

综合运用 3S 技术、文献资料调研、采样分析、问卷调查、计算机模拟等多种技术手段和方法，研究城市住区形态变迁对城市能量代谢过程及其效率的影响。具体的研究方法如下。

1）城市住区形态变迁过程及通勤效应研究

采用遥感数据、现场观测和取样分析、文献资料调研等多种手段，研究住房制度改革以来住区形态变迁的过程，进行不同时间节点的住区形态分析及分类，借鉴国内外城市规划学、城市经济学、城市地理学等学科的研究成果，建立城市"居住-出行-就业"模型，模拟、分析城市居住-就业模式的通勤效应。为了提高样本的代表性，提高调研效率，采用分层抽样的方法。分层时根据抽样的目标将总体中特征相近的单元集合成一个层，从各层抽取一个样本来分析，尽可能地获得总体单元中的各种信息和先验知识，使得每层中的单元特性尽量相近。

2）城市住区形态变迁对城市代谢过程的影响研究

通过社会调查与统计分析相结合得出不同住区形态的出行方式变化，研究住区形态与居民出行相互之间的关系和作用过程；确定典型住区，对这些典型住区的居民开展问卷调查，主要针对居民的出行方式和能源消耗，问卷设计包括各种住区类型居民的工作区域、购物娱乐区域，以及出行时间、方式和频率（周、月）等；通过代谢流量能值评价指标的建立和分析，明确不同的住区形态城市居民出行的整个代谢过程，揭示城市代谢过程及其特征，结合采样与实验室分析等试验方法，明晰主要出行方式的物质能量代谢过程，应用实证研究与模型模拟相结合，阐明不同城市住区形态对城市能量代谢过程的影响。

3）城市住区形态变迁对城市能量代谢效率的影响研究

运用系统的社会调查、数据采集、模型构建、综合分析等方法，通过多学科的技术途径，利用系统生态学和能值理论对住区形态变迁导致的能量流进行整合分析，构建能值评估模型，对住区形态变迁导致的能量代谢效率变化的主要因素进行评估；建立基于能值分析的住区形态能量代谢效率系统动力学模型，模拟住区形态改变影响下的能量代谢效率变化动态过程；构建城市能量代谢效率的评价指标体系，主要包括单位能量的消耗所带来的经济发展和社会福祉的增量，以及单位能量消耗所产生的废物的数量，综合定量地评价城市能量代谢效率。

4）城市住区形态变迁的碳足迹评估

综合运用现场监测、遥感数据分析、文献调研和社会调查等多种技术手段和方法，结合住区形态变迁造成的代谢转变过程研究结果，鉴别住区形态变迁过程中各类含碳物质种类，根据物质循环和能量守恒定律，进行输入输出（Input-Output）计算，结合生命周期评估（life cycle assessment, LCA）方法，利用经济输入输出的生命周期评价（economic input-output LCA, EIO-LCA）模型对各类含碳物质进行作用过程分析，构建出主要含碳物质的碳足迹变动流程图；结合室内实验和已有经验估算系数，定量化确定城市住区形态变迁造成的碳足迹变化流程，甄别在城市住区形态变迁过程中影响碳排放的关键因子；通过 GIS 和系统动力学模型相结合，模拟住区形态变迁过程中碳足迹演变的时空动态，并选择试点小区进行实证分析；利用情景分析的方法，分析、对比不同住区形态变化背景下关键物质碳足迹的变化趋势；基于生态学原理和系统控制理论，针对影响碳足迹形成的关键因素，进行调控方法研究，并形成集成调控系统，以便为低碳的城市住区形态优化提供理论和方法指导。

第三节　研究区域

一、区域概况

1. 区域简介

厦门市位于福建省东南部的丘陵地带，九龙江入海处，地理坐标 117°53′E~118°25′E，24°25′N~24°54′N（图 2.3）。西面背靠漳州，东北与泉州相邻，东南面对金门诸岛，与我国的台湾、澎湖列岛隔海相望，是我国改革开放的东南窗口和海峡两岸交流的前沿阵地，也是新一阶段海西经济区建设的核心城市之一。厦门市由厦门岛、鼓浪屿、内陆九龙江北岸的沿海部分地区及同安、翔安等组成，全市土地面积 1573.16km²，海域面积 390 km²，下辖思明、湖里、集美、海沧、同安、翔安六个行政区。主体厦门岛南北长 13.7 km，东西宽 12.5 km，面积约 128.14 km²，是福建省第四大岛屿，因古时为白鹭栖息之地而称"鹭岛"。

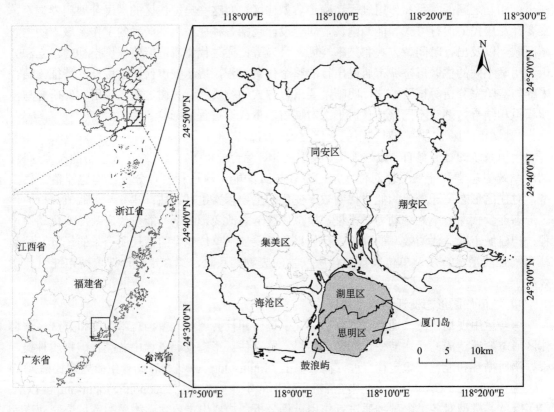

图 2.3　研究区域示意图

厦门市气候宜人、风景秀丽、环境整洁，拥有"国际花园城市""国家卫生城市""国家园林城市""国家环保模范城市""中国优秀旅游城市"和"全国十佳人居城市""联合国人居奖""全国文明城市"等多项称号和殊荣。另外，厦门港是一个条件优越的海峡性天然良港，其海岸线蜿蜒曲折，全长234 km，港区外岛屿星罗棋布，港区内群山四周环抱，港阔水深，终年不冻，是条件优越的海峡性天然良港，历史上就是我国东南沿海对外贸易的重要口岸。厦门市是我国最早实行对外开放政策的四个经济特区之一，是国家计划单列市，享有省级经济管理权限并拥有地方立法权，可以说是中国最具竞争力的城市之一。厦门城市定位为"现代化国际性港口及风景旅游城市"。

2. 自然环境

1）地形地貌

厦门本岛地势由西北向东南倾斜，中低山、丘陵、台地、平原、滩涂依次呈梯状分布，构成向东南开口的马蹄形地形。海拔最高为339 m。厦门本岛属基岩岛，地质结构是火成岩。岛上有变质岩与花岗岩两类岩石。厦门岛的海岸地貌基本上可分为海蚀和海积地。海蚀地貌以何厝至高崎一带为典型，分为海蚀崖、海蚀台和海蚀柱三种。海积地貌以黄厝、曾厝垵为典型，按组成物质可分为砾滩、沙滩和泥滩三类。

2）气候气象

厦门属南亚热带季风气候，温和多雨，年平均气温为20.8℃，夏无酷暑，冬无严寒，具有海洋性气候特征。常年以东北风为主导风向，风力一般3~4级，夏季盛行东南风，年平均风速为3.1~3.7m/s，冬季盛行东北风。由于太平洋温差气流影响，每年受4~5次台风的影响，且多集中在7~9月。厦门多年平均降雨量为1529 mm，其中5~10月雨量约770 mm，占全年雨量的70%；2~4月是春雨季节，梅雨季自5月上旬至6月下旬；年平均相对湿度为77%，秋冬时节不会像北方那样干燥，夏秋也不会像长江流域那样湿热烦闷。年平均蒸发量为1620 mm，夏秋蒸发量大，冬秋蒸发量小。厦门年日照量为2276 h，无霜日达360 d以上，农作物一年三熟，树木终年常青，鲜花四季开放，素有"天然温室"之美称，特别适合热带、亚热带作物的生产和发展。

3）生态环境

厦门本岛陆域生态环境良好，生物多样性较好，自然植物群落以针叶林、常绿阔叶林为主，其中针叶林以马尾松林组成，常绿阔叶林以相思树、榕树林等组成。本岛内灌丛主要分布在低丘和台地上，以喜热、耐旱的灌木种类为主，群落结构相对简单，可分为草本、灌木两层。灌木层有黄栀子、桃金娘、野牡丹、梅叶冬青和石斑木等；草本层以芒萁、山菅兰、沿阶草常见。岛内的陆生野生动物种类贫乏，个体数量不多，有两栖纲的青蛙、蟾蜍等，爬行纲的蛇、蜥蜴、龟等；鸟纲的麻雀、喜鹊、山斑鸡等。

3. 社会经济概况

2015年厦门市全年实现地区生产总值（gross domestic product, GDP）3466.01亿元[26]，按可比价格计算，比上年增长7.2%。其中，第一产业增加值为23.94亿元，减少0.5%；第二产业增加值为1508.99亿元，增长7.9%；第三产业增加值为1933.08亿元，增长6.5%。三次产业结构为0.7∶43.5∶55.8。城镇居民人均可支配收入为42607元，比上年增长7.5%。按常住人口计算的人均地区生产总值为 90378 元，增长 5.3%，折合 14514 美元。全市万元生产总值（GDP）耗电 609.62 kW·h，比上年减少 29.81 kW·h；万元生产总值（GDP）耗水 10.48 t，比上年减少 0.41 t。

全市实现财政总收入 1001.71 亿元，比上年增长 10.2%，其中地方级财政收入完成 606.06 亿元，增长 11.5%。在地方级收入中，税收收入实现 495.32 亿元，增长 5.6%，占地方级收入的 81.7%，其中，营业税、增值税、企业所得税和个人所得税分别增长 4.4%、8.6%、12.9% 和 19.5%。全年财政支出 652.05 亿元，比上年增长 18.9%，其中教育支出 99.24 亿元，交通运输支出 88.89 亿元，城乡社区事务支出 83.54 亿元，社会保障和就业支出 47.08 亿元，医疗卫生与计划生育支出 41.65 亿元。

截至 2015 年年末厦门市户籍人口为 211.15 万人，而常住人口达到 386 万人（比上年增加约 5 万人），比 2010 年增加 33 万人。在很长的时间里受厦门市"海岛型"城市建设方针的指导，厦门市建设主要集中在厦门岛内，岛外广大区域发展相对滞后。直至 2003 年，《厦门市城市总体规划》修编中提出"一主四辅八片"的"海湾型"城市空间发展战略，岛外区域的建设步伐才开始加快。现今，岛内的建设已臻成熟，岛外的建设也已初见成效，然而岛内外城乡二元结构依然十分明显，超过一半的常住人口居住在占全市总面积不足 10% 的厦门岛上（岛内思明和湖里两区常住人口 200.6 万人，占全市 52.2%）。据抽样调查，2015 年年末全市城镇居民家庭人均住房建筑面积为 26.84 m²。

2015 年全市人口密度为 2454 人/km²，比 2010 年增加 209 人/km²，年均增加约 42 人/km²，人口密度逐年增大。同时也存在岛内外人口密度差异巨大的情况：2015 年岛内人口密度约为 14218 人/km²，岛外约为 1295 人/km²，岛内外人口密度比约为 11∶1[26]。

二、典型分析

厦门市改革开放以来很长一段时间内以岛内为核心的发展模式使得岛内外住区形态呈现显著差异。近年来厦门经济发展十分迅速，居民生活水平迅速提高，岛外建设步伐逐渐加大，然而城市快速发展，城乡结合部的剧烈演变使得厦门市的住区形态更显多元化。这种住区形态多元化的特性使厦门市成为住区形态变迁研究的理想对象。

另外，根据刘云刚对《地理学报》《地理研究》《地理科学》城市地理研究论文的统计，1980~1989 年城市地理研究的特定城市对象除了北京、上海、广州之外，还有厦门（比重为 5%）、长春（比重为 2%）、兰州（比重为 2%）等；而 1990 年以来城市地理研究的对象区域多集中于北京、上海、广州、南京等超大城市，对于超大城市以外的大城市和中小城市的研究力度相对较小[27]。对于北京、上海、广州等超大城市之外的典型城市开展相关研究，可以为数量众多不同规模城市的发展提供相似度更强的科学支持，因此对于特大城市以外的数量众多的城市的研究应给予更多的关注[28]。

厦门市作为改革开放后首批成立的四个经济特区之一，从 1980 年国务院正式批准在厦门岛湖里划出 2.5 km² 设立经济特区开始，在工业化、市场化、全球化、城市化、信息化等各种力量的交织作用下，1980~2015 年，厦门市人口从 93 万人增加到 386 万人，城镇化率从 35% 增长到 88.9%，建成区面积从 13.8 km² 增加到 317 km²（图 2.4），经济总量从 6.40 亿元增加到 3466.01 亿元（当年价），三次产业的比重从 21.6∶57.8∶20.6 调整为 0.7∶43.5∶55.8[26-29]。厦门市作为最早的经济特区之一和国家政治经济体制改革的重要实验场，其经历的经济、人口、土地等迅速增长的过程，在某种程度可以作为中国城市发展历程的一个缩影。特别是厦门市经历了城市化发展从前期到中后期的数个阶段，城镇人口的快速增长和城市空间的迅速扩大，导致城市居住、就业、休憩等空间组织形态的剧烈变化，深刻影响了厦门城市代谢过程和效率。这都使得厦门市可以作为城市住区代谢效率研究的典型案例。

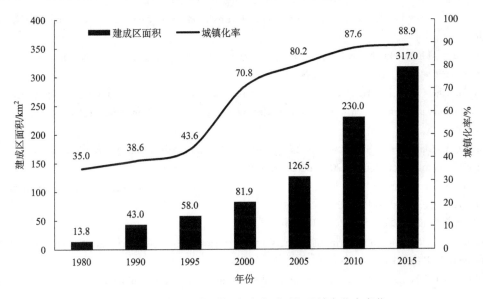

图 2.4　1980~2015 年厦门市建成区面积及城市化率变化

因此，以厦门市作为案例地区开展了城市住区代谢效率的研究，在收集了大量历史资料的基础上，首先阐述了厦门市住区形态变迁的历史制度背景，并进一步分析了厦门市住区物质形态和社会形态的变迁过程；在明确这个过程的基础上，对厦门市不同时期住区形态的城市代谢效率特征进行了系统的分析、评估和模拟，并研究了城市住区与其他城市功能空间（主要是就业空间和休憩空间）的组织形态对城市代谢效率的影响。

参 考 文 献

[1] Kain J F. Housing segregation, negro employment, and metropolitan decentralization. The Quarterly Journal of Economics, 1968: 175-197.

[2] 周素红, 闫小培. 广州城市空间结构与交通需求关系. 地理学报, 2005, 60(1): 131-142.

[3] 周素红, 闫小培. 广州城市居住-就业空间及对居民出行的影响. 城市规划, 2006, 30(5): 13-18.

[4] 李强, 李晓林. 北京市近郊大型居住区居民上班出行特征分析. 城市问题, 2007, (7): 55-59.

[5] 宋金平, 王恩儒, 张文新, 等. 北京住宅郊区化与就业空间错位. 地理学报, 2007, 62(4): 387-396.

[6] Newman P W. Sustainability and cities: extending the metabolism model. Landscape and Urban Planning, 1999, 44(4): 219-226.

[7] Newman P W, Kenworthy J R. Transport and urban form in thirty-two of the world's principal cities. Transport Reviews, 1991, 11(3): 249-272.

[8] Anderson W P, Kanaroglou P S, Miller E J. Urban form, energy and the environment: a review of issues, evidence and policy. Urban studies, 1996, 33(1): 7-35.

[9] Naess P. Residential location affects travel behavior—but how and why? The case of Copenhagen metropolitan

area. Progress in Planning, 2005, 63(2): 167-257.

[10] Zhang M. The role of land use in travel mode choice: evidence from Boston and Hong Kong. Journal of the American planning association, 2004, 70(3): 344-360.

[11] Estupiñán N, Rodríguez D A. The relationship between urban form and station boardings for Bogota's BRT. Transportation Research Part A: Policy and Practice, 2008, 42(2): 296-306.

[12] Christen K. The carbon footprint of transportation fuels. Environmental Science and Technology, 2007, 41(19): 6636.

[13] De Oliveira M E D, Vaughan B E, Rykiel E J. Ethanol as fuel: energy, carbon dioxide balances, and ecological footprint. BioScience, 2005, 55(7): 593-602.

[14] Chen B, Chen J M, Mo G, et al. Comparison of regional carbon flux estimates from CO_2 concentration measurements and remote sensing based footprint integration. Global Biogeochemical Cycles, 2008, 22(2): 148-161.

[15] Weber C L, Matthews H S. Quantifying the global and distributional aspects of American household carbon footprint. Ecological economics, 2008, 66(2): 379-391.

[16] Strutt J, Wilson S, Shaw A, et al. Assessing the carbon footprint of water production. Journal American Water Works Association, 2008, 100: 80.

[17] 单力. 计算你的碳足迹. 环境, 2007, (8): 54-56.

[18] Holzman D C. The carbon footprint of biofuels: can we shrink it down to size in time? Environmental Health Perspectives, 2008, 116(6): A246.

[19] Senior K. UK business embraces carbon footprint reduction. Frontiers in Ecology and the Environment, 2007: 288.

[20] Thompson A C, Moles D. Don't bet on offsets-Erasing your carbon footprint is a tricky business. Nation, 2007, 284(18): 34-36.

[21] 张坤民. 低碳世界中的中国: 地位、挑战与战略. 中国人口·资源与环境, 2008, 18(3): 1-7.

[22] Lim S, Park J M. Cooperative water network system to reduce carbon footprint. Environmental Science and Technology, 2008, 42(16): 6230-6236.

[23] Giurco D, Petrie J G. Strategies for reducing the carbon footprint of copper: new technologies, more recycling or demand management? Minerals Engineering, 2007, 20(9): 842-853.

[24] Hammond G. Time to give due weight to the carbon footprint issue. Nature, 2007, 445(7125): 256.

[25] Simpson M. Reducing NHS carbon footprint: time for a culture change. British Medical Journal, 2008, 336(7649): 848.

[26] 厦门市统计局, 国家统计局厦门调查队. 2015 年厦门市国民经济和社会发展统计公报. http: //www. stats-xm. gov. cn/tjzl/tjgb/ndgb/201603/t20160322_28169. htm. [2016-05-01].

[27] 刘云刚. 中国城市地理学研究的统计分析. 地理科学进展, 2011, 30(6): 681-690.

[28] 赵千钧, 张国钦, 崔胜辉. 对中小城市在城市化过程中的主体地位及城市效率研究的思考. 中国科学院院刊, 2009, (4): 386-393.

[29] 厦门市地方志编纂委员会. 厦门市志. 北京: 方志出版社, 2004.

第三章　城市住区形态变迁的制度背景

城市住房制度改革对城市居住空间有直接的影响，特别是 1998 年以后城市住房制度的全面市场化，标志着住房实物分配时代的结束，对城市居住空间产生了深远的影响。因此，对城市居住空间形态变迁的研究，必须首先明确城市住房制度改革的发展过程，才能更深刻地理解居住空间形态变迁的背景，把握影响居住空间形态变迁的内在动因。由于厦门的城市住房制度改革是在全国住房制度改革的背景下进行的，因此本章首先对全国的住房制度改革进行回顾，在此基础上再对厦门的城市住房制度改革进行剖析。

第一节　中国城市住房制度改革回顾

新中国成立以来中国的住房制度变迁基本上可以划分为三个阶段（图 3.1），1978 年以前是福利供给和实物分配阶段；1978 年改革开放后，住房制度改革逐步深入，但是实物分配仍然存在，形成实物分配和商品化供应共存的双轨制住房分配模式；1998 年以后是完全市场化的住房制度。

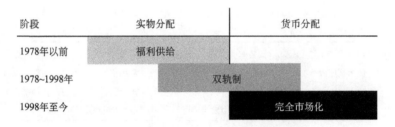

图 3.1　新中国成立后住房制度的发展阶段

1949 年新中国成立后至改革开放前，城市住房制度是国家计划经济体制的一部分。这主要体现在住房建设和住房分配两个方面。住房建设纳入国家基本建设投资计划，由政府拨付大部分住房建设资金，最后由各级单位按照计划统一建设。住房分配具有民主评议、实物分配、租金低廉等特点。这种建设和分配制度在初期满足了城镇居民的基本住房需求，但后期与其他政策因素共同导致住房供需矛盾日益突出。一方面是由当时重生产轻生活的国家政策决定的住房建设计划投资规模逐年削减；另一方面是低廉的租金难以支持住房维修费和住房补贴，从而导致住房供应严重不足，表现在城镇人均住房面积从 1949 年的 4.5 m^2 下降到 1978 年改革开放前的 3.6 m^2，以及近 50%的城镇缺房。同时，计划经济体制下的福利分房制度也导致住房的群体差异（表 3.1）。

因此，有必要对这种传统住房建设体制和福利分房制度进行改革，实现住房建设与分配的市场化和社会化，以解决住房建设投入不足及住房供应极度短缺的问题。

表 3.1　福利制住房分配制度导致的住房群体差异[1]

群体	前者人均住房面积/m²	后者人均住房面积/m²	差异/m²
干部与工人	8.1338	6.0007	2.1331
党员与群众	8.133	6.945	1.188
中央干部与地方干部	9.123	8.936	0.187

城市住房制度改革以具有标志性的事件为分界点可以划分为若干个阶段（表 3.2）。

表 3.2　改革开放以后城镇住房制度改革的阶段划分

阶段	标志性事件	说明
试点探索 1978~1985 年	1980 年邓小平同志发表关于住房问题的讲话；1981年，公房出售试点扩展到 23 个省、自治区的 60 多个城市和一部分县镇；1982 年在郑州、常州、四平和沙市四个城市试行公有住房的补贴出售	正式提出实行住房商品化政策。国家规定，"准许私人建房、私人买房、准许私人拥有自己的住宅"。试点售房、提租补贴等政策的出台
设计深化 1986~1998 年	1986 年成立 "国务院住房制度改革领导小组"；分别于 1988 年、1991 年、1993 年召开了三次房改会议；1988 年国务院提出《关于在全国城镇分期分批推行住房制度改革的实施方案》，1991 年发出《关于继续积极稳妥地进行城镇住房制度改革的通知》；1994 年 7 月 18 日国务院下发了《关于深化城镇住房制度改革的决定》	城镇住房制度改革取得了重大突破，掀起了第一轮房改热潮。把向居民个人出售新旧公房作为推动住房商品化的基本措施之一，把合理调整公房租金作为住房制度改革的核心环节，同时兼顾不同收入阶层对住房的需求和承受能力，房地产市场逐渐发展
全面推行 1998~2004 年	1998 年 7 月 3 日发布《国务院关于进一步深化城镇住房制度改革加快住房建设的通知》（国发〔1998〕23 号文）。2003 年国发〔2003〕18 号文发布《国务院关于促进房地产市场持续健康发展的通知》	国发〔1998〕23 号文宣告了实物分配时代的终结，我国房地产业发展迅速。国发〔2003〕18 号文的出台将大多数家庭的住房推向了市场，实现了我国住房市场化的根本转变
宏观调控 2005 年以来	2005 年国务院下发了《关于切实稳定住房价格的通知》（国八条）；2006 年《关于调整住房供应结构稳定住房价格的意见》（国六条）；2007 年《国务院关于解决城市低收入家庭住房困难的若干意见》（国发〔2007〕24 号文）；2010 年 4 月 17 日，国务院下发了《关于坚决遏制部分城市房价过快上涨的通知》	国发〔2003〕18 号文实施以后，我国房地产业高速发展，但与此同时房价的过快上涨，也引发了一系列社会问题，住房难问题越来越突出，政府开始加强宏观调控，遏制房价过快上涨，逐步建立保障性住房体系

一、试点探索阶段（1978~1985 年）

城市住房制度改革以 1978 年作为标志性起始年份，其标志性事件是 1978 年 9 月在北京召开的城市住宅建设会议，会议上传达了邓小平关于城市住宅建设问题的谈话[2]；1980 年 4月全国基本建设工作会议再次传达了《邓小平关于建筑业和住宅问题的谈话》[3]；这两次谈话奠定了住房制度改革的基调[①]。1980 年 6 月国务院批转《全国基本建设工作会议汇报提纲》中提出：“准许私人建房、私人买房，准许私人拥有自己的住房”，正式允许实行住房商品化政策，揭开了中国城镇住房制度改革的序幕，部分城市开始进行以出售公房为主要内容的单项改革探索，公房出售是这一阶段住房制度改革的重点政策，先后经历了“全价售房”和“补贴售房”两个阶段。

“全价售房”始于 1979 年国家分别拨款给柳州、梧州、南宁、西安四个城市统一建设住房，并以土建成本价向城镇居民出售。到 1981 年公房出售试点扩展到 23 个省、自治区的 60 多个城市和一部分县镇。但据不完全统计，到 1981 年年底全国试点城镇售出住房只有 3000 余套，效果并不理想。因此，1982 年国家有关部门设计了“三三制”的补贴出售新建住房方案，即由政府、单位和个人各承担 1/3，并在郑州、常州、四平、沙市试点。截至 1985 年年底，全国共有 160 个城市和 300 个县镇实行了补贴售房，共出售住房 1093 万 m^2。但是，“补贴售房”也带来了两方面的问题：一方面，补贴加重了地方政府和单位资金负担而遭到强烈反对；另一方面，改革未触及公房低廉租金制而导致城镇居民缺乏购房意愿。

因此，1985 年城市住房开始转向租金制度改革的研究和设计。1986 年选定烟台、唐山、蚌埠试行“提租补贴、租售结合、以租促售、配套改革”的住房制度改革方案，月租金按照使用面积由 0.07~0.08 元/m^2 提高到 1 元/m^2 以上，包括维修费、管理费、折旧费、投资利息和房产税在内的成本租金的 70%~80%；公房按标准价出售，包含建筑造价、征地和拆迁补偿费。这次试点从根本上动摇了住房福利观念、等级观念和消费观念，基本上解决了分房上的不正之风，理顺了国家、单位及职工之间的利益关系，为全国的住房制度改革的提供了有益思路。

总体来看，住房制度改革经历的从“全价售房”到“补贴售房”再到“提租补贴”三次试点均取得了一定的成效，但是由于制度设计的缺陷或经济环境的问题，“全价售房”和“补贴售房”未能达到预期的目标（表 3.3）。尽管如此，试点为后续住房制度改革提供了有益的经验和思路。

二、设计深化阶段（1986~1998 年）

在前面试点探索的基础上，住房制度改革开始进入设计深化阶段，这一阶段以三次会议和三个文件为主要标志，三次会议即分别于 1988 年 1 月、1991 年 10 月和 1993 年 11 月国务院住房制度改革领导小组召开的全国住房制度改革工作会议，三个文件即国务院分别于 1988 年 2 月、1991 年 6 月和 1994 年 7 月下发的关于住房制度改革的文件。因此，住房制度改革的设计深化阶段实际上又可以划分为三个阶段。

1.“提租补贴”阶段

1988~1991 年，以 1988 年第一次全国住房制度改革会议的召开和国务院下发《关于在全

---

① 解决住房问题能不能路子宽些，例如允许私人建房或者私建公助，分期付款，把私人手中的钱动员出来，国家解决材料，这方面潜力不小。——1978 年 9 月，北京，城市住宅建设会议。

关于住宅问题，要考虑城市建筑住宅、分配房屋的一系列政策。城镇居民个人可以购买房屋，也可以自己盖，不但新房子可以出售，老房子也可以出售。可以一次付款，也可以分期付款，10 年、15 年付清。住宅出售以后，房租恐怕要调整。要联系房价调整房租，使人们考虑到买房合算。因此，要研究逐步提高房租。房租太低，人们就不买房子了。——1980 年 4 月，北京，全国基本建设工作会议。

表 3.3 三次住房制度改革试点的内容、成效和问题

方案	年份	城市	内容	成效	问题
全价售房	1979	柳州 梧州 南宁 西安	统一建设住房，并以土建成本价向城镇居民出售	到1981年公房出售试点扩展到23个省、自治区的60多个城市和一部分县镇	据不完全统计，到1981年年底全国试点城镇售出住房只有3000余套，效果并不理想
补贴售房	1982	郑州 常州 四平 沙市	"三三制"补贴出售新建住房，即由政府、单位和个人各承担1/3	至1985年年底，全国共有160个城市和300个县镇实行了补贴售房，共出售住房1093万 m²	①补贴加重了地方政府和单位资金负担而遭到强烈反对；②改革未触及公房低廉租金制而导致城镇居民缺乏购房意愿
提租补贴	1986	烟台 唐山 蚌埠	"提租补贴、租售结合、以租促售、配套改革"。租金按准成本起步，月租金由原来的0.07~0.08 元/m²（使用面积）提高到1元以上，相当于成本租金的70%~80%；公房按包含建筑造价、征地和拆迁补偿费的标准价出售	动摇了根深蒂固的住房福利观念、等级观念和消费观念，分房不正之风也基本解决，国家、企业及职工间的利益关系得到调整，为全国的住房改革提供了思路	

国城镇分期分批推行住房制度改革的实施方案》（国发〔1988〕11 号，以下简称《方案》）为标志。《方案》确定城镇住房制度改革的第一步是要在 3~5 年内通过调整公房租金，抑制不合理的住房需求，促进职工个人买房，为实现住房商品化奠定基础，并确定了全国 381 个城市和 10000 多个县镇的分期分批改革进度。第一步改革完成后，第二步重点是理顺分配关系（补贴计入工资、计入企业成本），提高职工的经济负担能力，进一步实行住房的商品化、社会化和专业化。为保证住房制度改革的顺利实施，《方案》进一步提出了若干具体政策：①按照折旧费、维修费、管理费、投资利息和房产税五项因素，合理调整公房租金；②从实际出发确定发住房券（补贴）的系数；③理顺住房资金渠道，建立住房基金；④坚持多住房多交租和少住房可得益的原则；⑤积极组织公有住房出售；⑥配套改革金融体制，调整信贷结构；⑦对住房建设、经营在税收政策上给予优惠；⑧加强房产市场管理。

这一方案是中国提出的第一个全面的城镇住房制度改革总体方案，标志着住房制度改革进入了整体方案设计和全面试点阶段。这次改革方案在实际进行的城市成效显著，改革保证了现有房屋的维护和折旧费用，抑制了不合理的住房需求，促进了公有房屋的出售，拓展了住房建设的资金渠道。但是，改革刚开始的 1988 年全国出现严重的通货膨胀，致使租金的提高遭遇较大困难，原计划 3~5 年实现的第一步任务未能如期实现预期目标。

2. "以租带售"阶段

1991~1993 年，以 1991 年 6 月国务院发布的《关于继续积极稳妥地进行城镇住房制度改革的通知》（国发〔1991〕30 号）、10 月召开的第二次全国住房制度改革会议并发出《关于全面推进城镇住房制度改革的意见》为标志。国发〔1991〕30 号文件实际上延续了国发〔1988〕11 号文件的有关政策，所不同的是强调实行新房新政策，试图避开旧有公房的提租

阻力。而《关于全面推进城镇住房制度改革的意见》进一步重申和明确了国发〔1991〕30 号和国发〔1988〕11 号文件的有关精神和政策，并提出了分阶段的住房制度改革目标（表 3.4）。总体上来看，这一阶段的改革重点仍然是逐步提高公房租金标准，试图通过提租来带动公房出售。各地在制订住房制度改革方案时，也把优惠售房作为重点做法。但是，部分中小城市运作不规范，售房优惠的幅度过大而偏离了最初设计的住房商品化目标，改革仍然未能很好地实现预期　目标。

表 3.4　《关于全面推进城镇住房制度改革的意见》分阶段改革目标

阶段目标	公房租金标准	住房条件	住房资金
"八五"目标 至 1995 年	简单再生产租金水平= 维修费+管理费+折旧费	住房成套率达到 40%~50%； 重点解决危险住房和人均居住面积在 3~4 m² 及以下家庭的住房问题，使人均居住面积达到 7.5 m²	房改方案正式出台的城市，要建立城市、单位和个人三级住房基金，并使之合理化、固定化、规范化，保证住房建设有稳定的资金来源，通过改革奠定机制转换的基础
十年目标 至 2000 年	成本租金水平= 简单再生产租金+ 投资利息+房产税	住房成套率达到 60%~70%； 城镇人均居住面积达到 8 m²，群众居住条件和居住环境得到明显改善	发展房地产市场，建立和健全住房资金的融资体系，加速机制的转换，初步实现住房建设资金投入产出的良性循环
长期目标	商品租金水平= 成本租金+土地使用费+保险费+利润	住房成套率大大提高；每户有一套舒适的住房	健全房地产市场，完善住房融资体系，完成住房商品机制的转换，实现住房商品化、社会化

资料来源：根据《关于全面推进城镇住房制度改革的意见》整理。

3. "住房货币化过渡"阶段

1994~1998 年，以 1993 年年底国务院召开第三次全国住房制度改革会议和 1994 年 7 月下发的《关于深化城镇住房制度改革的决定》（国发〔1994〕43 号，以下简称《决定》）为标志。

1993 年 11 月 30 日~12 月 3 日，第三次全国住房制度改革工作会议召开，国务院住房制度改革领导小组组长李铁映在大会工作报告中明确提出了房改的基本思路：以出售公有住房为侧重点，售、租、建并举，政策配套，形成市场，加速住房业的发展，加快住房商品化、社会化。与之前以"提租补贴"为重点的改革方案不同，从这次工作会议开始，住房制度改革开始转向出售公房为重点的政策。

1994 年 7 月 18 日国务院下发了《关于深化城镇住房制度改革的决定》进一步明确了住房制度改革的政策重点，提出住房制度改革的根本目的是：建立与社会主义市场经济体制相适应的新的城镇住房制度，实现住房商品化、社会化；加快住房建设，改善居住条件，满足城镇居民不断增长的住房需求。改革基本内容可以概括为"三改四建"（表 3.5）。《决定》进一步明确了近期任务并提出具体要求，主要包括：①全面推行住房公积金制度；②积极推进租金改革；③稳步出售公有住房；④大力发展房地产交易市场和社会化的房屋维修、管理市场；⑤加快经济适用住房建设。

表 3.5 《关于深化城镇住房制度改革的决定》的房改基本内容

改革对象	三改	四建
投资体制	改国家、单位统包的体制为国家、单位、个人三者合理负担的体制	建立住房公积金制度 建立政策性和商业性并存的住房信贷体系
运行体制	改单位建设、分配、维修、管理住房的体制为社会化、专业化运行的体制	建立规范化的房地产交易市场和房屋维修、管理市场
供应体制	改住房实物福利分配的方式为以货币工资分配为主的方式	建立以中低收入家庭为对象、具有社会保障性质的经济适用住房供应体系和以高收入家庭为对象的商品房供应体系

资料来源：根据《关于深化城镇住房制度改革的决定》整理。

  同时，为配合住房制度改革基本内容中四建之一的"建立具有社会保障性质的经济适用住房供应体系"，推进住房商品化和社会化进程，国务院办公厅于 1995 年 2 月发出《转发国务院住房制度改革领导小组国家安居工程实施方案的通知》（国办发〔1995〕6 号），要求从 1995 年开始实施"安居工程"，目标是在原有住房建设规模的基础上新增安居工程建筑面积 1.5 亿 m²，用 5 年左右完成；要求国家安居工程住房直接以成本价向中低收入家庭出售，并优先出售给无房户、危房户和住房困难户，在同等条件下优先出售给离退休职工、教师中的住房困难户，不售给高收入家庭；其中，成本价包括征地和拆迁补偿费、勘察设计和前期工程费、建安工程费、住宅小区基础设施建设费（小区级非营业性配套公建费，一半由城市人民政府承担，一半计入房价）、1%~3%的管理费、贷款利息和税金等 7 项。《决定》的发布和"安居工程"的实施标志着城镇住房制度改革已进入深化和全面实施阶段。

  这次住房制度改革取得了较大进展。到 1998 年 6 月底，全国归集住房公积金已达 980 亿元，在增加住房建设资金来源、发展政策性住房金融方面起到重要作用，成为住房分配货币化的主要形式之一。1997 年年底，35 个大中城市的公房租金在原有基础上有了较大的提高，平均达到 1.29 元/m²。公房出售在 1996 年以后迅速进展，到 1998 年城镇自有住房率超过 50%，部分省市超过 60%。1997 年底安居工程建设规模为 7159 万 m²，解决了 65 万户城镇居民的住房问题；1998 年上半年分两批下达的计划建设规模为 10694 万 m²，合计已超出安居工程的最初计划总量。

三、全面推行阶段（1998~2004 年）

  这一阶段以 1998 年 7 月 3 日发布的《国务院关于进一步深化城镇住房制度改革加快住房建设的通知》（国发〔1998〕23 号，以下简称《通知》）为标志。《通知》在 1994 年房改的基础上，提出六项具体的深化措施：①停止住房实物分配，逐步实行住房分配货币化；②建立和完善以经济适用房为主的住房供应体系；③继续推进现有公有住房改革，培育和规范住房交易市场；④采取扶持政策，加快经济适用房建设；⑤发展住房金融；⑥加强住房物业管理。《通知》中影响最为深远的是第一项深化措施，明确提出"1998 年下半年停止住房实物分配"，这一决定具有里程碑式的意义，宣告了福利分房制度的终结和新的住房制度的开始。自 1998 年国发〔1998〕23 号文后我国房地产业发展迅速，据统计，1998~2004 年房地产投资完成额持续 7 年以两位数快速增长，同比增长率分别为 14%、14%、21%、27%、

23%、30%和30%。

国发〔2003〕18 号文发布《国务院关于促进房地产市场持续健康发展的通知》对国发〔1998〕23 号文发布 5 年来所取得的成效进行了总结："城镇住房制度改革深入推进，住房建设步伐加快，住房消费有效启动，居民住房条件有了较大改善。以住宅为主的房地产市场不断发展，对拉动经济增长和提高人民生活水平发挥了重要作用"。同时，也指出了存在的问题："当前我国房地产市场发展还不平衡，一些地区住房供求的结构性矛盾较为突出，房地产价格和投资增长过快；房地产市场服务体系尚不健全，住房消费还需拓展；房地产开发和交易行为不够规范，对房地产市场的监管和调控有待完善"。基于这样的评价，国发〔2003〕18 号文提出：①提高认识、明确指导思想，即充分认识房地产市场持续健康发展的意义，进一步明确房地产市场发展的指导思想；②完善供应政策、调整供应结构，加强经济适用房的建设和管理，增加普通商品住房供应，建立和完善廉租住房制度，控制高档商品房建设；③改革住房制度、健全市场体系，继续推现有公房出售，完善住房补贴制度，搞活住房二级市场，规范发展市场服务；④发展住房信贷、强化管理服务，加大住房公积金归集和贷款发放力度，完善个人住房贷款担保机制，加强房地产贷款监管；⑤改进规划管理、调控土地供应，制订住房建设规划和住宅产业政策，充分发挥城乡规划的调控作用，加强对土地市场的宏观调控；⑥加强市场监管、整顿市场秩序，完善市场监管制度，建立健全房地产市场信息系统和预警预报体系。

与国发〔1998〕23 号文件最大的区别在于，国发〔2003〕18 号文将"建立和完善以经济适用住房为主的多层次城镇住房供应体系"改变为让"多数家庭购买或承租普通商品住房"，同时提出"增加普通商品住房供应……采取有效措施加快普通商品住房发展，提高其在市场供应中的比例……努力使住房价格与大多数居民家庭的住房支付能力相适应"。此外，将经济适用房的性质重新定位为"是具有保障性质的政策性商品住房"。国发〔2003〕18 号文的出台将大多数家庭的住房推向了市场，实现了住房市场化的根本转变。

四、宏观调控阶段（2005 年以来）

国发〔2003〕18 号文实施以后，房地产业高速发展，与此同时房价的过快上涨，也引发了一系列社会问题，住房难问题越来越突出，政府开始加强宏观调控。2005 年 3 月 26 日，为了对房价上涨过快的问题"加以全局性控制"，《国务院办公厅关于切实稳定住房价格的通知》，就稳定房价提出八条意见（"国八条"）；4 月 27 日，温家宝又召开国务院常务会议，研究进一步加强房地产市场宏观调控问题，并提出八项措施引导和调控房地产市场（即"新国八条"）；5 月 11 日，七部委又出台《关于做好稳定住房价格工作的意见》（稳定房价的八条措施）；5 月 31 日，三部委出台《关于加强房地产税收管理的通知》，限制期房转卖；10 月 18 日，国家税务总局下发《关于实施房地产税收一体化管理若干问题的通知》，强调要对 20%个人所得税进行一体化征收。2006 年 5 月，国务院又出台了稳定房价、整顿房地产市场秩序的六项措施（即"国六条"）。随后不断出台各种调控措施，进一步紧缩"银根""地根"，但是房地产调控至今，稳定房价的目标尚未达到，以北京、上海、深圳等城市为代表，全国房价总体继续上涨。

2007 年 8 月 7 日，《国务院关于解决城市低收入家庭住房困难的若干意见》（国发〔2007〕24 号文）的出台引起了社会各界的广泛关注。24 号文要求进一步建立健全城市廉租住房制度，改进和规范经济适用住房制度，逐步改善其他住房困难群体的居住条件，完善配套政策和工作机制。24 号文首次明确提出把解决低收入家庭住房困难工作纳入政府公共服务职能。国发〔2007〕24 号文件把"保障性住房"提到前所未有的高度，是中国房改历程中的又一个里程碑，标志着从"重市场、轻保障"向着 1998 年房改政策"市场、保障并重"的正确方向回归；从"重买房、轻租赁"向着"租、售并举"的合理模式回归。

2008 年是一个相对特殊的年份，在全球金融危机的影响下中国房地产市场遭遇了前所未有的"寒冬"；11 月 5 日国务院发布了扩大内需十项政策、11 月 10 日的落实中央政策措施的七项工作部署，把房地产作为"重要的支柱产业"提上前台，并主要侧重于保障性住房。在鼓励住房消费及宽松货币的政策的刺激下，2009 年房价再次持续快速上涨。为遏制住房价格的过快上涨，2009 年年底以来国家和地方政府出台了一系列调控政策。2009 年 12 月 14 日，国务院常务会议研究完善促进房地产市场健康发展的政策措施，明确提出"加强市场监管，稳定市场预期，遏制部分城市房价过快上涨的势头"，同时强调"地方政府要切实负起责任"。2010 年 1 月 10 日，国务院办公厅公布《关于促进房地产市场平稳健康发展的通知》（简称"国十一条"），明确二套房贷首付不得低于 40%；同时在增加保障性住房和普通商品住房有效供给、加强风险防范和市场监管、加快推进保障性安居工程建设、落实地方各级人民政府责任等方面落实了实施细则。2010 年 4 月 14 日，国务院总理温家宝主持召开国务院常务会议，研究部署遏制部分城市房价过快上涨的政策措施。其中提出了四项措施，被称为"新国四条"。2010 年 4 月 17 日，国务院下发《关于坚决遏制部分城市房价过快上涨的通知》，明确商品住房价格过高、上涨过快、供应紧张的地区，商业银行可根据风险状况，暂停发放购买第三套及以上住房贷款；对不能提供 1 年以上当地纳税证明或社会保险缴纳证明的非本地居民暂停发放购买住房贷款。此后各部委也出台了各类相应规定[①]，北京、上海、广州、深圳、海口、福州、厦门、温州等多个城市开始执行楼市限购令[②]。

第二节　厦门城市住房制度改革回顾

厦门市的住房制度变迁与全国的住房制度变迁历程大体一致，由于国务院下发的文件到地方上具体执行存在滞后性，只是在时间节点上略有不同（表 3.6）。

表 3.6　厦门城镇住房制度改革的阶段划分

阶段	标志性文件	主要内容
筹划准备 1992 年以前	城镇住房制度改革的报告	住房制度改革领导小组办公室出示《厦门市住房制度改革工作计划》，调查摸底，民意测验，正式提出实施方案和配套政策
初步实施 1992~1995 年	《厦门市住房制度改革实施方案》	提租适度补贴；建立住房公积金；分房购买债券；鼓励职工买房；成立住房委员会
继续深化 1995~1999 年	《厦门市关于深化城镇住房制度改革的方案》	加大租金改革力度；健全住房公积金制度；大力推行分房购买债券；稳步出售公有住房

---

① http://house.focus.cn/news/2010-12-31/1151691_1.html.

② http://china.huanqiu.com/roll/2011-01/1398050.html.

续表

阶段	标志性文件	主要内容
全面改革 1999~2006 年	《厦门市进一步深化城镇住房制度改革加快住房建设的实施方案》	停止住房实物分配,逐步实行住房货币化分配;继续推进租金改革,以成本价出售公有住房,完善住房公积金制度;加快住房建设,建立和完善以经济适用住房为主的多层次城镇住房供应体系;发展住房金融业务,培育和规范住房二级市场
住房保障 2006 年以来	《中共厦门市委厦门市人民政府关于开展社会保障性住房工作的实施意见》	对保障性住房的规划与建设、申请与分配、售价与租金、使用管理、退出及法律责任进行了具体规定,建立了梯级保障性住房供应体系

一、筹划准备阶段（1992 年以前）

新中国成立以前,厦门市房屋以私房、民房为主,尤以华侨房屋占多数。市区地狭人稠,居住条件十分困难。新中国成立后,为解决市民的住房问题,厦门市人民政府和企事业单位根据国家的住房制度和政策,多次投入资金兴建住房。

中共十一届三中全会以后的 9 年间,建设住房投资约 6.5 亿元,共竣工住房 270.5 万 m²。全市人均居住面积由 1980 年的 4.05m²提高到 1986 年的 6.56m²,但住房紧张状况未根本解决,且大批老住宅长年失修失养,损坏严重,旧城区不同程度的危房仍占相当大的比例。同时,长期以来的计划经济体制,干部职工住房属于福利型,租金、分配不尽合理,导致住房问题十分突出,与社会主义市场经济不相适应。为了解决城镇居民的住房问题,1987 年 4 月厦门市房地产管理局向厦门市政府呈送城镇住房制度改革的报告。至 1988 年 1 月,市住房制度改革领导小组办公室推出《厦门市住房制度改革工作计划》;3~5 月,对 9 万户 25 万名干部职工、近 2000 个单位进行全面调查摸底,同时对 3 万名居民进行民意测验,到 6 月,正式提出实施方案和配套政策。但由于种种原因,该方案未能付诸实施[4]。

二、初步实施阶段（1992~1995 年）

为贯彻 1991 年 6 月国务院发出的《关于积极稳妥地进行城镇住房制度改革的通知》,厦门市在 1992 年制定颁布了《厦门市住房制度改革实施方案》,除了对"双困户"继续实行无偿分配住房外,开始逐步废除实行多年的无偿分配制度,改为以标准价或成本价出售住宅,走上住宅使用商品化的轨道。该方案提出了四个指导原则和五个改革方案。四个指导原则包括:①改变住房无偿分配、低租金使用的现况,逐步实现住房商品化;②改变住房由国家、单位包下来的现况,建立国家、单位、个人合理筹资建房的机制;③抑制不合理的住房需求,纠正住房分配上的不正之风;④建房、售房、租房优先满足无房户和住房特困户的需要。五个改革方案包括:①提租适度补贴;②建立住房公积金;③分房购买债券;④鼓励职工买房;⑤成立住房委员会。其中,第五项方案成立住房委员会是为了保证方案的实施,进一步推进住房制度改革,实质上改革的方案只有前四项（表 3.7）。

表 3.7　厦门市 1992 年房改实施方案

方案	对象或范围	标准	使用和管理办法（条目）
提租适度补贴	**提租范围：**承租直管公房和单位自管公房作为住宅的。补贴对象：机关、群众团体、事业和企业单位的干部、固定职工、合同制职工及离退休职工	住房租金先统一到直管公房 1972 年《厦门市公管住宅租金标准》后，再提高 5 倍，即平均为 0.70 元/m²（使用面积）住房补贴的标准为职工月工资或离退休费的 7%	**使用：**提租后，增加的租金，产权单位专项用于房屋维修和购建住房 **其他条目：**①住房补贴资金的来源；②减免政策；③缴交方式
建立住房公积金	在本市工作、具有本市常住户口的机关、群众团体、事业和企业（含三资企业）单位的干部、固定职工、合同制职工	公积金缴纳额＝职工月工资×公积金缴纳率（%），按月缴纳。职工个人和所在单位的公积金缴纳率 1992 年分别定为 5%，以后随着经济的发展和个人收入的变化，可分别进行调整，每年公布一次	**使用：**职工购建自住住房及对自有私房进行翻修、大修，可使用本户成员及其直系亲属积累的公积金。各单位购建住房，可以申请低息贷款的方式使用本单位职工结存的公积金 **其他条目：**①公积金的来源；②公积金的提取；③公积金的管理
分房购买债券	方案实施后分配的新旧公有住房，住户要按规定认购厦门市住房建设债券，才能取得住房使用权，并按规定缴纳租金。已有住房的住户和社会各界人士，应踊跃购买住房建设债券，以支持住房建设	**认购基数：**按住房结构类型确定，1992~1993 年定为按建筑面积 40~100 元/m²；今后可酌情调整，每年公布一次。新分配住房的住户认购住房建设债券金额＝新分配住房的建筑面积（m²）×认购基数（元/m²）。住户迁房时所应认购的住房建设债券可扣除租住原住房时已购买的住房建设债券。人均住房面积超过规定标准的部分，每平方米要增买 50% 的住房建设债券	**使用：**建设债券资金由市住房基金管理中心统筹安排使用。各单位购建住房，可以申请低息贷款的方式，使用本单位职工认购的住房建设债券资金。 **其他条目：**①利率和还款期限；②住房建设债券的发售和偿还
鼓励职工买房	职工符合分房条件，购买住房面积在规定标准以内的部分，可享受优惠待遇，超过规定标准的部分另按有关规定定价。原则上一户只能购买一套。各单位分房时，在符合分房条件的前提下，实行先售后租的原则，优先提供售房房源，每年出售住房的数量一般不得低于当年住房分配总量的 30%。新建的公有住房，原已出租的公有住房均可出售	新建砖混等住房，综合造价约为 700 元/m²（建筑面积），优惠价 1992 年定为 290 元，另应由购房者所在单位支付 160 元/m²（建筑面积）的开发费（无工作单位的购房者，开发费由个人支付）。对职工购买已租住的公有住房以建筑的重置价乘以成新折扣作为基价，结合考虑层次等因素，参照新房优惠政策确定售价	**使用：**产权单位出售优惠价房的房款和从职工出售优惠价房而分得的房款应存入市建行住房信贷部，专项用于购建住房。全市出售优惠价房的资金由厦门市住房基金管理中心负责批准使用 **其他条目：**①购买优惠价房的付款办法；②优惠价房的继承和出售；③出售、购买优惠价房的其他优惠政策

资料来源：根据 1992 年《厦门市住房制度改革实施方案》整理。

三、继续深化阶段（1995~1999 年）

　　1995 年厦门市颁布了《厦门市关于深化城镇住房制度改革的方案》，这一方案与 1994 年国发〔1994〕43 号国务院《关于深化城镇住房制度改革的决定》相呼应。此次房改方案进一步深化了 1992 年方案中提出的四个方案，与之相对应的包括四条深化措施（表 3.8 和表 3.9）。

表 3.8 1995 年厦门市房改方案主要内容

1992 年方案	深化措施	深化内容
提租适度补贴	加大租金改革力度	提高提租适度补贴的标准，1995 年 9 月 1 日起将住房租金从现行的平均 0.70 元/m²（使用面积）提高到 1.40 元/m²。按 1993 年 12 月该职工月工资总额的 3% 发给住房补贴。住房租金从 1996 年 7 月 1 日起至 2000 年止每年递增 21.5%，2000 年达到 3.71 元/m²（使用面积），租金占双职工家庭平均工资的 15%
建立住房公积金	健全住房公积金制度	公积金缴纳额 1996 年元月起每年按上一年 12 月的工资总额调整一次。职工个人和单位的公积金缴纳额最低均不得低于 15 元，最高不得超过 70 元，存储的公积金利率调为 3.6‰
分房购买债券	大力推行分房购买债券	各单位应坚决执行
鼓励职工买房	稳步出售公有住房	向高收入的家庭出售公有住房实行市场价。向中、低收入的家庭出售公有住房实行成本价和标准价，并逐步向市场价过渡。其中，分房购买债权基本没有变化，提租适度补贴和公积金提高明确了相关标准，变化较大的是对公房出售进行更细致的实施方案，对中低收入家庭的成本价和标准价进行具体规定（表 3.9），并明确成本价和标准价每年公布一次

资料来源：根据《厦门市关于深化城镇住房制度改革的方案》整理。

表 3.9 1994 年新建公房的成本价和标准价

价格/（元/m²建筑面积）	框架	砖混一等	砖混二等	砖木	高层
成本价	1210	1130	1050	1010	2420
标准价*	784	751	718	705	1277
负担价	493	460	427	414	986
抵交价	291	291	291	291	291

*标准价=负担价+抵交价。实际售房时，负担价根据住房的地段、层次、装修、成新折扣等进行调节计算。抵交价实行工龄折扣。

资料来源：根据《厦门市关于深化城镇住房制度改革的方案》整理。

四、全面改革阶段（1999~2006 年）

1999 年《厦门市进一步深化城镇住房制度改革加快住房建设的实施方案》与 1998 年 7 月 3 日发布的《国务院关于进一步深化城镇住房制度改革加快住房建设的通知》（国发〔1998〕23 号）相呼应。与前面两个方案相比，这次改革的力度巨大，其实施标志着住房实物分配时代的终结和市场化住房制度的全面推行。这次改革的主要指导思想是"积极推进住房商品化、社会化进程，建立公平、公正、公开的住房分配机制，逐步建立适应厦门经济特区社会主义市场经济体制的住房新制度；加快住房建设，促使住宅业成为新的经济增长点，不断满足城镇居民日益增长的住房需求"。

该方案的基本目标是停止住房实物分配，逐步实行住房货币化分配；继续推进租金改革，以成本价出售原公有住房，完善住房公积金制度；加快住房建设，建立和完善以经济适用住房为主的多层次城镇住房供应体系；发展住房金融业务，培育和规范住房二级市场。由于要彻底停止住房实物分配，因此前两次四大方案之一的"分房购买债券"就不复存在，继续深化了前两次的另外三个改革方案，并提出了新的改革措施（表3.10和表3.11）。

表3.10　厦门市1999年房改深化措施

原方案	深化措施	深化内容
加大租金改革力度	继续推进住房租金改革	1999年7月1日起住房租金标准提高25%，平均2.89元/m²，到2000年公有住房租金标准争取达到平均3.71元/m²。租金提高后，家庭确有困难者可申请减免。在取得经验的基础上，不断完善住房货币化分配办法
	逐步实行住房货币化补贴	于1999年7月1日实施《厦门市住房货币化分配试行方案》，对行政机关、事业单位及有条件的企业单位未享受过任何住房优惠政策或其住房未达本人住房面积控制标准的职工发放住房货币化补贴
健全住房公积金制度	继续全面推行和不断完善住房公积金制度	1999年7月1日起职工个人和单位住房公积金的缴交率分别提高到7%，到2000年应不低于8%，有条件的单位经批准可适当提高，但最高不超过10%。健全住房公积金管理机构，充实管理人员，严格住房公积金归集、管理、使用的审核、审批制度，加强住房公积金管理工作
稳步出售公有住房	继续稳步出售公有住房	公有住房出售成本价逐步与经济适用住房成本价接轨,同时继续做好部分产权向全部产权过渡的工作。1999年7月1日起取消以优惠价、标准价购买的住房的优惠改按成本价购房
	稳步开放住房二级市场	通过开展城镇职工家庭住房情况普查、清查和纠正住房制度改革过程中的违纪违规行为，出台《厦门市已购公有住房进入市场管理暂行办法》。已购公有住房进入市场实行准入准出制度。购买全部产权的住房，可按规定进入市场。鼓励已购公有住房与其他住房置换、旧公有住房与经济适用住房或统建房置换，改善居住条件

资料来源：根据1999年《厦门市进一步深化城镇住房制度改革加快住房建设的实施方案》整理。

表3.11　厦门市1999年房改新措施

项目	新措施
住房供应政策	对不同收入家庭实行不同的住房供应政策，建立和完善以经济适用住房为主的住房供应体系并采取扶持政策加快经济适用房建设： ①最低收入家庭，可向政府或单位申请廉租住房。中低收入家庭可申请购买经济适用住房。高收入家庭购买或租赁市场价商品住房； ②经济适用住房的价格按市政府当年公布的价格执行。购买经济适用住房和租赁廉租住房实行申请、审批制度
住房金融政策	①扩大个人住房贷款的发放范围，所有商业银行均可发放个人住房贷款。取消对个人住房贷款的规模限制，适当放宽个人住房贷款的贷款期限； ②对经济适用住房开发建设贷款，实行指导性计划管理。商业银行在资产负债比例管理要求内，可优先发放经济适用住房开发建设贷款； ③调整住房公积金贷款方向，只能用于职工个人购、建、大修自住住房贷款。开展住房公积金贷款与商业性贷款相结合的住房组合贷款业务

续表

项目	新措施
住房售后管理	①制订厦门市《住宅共用部位共用设施设备维修基金管理办法》。改革现行的住房维修、管理体制，逐步建立业主自治与物业管理企业专业管理相结合的社会化、专业化、市场化的物业管理体制； ②原售房单位应协助建立业主委员会（小组），业主委员会（小组）要认真履行职责，协调、督促、检查房屋的管理和维修，监督维修基金的使用； ③加强住房售后的维修管理，进一步完善住房共用部位、共用设施设备专项维修基金制度。商品住房销售时，购房者应当按购房款2%的比例向售房单位缴交维修基金；房改售房单位从售房款中提取维修基金；职工购买公有住房时应向售房单位按每平方米建筑面积缴交10元维修基金。维修基金专款专用，不得挪作他用

资料来源：根据1999年《厦门市进一步深化城镇住房制度改革加快住房建设的实施方案》整理。

五、住房保障阶段（2006年以来）

2005年以后中国的城市房地产业进入宏观调控阶段，特别是2006年5月"国六条"颁布后，宏观调控进一步加强，与此相应的是住房保障日益成为国家基本政策之一。厦门市与全国各地一样，从2005年开始，房价在巨大需求的推动下持续较大幅度上涨。为配合"国六条"，厦门市从2006年开始实施保障性住房政策，其标志是2006年《厦门市人民政府办公厅关于成立厦门市社会保障性住房建设与管理办公室的通知》（厦府办〔2006〕270号）和《中共厦门市委厦门市人民政府关于开展社会保障性住房工作的实施意见》（厦委〔2006〕84号），并先后制定出台了20多个管理规定及操作办法。从2008年开始，厦门市的社会保障性住房开始进入分配和入住阶段，为有效防止骗租骗购现象和转租牟利行为，加大对违规行为的处罚力度，建立有效的退出机制，在以往出台相关政策的基础上，厦门市将《厦门市社会保障性住房管理条例》列入2008年立法计划，该条例在2009年5月23日福建省第十一届人民代表大会常务委员会第九次会议批准，并于2009年6月开始实施。《厦门市社会保障性住房管理条例》对保障性住房的规划与建设、申请与分配、售价与租金、使用管理、退出及法律责任作出了具体规定，标志着厦门市保障性住房制度的全面完善，建立了梯级保障性住房供应体系（表3.12）。

表3.12　厦门市保障性住房供应体系

对象	方式	类型	租金或售价
最低收入	出租	廉租住房	实物配租、货币补贴和租金核减
中低收入 I	出租	保障性租赁房	按市场租金标准出租，依收入按90%、80%、70%补助
中低收入 II	出售	经济适用房	岛内4100元/m²，岛外3200元/m²
无住房	出售	保障性商品房	岛内7000元/m²，岛外5000元/m²

注：前三类有收入和资产限制；保障性商品房不设收入限制。中低收入 I 与中低收入 II 的区别在于两者都符合经济适用房的申请标准，但是前者无力购买经济适用房；保障性商品房主要针对不符合经济适用房申请条件又无力购买市场性商品房的家庭。

资料来源：http://www.jzgjj.gov.cn/html/4028810d1a768a0e011a76abb6f50026/2009051507432503.htm.

第三节　城市住房制度改革述评

　　总体来看，城市住房制度改革达到了预期的目标，改变了以往实物分配、低租金的福利分房制度，建立了市场化的住房制度，住房的供应、交易和管理制度不断健全。从住房供应来看，初步形成了针对不同收入群体的多层次住房供应体系；从住房交易来看，二级市场和租赁市场逐步发育；从住房管理来看，专业的物业管理基本建立。与此同时，住宅投资与建设规模快速增长，住宅设计、施工水平明显提高，城镇居民的居住环境明显改善；房地产及其相关产业得到前所未有的发展，成为国民经济的重要组成部分[5]。但是，在取得巨大成就的同时，住房市场化的持续推进，也带来了相应的社会问题，特别是住房保障制度还不完善，城市住房成为居民生活水平提高的重要问题[5]。厦门市作为沿海经济特区，一直以良好的人居环境闻名，其住房制度改革的进程与全国总体上一致，住房制度改革所取得的成就和存在的问题在厦门也能得到体现。因此，选择厦门作为研究案例，对于国内其他城市具有重要的借鉴意义。

参 考 文 献

[1]　李基铉. 中国住房双轨制改革及其不平等性. 社会主义研究, 2006, (03): 46-49.

[2]　刘薇. 居者有其屋的梦想与现实. 京华时报, 2008, (17): 10-20.

[3]　杨慎. 《邓小平关于建筑业和住宅问题的谈话》发表纪实. 中国发展观察, 2010, (05): 57-58.

[4]　厦门城市建设志编纂委员会. 厦门城市建设志. 厦门: 鹭江出版社, 1992.

[5]　刘志峰. 纪念小平同志关于住宅问题谈话 30 周年. 城市住宅, 2010, (04): 15.

第四章　城市住区物质形态的演变过程

在城镇住房制度改革的影响下，城市居住空间无论在物质形态上还是在社会属性上都发生了明显变化。厦门市在改革开放以前，住宅的建设严重滞后于居民的实际消费需求增长。改革开放以后，随着住宅的大规模建设，在城市规划的约束与住房制度改革的影响下，城市居住空间的物质形态发生了深刻变化。本章以住房制度改革的阶段为序，从宏观的城市发展背景、住区建设情况、住区空间分布与微观的典型住区四个方面系统分析厦门城市居住空间物质形态的变迁，在此基础上对典型住区进行定量分析，以期全面理解城市居住空间物质形态的变迁过程。

第一节　经济特区成立之前（1980 年以前）

一、城市发展背景

厦门早期城市功能基本以服务商埠发展的港口和商业为主。1908 年厦门岛建成区面积为 2.47km²，主要围绕厦门城，基本分布在太古码头（和平码头）、鹭江道、中华街、中山路、镇海路、大生里和博物馆之间。基础设施极度缺乏，道路少，且窄小不便，给排水设施严重缺乏。1911 年岛内人口近 9 万人，1913 年城镇人口占总人口比例达到 66.28%。20 世纪 20年代~30 年代中期，国内情势保持相对稳定，以华侨投资为主的城市建设开始兴起。该期间城市扩张以原有商埠至中山路一带老城区向岛东南部延伸，在厦港、蜂巢山及厦门大学一带形成新的城市建成区，1933 年岛内建成区面积达到 5.66 km²。同时，建成区内修建新道路及拓宽原有街道，基础设施得到很大改善，厦门岛现代城市雏形基本形成。城市人口快速增长，岛内人口 1926 年增加到近 20 万人，1937 年城镇人口占总人口比例达到 68.18%[1]。

1949 年新中国成立后，厦门岛成立厦门市人民政府。第一个城市总体规划将厦门的城市性质定为港口城市，兼备全国性的疗养、风景城市和国防城市。此阶段厦门市行政管辖范围多次扩大，厦门市行政管辖面积从厦门岛及鼓浪屿延伸到整个厦门湾，行政管辖面积从 128 km² 增加到 1573 km²，极大地扩展了厦门岛城市发展的腹地。受台湾海峡两岸军事对峙的影响，厦门岛城市建设受到一定限制，但仍得到较快发展，人口从 1950 年的 14.32 万人增加到 1978 年的 29.30 万人，总数增加 1 倍。填海造地成为该时期城市建成区面积扩张的主要渠道。连接岛内外的交通建设发展迅速，建成区逐渐向文灶、金榜山、梧村、莲坂和江头等地扩展，1973 年建成区面积达到 11.47 km²[1]。

二、住区建设情况

厦门的住区建设从 20 世纪 20 年代随着商业的发展和城市的建设而逐步发展，此前的居民建筑以单层的平房为主，此后逐渐为楼房所代替。到 1980 年特区成立之前，主要包括了抗日战争前期、新中国成立前期、新中国成立后期三个阶段，主要在现今老城区一带进行开发和建设，形成了各种住宅形式混杂的居住空间形态[2]。

　　抗日战争之前（20世纪20~30年代）的住宅建设主要分布在鼓浪屿及旧城区的开元路、大同路、思明北路、思明南路、中山路、深田路、中山公园周围、虎园路一带，住宅形式包括了商住两用的骑楼建筑、直排双坡砖木房屋和低层砖混别墅（表4.1），住宅建设资金约有3/4来自华侨和侨眷，到1927年厦门市区住宅建筑面积达267.3万 m²，1928~1932年又新建5349间（幢）民房；从1931年"九一八事变"至抗日战争结束，居民住宅建设基本停止，数量上较前期反而有所减少；解放战争时期除市区和鼓浪屿翻修旧房外，新建住宅只有斗西路的首期"社会新村"1幢2层和美头山华侨楼房3幢[2]。

表 4.1　抗日战争之前的住宅建设形式[2]

形式	位置	居住主体	结构	整体特征	厨卫
骑楼建筑	开元路、大同路、思明北路、思明南路和中山路两侧	一般民众	框架砖木	楼下店铺，楼上住宅。多数一楼沿街面留有行人走廊，进深较大，一般仅前后采光，室内暗，通风差	多数没有专门设置
直排双坡	中山公园东侧的深田路的百家村	安置建设中山公园的拆迁户	砖木	早期统一规划、统一建设的住宅区。建筑质量较低	无
低层别墅	鼓浪屿、中山公园、虎园路一带	部分富商	砖混	2~3层。设计、造型都比较优美，属近代化住宅	齐全

　　新中国成立后住宅建设主体从原先私人建设住房为主转为以人民政府、工会、房管局和各企事业单位为主，特别是市房产管理局在厦门住宅建设中占据了重要地位（表4.2）。总体来看，受两岸军事对峙及国内形势的影响，1950~1979年，城市住宅累计竣工仅85万 m²，而同期城市人口增加15万人，造成城市住宅的严重短缺，1950~1966年，人均居住面积整体上表现为持续下降的趋势，从1950年的人均4.55 m²一直减少到1966年的人均2.96 m²（图4.1）。据1979年统计，全市住宅建筑面积222.9万 m²（其中，私房占33%，无房户2720户，居住面积不足2m²的2058户和困难拥挤户15393户共计20171户，其中急需解决的有5000户），新中国成立后新建住宅自然淘汰的有32万 m²，被占做他用的有20万 m²，缺房相当严重[2]。1970年到文化大革命结束后，城市住宅建设才开始逐渐发展起来，仅1970~1979年10年累计竣工的面积就占到1950~1979年的一半以上（图4.1）。

表 4.2　新中国成立后厦门主要的住宅建设[2]

时间	建设主体	地点	投资	建筑及规模	居住主体
1953年左右	市总工会	宏汉路（今镇海路）		新建7幢砖木结构两层住宅楼	先进工人和居住条件最差的工人
	市房产管理局		17万元	新建住宅5670 m²	
	厦门大学	五老峰南麓		新建部分住宅	教职工

续表

时间	建设主体	地点	投资	建筑及规模	居住主体
1956~1962 年	华侨新村筹建委员会	公园西路西侧赤岭南麓		2~3 层有小花园、独院式住宅，至 1980 年共建 96 幢，2.6 万 m²	
1959 年	市房产管理局	小学路部分楼房平台及第一、二、五、七市场屋顶		加建一层	100 多困难户
	市人民政府	厦港一带	50 万元	平房 21 幢	台风受灾户
1964~1967 年	市房产管理局		270.46 万元	新建住宅 5.34 万 m²	
1969~1976 年	市房产管理局和企事业单位	大生里和厦禾路一带		4~5 层砖混结构单元式公寓住宅*	
1972~1978 年	市房产管理局	厦港"不见天"一带	534.27 万元	新建住宅 10.75 万 m²，改造旧的平屋群	

*多在市区和近郊留空地段，以及拆除危旧房屋的旧宅基见缝插针，较为分散零乱，建设、装修和居住面积标准均较低，建筑形式大多是以长廊结合短内廊为主的住宅，不能独门独户，且为多单元合用厕所和浴室，相互干扰很大[2]。

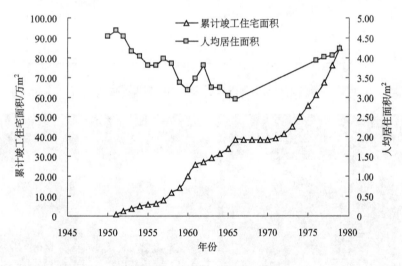

图 4.1　厦门市累计住宅竣工面积和人均居住面积变化（1950~1979 年）

资料来源：厦门市统计局，厦门五十年回眸

三、住区空间分布

根据 1982 年编制完成的《厦门市城市总体规划（1980~2000 年）》中厦门本岛现状图，这一时期的住区主要分布在厦禾路以南、岛内铁路线以西和鹭江以东并延续到厦门大学西北面，也就是厦门的传统老市区（图 4.2）；鼓浪屿也集中分布了大量新中国成立前建设的城镇住宅。此外，湖滨南路和厦禾路之间有大量的各类工厂，这些工厂周围也分布着一些生活居住用地，应该主要是这些单位的职工宿舍。总体上，这一时期住区分布范围还非常小，湖滨南路以北基本未开发。

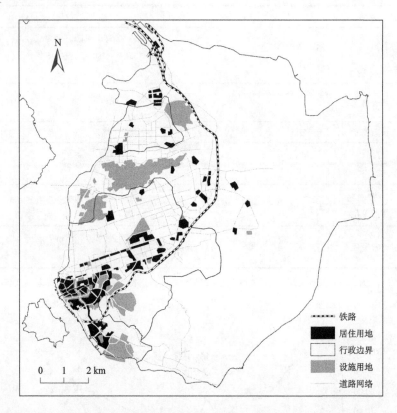

图 4.2 厦门市 1982 年总规土地利用现状图

(a)   (b)

图 4.3 厦门思北附近老城区的空间形态

资料来源：Google Earth

四、典型住区

这一时期的住区在空间上总体呈现出不规则的填充形式。厦门市思北和中山路附近的老城区保留了这一时期住区形态的总体特征。如图 4.3 所示，由主干道围合的住区都被大大小小的房屋所填充，建筑密度从空间上来看几乎在 90% 以上，房屋之间的空间极其狭小，一般仅可容自行车通过，形成了厦门老城区大大小小的巷子。建筑的层数一般在 4 层以下，如果按照建筑密度为 0.9 推算则容积率在 3.0 左右。临街通常建成骑楼的形式，一层作为店面出租，因此各类小规模的商业和服务业非常发达，农贸市场、幼儿园、小学、中学等公共服务设施在附近也多有分布。总体来看，虽然居住条件较差，但是生活非常便利。

第二节　住房制度改革前期（1980~1990 年）

一、城市发展背景

1980 年 10 月国务院批准在湖里 2.5km² 范围内设立经济特区，1981 年 10 月开始动工兴建，市区建设也在筼筜湖南北两岸展开。1984 年 3 月，中央决定将经济特区范围扩大到厦门本岛和鼓浪屿，共 131 km²，并逐步实行自由港的某些政策，明确了厦门是"以工业为主，兼营旅游、商业、房地产业的综合性外向型的经济特区"。1988 年 4 月，国务院批准厦门市实行计划单列，赋予省一级的经济管理权限，同年又批准厦门的鼓浪屿—万石山为国家级风景名胜区。随着台湾海峡两岸关系的松动，厦门市抓紧台资加速转移的机遇，适时调整经济发展布局[1,2]。

这一时期为厦门"海岛型城市发展期"，城市空间主要在厦门本岛内扩张，可以划分为两个阶段：20 世纪 80 年代中期之前，在老城区"接触式"逐渐扩张的同时，分别在湖里经济特区、高崎机场和东渡港等地出现了独立的建成片区，空间上表现为点状填充的"飞地式"发展。20 世纪 80 年代后半期，岛内扩张速度显著加快，已基本呈现由自然山脉湖泊形成分隔、建成区紧密连接的状态。跨越铁路向东扩张的趋势开始出现，但并不突出。从总体上看，后一阶段的城市空间仍集中在厦门岛西部，并且以集中紧凑的外推扩张趋势为主。从建成用地规模的增长来看，1980 年厦门约 20 km² 的城市建成空间中本岛和鼓浪屿约 17 km²，构成城市主要建成空间的集中地，占总用地面积的 85% 左右。改革开放之后，厦门建成空间规模迅速增长，仅 1980~1985 年的增长就达到了 13.76 km²，幅度大大超过了新中国成立后 30 年新增的建设用地总量（约 8 km²）。1990 年全市建成用地规模增加到 39.52 km²，其中本岛的建成用地占到 80.8%[3]。

二、住区建设情况

从 1980 年创办经济特区以后，住宅建设管理体制开始逐步改革，由原来单纯依靠政府或单位投资（拨款）的统一建设、统一分配、统一管理的计划经济体制，逐步向住宅建设市场化、管理社会化转变，全市住宅建设开始进入大规模发展时期。至 1990 年年末，全市累计竣工或投入使用的各类商品住宅共 796 幢，总计建筑面积达 168.63 万 m²，共形成了 22 个生活小区[4]。其中几个主要小区的建设情况见表 4.3，东区联合开发公司、筼筜新区开发公司、

表 4.3　厦门 20 世纪 80 年代建设的主要居住小区[4,5]

开发经营单位	小区	完工量/亿元	占地面积/万 m²	建筑面积/万 m²	住宅部分				非住宅部分
					建筑形式		幢	套	面积/万 m²	
东区联合开发公司	莲花新村	1.6		41.66	一期	多层	56	1452	11.87	一期：高层写字楼 5 幢 6.26 万 m²；公用建筑 8 幢 1.6 万 km²，包括小学、托儿所、幼儿园、储蓄所、邮电所、粮店、煤店、基层商店、饮食、服务、居委会、变电所、公厕等
					二期	多层	58	1824	13.49	
					三期	别墅	18		0.92	
						多层		475	1.64	
筼筜新区开发公司	观音山、槟榔、湖光、筼筜、莲坂、濠头、西堤、凤凰山庄、草埔尾、湖滨二群等 10 个小区	3.25	6.11	56.22	筼筜	多层	34		6.38	代办房 8 幢 7.54 万 m²，小学 1 所 3764m²，中学 1 所 6394m²；写字楼 3 幢 49940m²；仓库 7 幢 53473m²；商业营业用房 13616m² 和公用建筑 9521m²
					槟榔	多层	107		26	
					观音山	多层	47		9.26	
					湖光	多层	6		1.16	
					凤凰	别墅	28		0.74	
					西堤	别墅	10		1.6	
					加其他合计		186	5646	36.03	
房产管理局、厦门市房地产公司	湖滨镇、湖滨北、振兴新村、东渡小区、莲坂小区等 10 个小区	1.89		45.76 / 55.56	振兴	多层	28		4.04	非住宅 13.47 万 m²
					莲坂	多层	60		12.98	
					东渡	多层	47		11.87	
					松柏	多层	2		2.96	
					加其他合计			5664	42.09	
特区工程建设公司	湖里北部外商居住区	3.1		51.97	别墅		22		1.1	道路 9.69km；市政管道 39.34km；悦华酒店
特区房地产公司	湖里南部生活区	1.18		19.83 / 27.37	多层			1701	16.36	公建 6.3 万 m²。幼儿园 1 所 2050m²，36 班中学 1 所 3930m²，鹭江大学分校 8934m²；医院一所 2900m²；银行、粮店 2223m²；办公楼 3282m²；商业营业用房 35775m²

注：建筑面积中加粗部分为已建成面积，未加粗为总施工面积；数据均截至 1989 年年底。

厦门市房地产公司和特区房地产公司等主要的国有房地产开发公司成为这一时期居住小区经营开发的主体；建筑的形式整体上以多层为主，也建设了一些低层别墅；小区内幼儿园、小学、中学、市场等公共建筑配套建设，同时建有办公楼、仓库等工商业用房。

　　经过这一时期的住宅建设，1985 年住房调查显示全市住宅总建筑面积为 500.73 万 m²，与 1979 年相比翻了一番多，其中由房管局、全民和集体单位管理的公有住房是主体，占到约 70%；私人拥有的房屋仅占 30%；另有少量房屋为外国人所有（表 4.4）。全市居住面积在 10 m² 以下的家庭占总户数的 46.9%，若按照每户 4 人计算，则有一半左右人均居住面积不足 2.5 m²（表 4.5），全市人均居住面积仅为 5.52 m²，住房供需矛盾十分严重。

表 4.4　1985 年房屋调查各类住宅建筑面积和比例[5]

产权	建筑面积/万 m²	比例/%
房管部门直管	140.50	28.06
全民单位自管	201.84	40.3
集体单位自管	6.61	1.3
私有	150.18	29.99
外国人	0.83	0.16

表 4.5　1985 年房屋调查人均住宅建筑面积情况[5]

面积/m²	户数	户数比例/%
<2	468	0.7
2~4	1932	2.7
4~6	7082	10
6~8	11603	16.4
8~10	12095	17.1
>10	37550	53.1

　　这一时期新增的住宅建筑面积接近 900 万 m²，到 1990 年年底人均居住面积从 1981 年的 4.54 m² 上升为 7.71 m²（图 4.4），但住房供需矛盾仍未明显缓和。为解决居民住房难问题，在

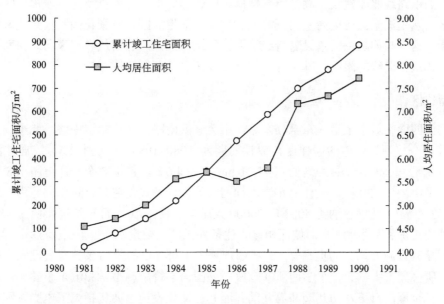

图 4.4　厦门市累计竣工住宅面积和人均居住面积变化（1981~1990 年）

资料来源：厦门市统计局，厦门五十年回眸

1989 年和 1990 年，市"住改办"共为无房户和住房困难户提供 550 套优惠价住宅商品房，回收资金 1157 万元。同时，市房产管理局结合旧城改造，向社会集资 1770.23 万元对 36 幢危房进行了翻修改建，翻修改建后总建筑面积达 4.83 万 m²（648 套），除安置原住户 260 户并使之居住条件得到明显改善外，还使 388 户困难户（其中大部分是集资户）的住房问题得到了解决[5]。

总体来看，受经济特区政策的直接和间接影响，这一时期的住宅建设主体逐渐向市场化方向发展，政府在住宅建设中的地位有所弱化，但是从新建的主要居住小区来看，开发经营单位一般都是国有企业，居住区的规划与建设仍然具有浓重的计划主导色彩，公有住房仍然是这一时期住宅的主要部分。与前一时期零散小规模的住宅建设不同，这一时期的住宅建设表现为成片大规模的开发，立体上建筑以多层为主，也开发了少量别墅；在进行居住区建设的同时，配套设施与工商业用房也得到统一的规划与建设。政府对于住房困难户也相当重视，住宅建设满足了各层次的消费需求，但是住房供需矛盾仍然较为突出。

三、住区空间分布

这一时期，随着经济特区的建设，厦门岛城市建成区面积逐渐扩展，从原先的老市区向北扩张，市政府也在 1988 年 2 月由公园南路迁往湖滨北路。这一时期新建的住宅主要分布的地点包括：一是在湖滨南路以南、厦禾路以北、思明北路以东、今白鹭洲路以西，原厦门橡胶金属配件厂和食品厂厂址上新建了大批住宅，包括嘉美花园、故宫新城、美仁新村、美湖花园、太湖新城、华鸿花园、浮屿小区、白鹭苑等小区；二是在新迁后市政府、狐尾山周围新建的东渡小区、凤凰山庄、观音山小区、筼筜小区和振兴新村；三是从筼筜湖东南面延伸到江头的铁路线北面建设了湖滨镇、槟榔小区、莲坂小区、莲花新村、松柏小区和台湾山庄等小区；四是湖里工业区周围的滨海苑、湖里南部生活区、富豪花园和华景花园等小区。总体来看，这一时期的住区建设随着经济特区的全面铺开，逐渐从老城区向北向西扩展，但是还没有越过铁路线的限制，基本都在铁路线以西进行开发（图 4.5）。

四、典型住区

湖滨镇四面临城市干道（东至湖东路，南至湖滨南路，西至湖滨中路，北至湖光路），是厦门第一个按规划修建的居住区，建设周期为 1980~1985 年（图 4.6）。居住区东西长 1000 m，南北宽 340 m，总用地面积 47.21 hm²（表 4.6），包括 8 个居住组团 188 幢多层住宅楼（每个组团 20~30 幢），住宅布局以行列式为主，条式住宅与点式住宅并用，总建筑面积为 31.52 万 m²，规划容纳约 5000 户 20000 人居住（表 4.7），每户建筑面积 55~60 m²，均配备单独的厨房和卫生间，与旧城区相比居住条件无论是数量（居住面积标准）还是质量（居住环境和配套设施）均大为提高[5]。湖滨镇规划了相对齐全的生活服务配套设施。教育设施有中学一所（湖滨中学）、小学两所（今厦门外国语学校附属小学和滨东小学）、托儿所幼儿园两所（今厦门市第八幼儿园和第九幼儿园）；文化设施主要包括湖滨电影院和文化馆；商业服务设施有粮站、煤店、商场、菜市场等[5]。

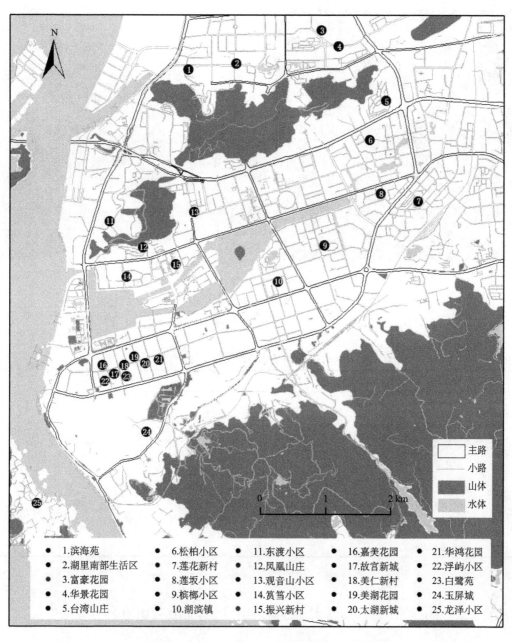

图 4.5　20 世纪 80 年代厦门本岛新建住宅区分布图[6]

表 4.6　湖滨镇用地平衡表[5]

项目	用地面积/hm²	比例/%	人均面积/(m²/人)
总用地面积	47.21	100	20.94
居住用地	22.50	47.60	9.93
公共用地	14.20	30.00	6.30
道路用地	7.50	16.00	3.33
公共绿地	3.01	6.40	1.33

(a) (b)

图 4.6　湖滨镇居住空间形态

资料来源：Google Earth

表 4.7　湖滨镇技术经济指标表[5]

项目	单位	数值
总建筑面积	m²	510008
住宅面积	m²	315278
公共建筑面积	m²	194730
居住户数	户	5009
居住人口	人	22541
平均每户建筑面积	m²	62
居住建筑面积密度	m²/ hm²	14012
人口净密度	人/ hm²	1002

第三节　住房制度改革初期（1990~2000 年）

一、城市发展背景

这一时期为厦门市"海岛型城市"转向"海湾型城市"的转型期，厦门城市空间形态出现新的发展趋势。岛内城市空间继续在铁路线以西扩张，占据了几乎全部可开发建设用地。同时，建成空间迅速向铁路以东地区扩张。到 2000 年，铁路沿线已经成为密集开发地带，呈现出明显向东的轴向扩张趋势，建成空间轴基本到达本岛东海岸地带并有连续发展趋势。岛外，与 20 世纪 80 年代分散零星的空间布局形成鲜明对比，杏林、集美都出现了显著的扩张趋势；新阳地区从无到有，在短时期内形成了较为紧凑的建成空间；海沧原来一些零散建成空间继续发展，虽处于分散分布的状况，但已有外推扩张的趋势。从建成用地规模的增长来看，岛内建成用地规模依然快速发展，从 1990 年的 39.52 km²增加到 2000 年的 90.00 km²，但是岛内建成用地占全市的比重从 80.8%下降到 60.4%，岛外的增长趋势明显快于岛内。建成空间的岛内外分布正迅速接近。集美、杏林的增长显著，2000 年的用地比重分别上升到 7.8%和 12.0%。包括新阳在内的海沧地区的建设用地规模增长则更为明显，2000 年占全市建成用地规模的 19.7%，明显超过岛外其他地区[3]。

二、住区建设情况

这一时期的住区建设的背景主要包括：一是湖里工业区、筼筜新市区、莲花新村及东部开发区、火炬高技术产业开发区、象屿保税区等岛内新区的建设；二是厦禾路和江头旧城的改造；三是解困统建房（也称安居工程）的建设。1991 年 11 月，厦门市住房统一建设办公室成立，负责解困统建房的建设。1993 年 8 月，住房统一建设办公室改为厦门市住宅建设办公室，划归厦门市建设委员会。同年 10 月，厦门市政府作出《关于加快城市住宅建设的决定》，提出在 1994~1996 年 3 年内基本解决人均居住面积 4 m²以下困难户住房的目标，此后又逐步扩大到人均居住面积 8 m²以下的困难户。

在这样的住区建设背景下，湖里工业区建成了 3 个小区：康乐新村、万景花园和仙洞山庄，合计占地 24.5 hm²，建筑面积超过 40 万 m²（表 4.8）。在筼筜新市区先后建成松柏小区、体育东村、莲北小区、莲坂西小区、仙岳小区、岳阳小区、华新苑、嘉莲花园、仙阁里等成片居住区。同时，在莲花新村基础上于吕岭路南侧建成配套完善的莲花五村[7]。莲花新村以东至前埔海滩总称为东部开发区，在 1994 年实施安居工程以后开发建设了大量小区，小区以"占地不大规划好，造价不高质量高，面积不大功能多，档次不高配套全"为目标进行开发建设，主要分布在莲前大道两侧，包括东芳山庄、金鸡亭小区、金尚小区、吕岭花园、瑞景新村、前埔小区、洪文小区、岭兜小区等住区[7]。除此之外，还开发了部分高级公寓和别墅，如名仕御园别墅区、天泉山庄、阳光海岸线等。同时，在进行城区改造过程中建设了一部分安置房小区，如曾厝垵村民安置工程，厦禾路改造过程中为安置拆迁户建设的西堤、湖

表 4.8 20 世纪 90 年代主要新建小区一览表[8]

序号	项目名称	用地面积/hm²	建筑面积/万 m²	总户数/套	建设周期
1	体育东村	4.65	10	1000	1992~1993 年
2	松柏小区	15.27	26.47	3248	1993~1994 年
3	康乐新村	16.5	31.07	3015	1994~1996 年
4	莲花五村	12.33	17.88	1875	1994~1996 年
5	仙洞山庄	5	6.78	778	1994~1996 年
6	仙岳东村	9.14	15.53	1919	1993~1996 年
7	金鸡亭小区	20.46	26.98	3326	1994~1996 年
8	吕岭花园	6.33	9.5	959	1995~1997 年
9	金尚小区	24.19	27.06	3086	1997~1998 年
10	金北小区	1.33	3.22	302	1996~2000 年
11	瑞景新村	15	21	1742	1996~1998 年
12	前埔南区	44	55.43	6453	1996~2000 年

滨南路、湖中 3 个周转房小区，江头旧城改造过程中建设的江浦南里、江宁里、园山、百果园、嘉裕花园等安置房。此外，枋湖工业区在 20 世纪 90 年代末因规划调整，将南部面积 318.94 hm²改为居住小区开发用地，在其中建设了禹州新村等商品房小区[7]。

三、住区空间分布

这一时期住区的空间分布，一方面是在铁路线以西继续填充和扩展，如湖里工业区周围基本为居住用地所包围；铁路线以西除了山体和一些工业用地、公共设施用地之外，基本上被居住用地所填充。另一方面，与城市建成空间扩展趋势相似，这一时期住区开始向铁路线以东扩张，主要包括三个区域：一是在湖里区的枋湖工业区背面的一些集中居住用地；二是在湖边水库以西的金尚、金山、金北等成片的居住区；三是在莲前大道两侧到前埔东海岸的金鸡亭、瑞景新村、洪文居住区、前埔小区等。厦门大学周边的曾厝垵、黄厝等也新建了部分住区。岛内东北部除了部分村庄，基本上还没有住区分布（图 4.7）。

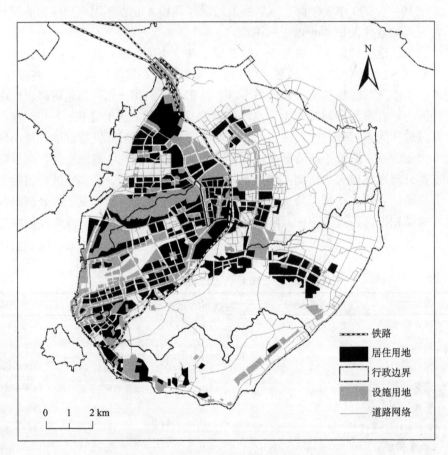

图 4.7 20 世纪 90 年代厦门本岛住宅区空间分布

资料来源：综合 1995 年版和 2004 年版《厦门市城市总体规划》用地现状图数字化

四、典型住区

金尚小区东靠湖边水库，西至金尚路，南临吕岭路，北靠居住区内部干道。规划用地面积 33 hm²，分二期建设 4500 套住宅，其中一期用地 22.29 hm²，包括住宅用地 11.04 hm²、公建用地 4.93 hm²、道路用地 3.95 hm²、绿化用地 2.37 hm²。规划总建筑面积 28.83 万 m²，包括居住总建筑面积 23.775 万 m²和公建总建筑面积 5.055 万 m²。规划容纳住户 3002 户 10507 人，每户建筑面积 77.8 m²。建筑密度、容积率、绿化率分别为 21.45%、1.29、42%[7]。

　　小区以环形绿地和公共建筑居中形成中心突出、组团结构明确的放射型布局（图 4.8）。中心区采用步行商业街系统，把步行街延伸扩大为公建中心区。中心区有近 2 hm²的绿地，并在周边规划布置各类文化娱乐设施，以及圆形水池、绿化小品等景观[7]。住区内部按照《城市居住区规划设计规范》配置完善的文化娱乐实施（青少年活动中心、影剧院等）、教育设施（中小学、幼儿园）、商服设施（农贸市场、商业中心）、环卫设施（公厕、垃圾楼）等公共建筑。小区内居民生活的基本单元为居住组团，共有 7 个组团，每个组团用地规模为 0.3~0.5 hm²，并在主要出入口设置具有识别性和领域感的景观小品，组团内部布置 1500 m² 以上组团绿地，以及居委会、管理站、便民站等。组团内住宅建筑单体层数基本为七层，并通过合理布置保证良好朝向和日照间距[7]。

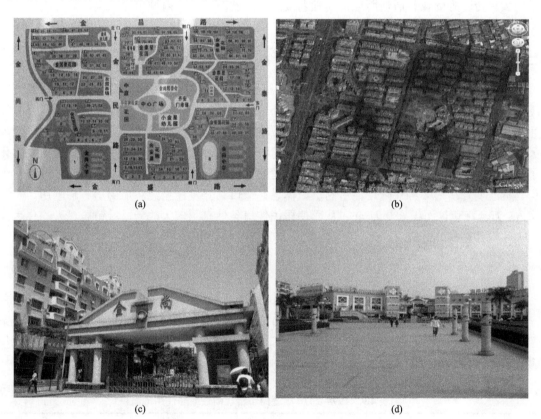

(a)　　　　　　　　　　　　　　　　(b)

(c)　　　　　　　　　　　　　　　　(d)

图 4.8　金尚小区居住空间形态

资料来源：Google Earth

第四节 住房制度改革后期（2000 年以来）

一、城市发展背景

2003 年厦门市进行行政区调整，将岛内的 3 个区合并为两个，岛外 3 个区拆分为 4 个。2005 年城市总体规划修订提出优化本岛、扩展岛外的城市空间发展方针，建设重点从岛内进一步向岛外延伸，厦门市进入海湾型城市建设阶段。岛内兴起新一轮的土地开发和建设，该阶段城市建成区发展方式主要是岛内外交通连线建设和组团新区开发，建成区扩展的方向主要是岛内东部和北部仅留的未开发利用区域，如莲前至前埔新区、枋湖新区、五缘湾新区。岛内建设用地面积 2007 年达到 94.64 km²，比 2003 年增加了 7.19 km²，人口达到 76.57 万，增加了 15.82 万人，在短短 4 年中分别增长了 8.22%和 26.04%。连通岛内外跨海大桥（杏林大桥和集美大桥）和海底隧道，以及快速公交系统（bus rapid transit, BRT）建设并投入运营，巩固和提升了厦门岛在海湾型城市发展中的核心作用。岛内工业企业大批向岛外迁移，工业用地大片转变为商业和居住用地，同时老城区大片被改造，岛内城市化从空间扩张转向内部深入发展阶段[1]。

二、住区建设情况

2000 年以来，厦门海湾型城市建设序幕拉开，城市建成区面积不断扩大，城市居住空间逐渐从本岛西南部向周边扩散，并实现向岛外地区的转移扩张。随着厦门岛外新区成片开发建设和本岛旧城旧村改造工程的加快，以及城市基础设施和社会事业重点项目建设力度的加大，房地产投资也呈现快速增长，商品住房建设量猛增。随着房价的持续升高，厦门市强化了社会保障性住房的建设以解决中低收入家庭的住房问题，并逐步形成了廉租房、经济适用房、拆迁安置房等多种保障性住房的供给体系。全市共开发建设经济适用房、解困房、安置房 6.9 万套，建筑面积 680 万 m²，从而使居民住房条件有了较大改善，城镇居民人均住房面积大幅提升，从 2000 年的 14.52 m²提高到 2009 年的 23.08 m²。

1. 商品住宅的飞速发展

这一时期厦门的商品房建设迅速发展，房地产业已成为厦门市国民经济的重要产业之一。从厦门市网上土地矿产交易市场的土地出让结果来看（表 4.9），1998~2010 年厦门全市累计出让商住或居住用地 1129.62 hm²，其中，2010 年出让的就达到近 300 hm²，超过 10 年累计出让规模的 1/4。

表 4.9　1998~2010 年厦门市出让商住或居住用地面积　　（单位：hm²）

成交时间	思明	湖里	集美	海沧	同安	翔安	总计
1998 年	2.68						2.68
1999 年	2.68	5.79					8.47
2000 年	1.36	2.48					3.84
2001 年	1.56	1.15					2.71

续表

成交时间	思明	湖里	集美	海沧	同安	翔安	总计
2002 年	2.74	5.89	19.50		35.28		63.41
2003 年	3.90	2.64	7.75		1.23		15.52
2004 年	8.89	1.93	9.65		2.12	17.19	39.78
2005 年	9.91	31.74	29.36	11.29	11.87		94.17
2006 年	25.74	21.55	20.69	32.20	32.29	32.58	165.05
2007 年	8.48	29.69	54.63	13.49	11.18	23.57	141.04
2008 年	4.89	24.19		7.72	13.20	5.45	55.45
2009 年	19.76	45.71	102.10	13.27	26.98	32.96	240.78
2010 年	3.43	36.84	104.01	9.58	129.56	13.25	296.67
总计	96.03	209.60	347.70	87.55	263.73	125.01	1129.62

资料来源：厦门市网上土地矿产交易市场，http://tz.xmtfj.gov.cn/index.asp。

近年来，厦门市政府加大岛外地块挂牌出让规模，岛内地块更是成为市场的焦点。目前，厦门本岛出让地块集中在岛内中、东部地区，主要是湖边水库、五缘湾、观音山等边缘片区的地块开发，海沧区集中在海沧南部新城。集美区项目较多，集中在杏林滨海、中亚城和集美新城片区。同安区集中在城北老城区周边和南部滨海地区，翔安区集中在新店。由于岛内特别是思明区的开发空间已经相对狭小，因此从商住用地供应的总体规模来看，思明区的用地规模是最小的，1998~2010 年仅供应 96.03 hm²；湖里区还有较多的用地可供开发，累计供地规模是思明区的 2 倍多，达到 209.60 hm²；集美由于近年来新城的建设，2009 年和 2010年出让了大量的商住用地，两年的出让规模占到累计规模的 2/3 左右，是 6 个区中累计供应规模最大的；同安的累计出让规模仅次于集美，达到了 263.73 hm²。

从厦门市网上房地产预售许可证发放的情况来看（表 4.10），2000~2010 年累计发放商品房预售许可证 819 份，其中最多的思明区累计达到 349 份，其次是湖里区的 165 份，集美区和海沧区分别为 118 份和 105 份，同安区和翔安区相对较少，仅有 61 份和 21 份。从这些商品房批准的住宅套数来看，全市 2000~2010 年累计批准住宅套数达 227130 套，其中最多的年份出现在 2007 年，达到了 36516 套；从区域来看，思明区的累计批准套数为 86814套，占全市的 38.2%；其次是湖里区 49331 套，占全市的 21.7%；海沧区和集美区的批准套数也相对较多，分别为 35349 套和 28551 套；同安区和翔安区相对较少，分别为 18587 套和8498 套。

2. 保障性住房的建设

2000 年以后除了商品住房的迅速增长，厦门市的保障性住房也在 2006 年以后得到较好的发展。厦门市已经建立起多元化的住房保障供应体系。从 2000 年开始连续 5 年把解困房、廉租房的工作列入市委、市政府为民办实事的工作中。建立廉租住房保障制度以来，廉租住房已累计安置 5597 户，共投入保障资金 3.28 亿元，达到了国务院提出的廉租住房低保家庭"应保尽保"的目标。

表 4.10　2000~2010 年厦门市商品房预售证发放情况及其中批准住宅套数

	年份	思明区	湖里区	集美区	海沧区	同安区	翔安区	总计
商品房预售许可证发放情况/份	2000	38	17	8	6			69
	2001	59	24	14	8			105
	2002	38	19	14	7			78
	2003	47	18	18	14			97
	2004	37	18	12	9		1	77
	2005	36	13	8	13	5		75
	2006	32	8	7	20	10	1	78
	2007	27	21	14	15	12	4	93
	2008	17	7	8	4	13	2	51
	2009	13	5	5	3	10	2	38
	2010	5	15	10	6	11	11	58
总计		349	165	118	105	61	21	819
	年份	思明区	湖里区	集美区	海沧区	同安区	翔安区	总计
商品房预售许可证批准的住宅套数/套	2000	6165	3868	692	1349			12074
	2001	12517	4749	1500	1443			20209
	2002	7831	3938	1302	930			14001
	2003	11944	4834	1298	2177			20253
	2004	10067	6258	2226	2772		4	21327
	2005	9093	4477	1426	3612	904		19512
	2006	11747	2213	3959	7056	1874	24	26873
	2007	7834	8711	6364	7789	2521	3297	36516
	2008	4228	2849	3205	2277	6965	1896	21420
	2009	4187	2392	2718	2720	2290	366	14673
	2010	1201	5042	3861	3224	4033	2911	20272
总计		86814	49331	28551	35349	18587	8498	227130

资料来源：厦门市网上房地产，http://www.xmjydj.com/。

　　自 2006 年厦门市保障房政策出台后，已规划选址建设社会保障性住房项目 20 个，用地面积 155 万 m²，总建筑面积 408.93 万 m²，住宅约 4.6 万套。目前已开工 18 个，已开工项目累计用地面积约 139 万 m²，建筑面积约 340 万 m²，其中岛内湖里区和思明区 10 个，岛外 8 个（表 4.11）。2009 年《厦门市社会保障性住房管理条例》的出台，成为全国第一部社会保障性住房管理地方性法规，将保障性住房工作纳入法制化轨道，在全国处于榜样地位，成为许多地市的学习蓝本。

表 4.11　厦门市保障性住房概况

序号	项目名称	项目地区	建设起止年限	住房套数	总建设面积/万 m²
1	万景公寓	思明区	2006~2008 年	951	7.21
2	高林居住区	湖里区	2006~2010 年	9082	64.3
3	五缘公寓	湖里区	2006~2010 年	1474	15.54
4	观音山公寓	思明区	2006~2008 年	938	8.23
5	古楼公寓	思明区	2007~2009 年	735	8.22
6	湖边花园 A 区	湖里区	2007~2009 年	2512	16.92
7	湖边花园 B 区	湖里区	2007~2010 年	1980	12.53
8	湖边花园 C 区	思明区	2008~2010 年	2026	16.29
9	杏北新城锦园居住区	集美区	2005~2010 年	4360	49.75
10	杏林华铃花园	集美区	2007~2010 年	3248	21.57
11	集美滨水小区	集美区	2007~2009 年	5372	37.5
12	海新花园	海沧区	2007~2008 年	390	2.43
13	同安城北小区	同安区	2007~2010 年	3280	23.53
14	翔安东方新城	翔安区	2005~2010 年	4143	47.44
15	虎仔山庄	思明区		1717	13.66
16	BRT 前埔枢纽站	思明区	2008~2010 年	352	5.78
17	BRT 嘉庚枢纽站	集美区	2008~2010 年	456	8.4
18	BRT 西柯枢纽站	同安区	2008~2010 年	1000	11.88
19	湖滨中路保障性住房项目	思明区	2008~2010 年	1872	28
20	沧林花园	海沧区	2008~2010 年	576	9.75

资料来源：厦门市保障性住房网，http://www.xmzfbz.gov.cn/index.action。

3. 特殊居住空间的形成

　　1984 年厦门经济特区范围由湖里区的 2.5 km²扩大至全岛，此后持续的特区开发使得厦门本岛农村土地逐步被征，而形成"城中村"和"城边村"等特殊的居住空间。20 世纪 90 年代初，厦门岛内的农业就已经很少，主要发展第二、第三产业。1983 年、1986 年、1995 年、2004 年的城市总体规划显示，岛内的工业用地逐步向岛外迁移，岛内只留下高科技产业园区——航空工业区、火炬高科技产业开发区、象屿保税区。随着岛内工业用地的精简，岛内的空间结构形成了"北面生产区、中间居住区、南面风景区"的城市格局，产业结构朝高科技产业、现代物流业、商业、服务业、旅游业、房地产业等方向调整。在这个空间结构和产业结构调整的过程中，基于中国城乡土地制度的二元性，厦门的农村历经了农村工业化和征地拆迁城市化的过程。由于不同农村处于不同的发展阶段，现阶段岛内城中村呈现以下类型：①发展进程较快的地区，农村土地被居住、文教、娱乐等城市建设项目征收而留下孤立的农村居民点，成为被住宅和第三产业包围的城中村，如思明区的曾厝垵。②在工业区开发过程中，农村土地被工业区、开发区征走而留下农村居民点，成为工业区旁的、提供工业区劳动移民租赁住宅的城中村，如火炬高科技产业开发区周边的农村。③在"村村点火、户户冒烟"过程中，农村土地被用于村办工业，如今随着岛内产业和空间结构转型，正面临征地拆迁的城边村，例如，湖里区的蔡塘村和位于湖里区收储用地内的下忠社，现因厦门本岛"退二进三"政策将从村镇工业区改造为城市住宅区和商业区。这三类城中村代表城市化进程中不同的经济作用力。第一类是地方政府主导的城市房地产开发的"空间剩余"；第二类既是地方政府主导的工业化的"空间剩余"，也是地方政府默许的工业化劳动力再生产的集体消费的供应基地；第三类则正处于从农村自发工业化向政府主导城市化的转折点[8]。

三、住区空间分布

这一时期，厦门岛内住区空间分布的总体格局与前一时期大体一致，所不同的是铁路线以西的城区继续填充，一些地块被大量新开发的高层住宅所占据，总体上这些地块的规模较小，而容积率较高，这是由岛内有限的空间资源所决定的（图 4.9）。根据同济大学《厦门市住房状况调查报告》课题组 2006 年的调查，岛内住区规模多数在 1 hm² 以下，数量达到 937 个，占岛内住区数量的 70% 以上（表 4.12），而且岛内有大量容积率 3.0 以上的住区，主要集中在厦禾路到江头铁路线以西一带[9]。同时，随着五缘湾和东海岸的进一步开发，东北部和东部地区开始成为商品住房开发的热点，从 2000 年以后出让的商住用地来看，大部分位于湖里区的枋湖、五缘湾和湖边水库一带及思明区的前埔东海岸国际会展中心周围。岛内 2006 年以后新开工的 10 个保障性住房项目全部分布在东北部和东部地区（图 4.10）。

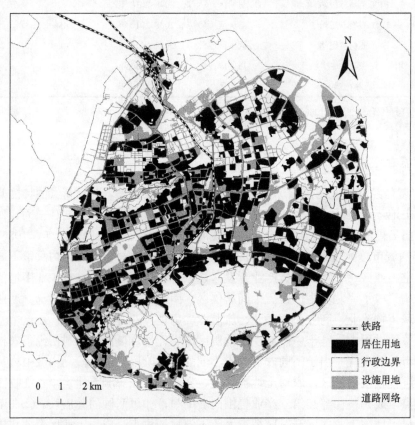

图 4.9　厦门岛内住宅空间分布

资料来源：IKONOS 遥感影像解译

表 4.12　各类规模住区数量与比例[9]

住区面积/ hm²	岛内数量/个	岛内比例/%	岛外数量/个	岛外比例/%
<0.5	604	45.243	58	24.066
0.5~1.0	333	24.944	51	21.162
1.0~5.0	345	25.843	111	46.058
5.0~10.0	43	3.221	17	7.054
>10.0	10	0.749	4	1.660

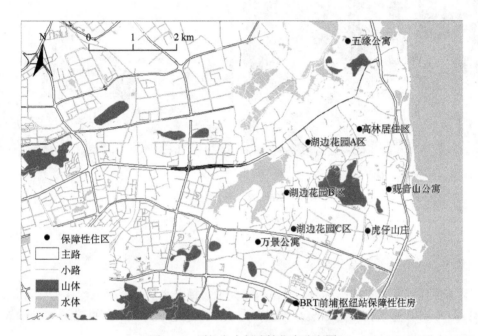

图 4.10　厦门岛内保障性住房分布图

资料来源：厦门市保障性住房网，http://www.xmzfbz.gov.cn/projectMap.action

四、典型住区

1. 商品住宅（水晶森林）

水晶森林位于厦门岛内东北部的枋湖片区，双十中学新校区大门正对面，总占地面积 6.2 万 m²，总建筑面积 18.8 万 m²，由晶尚明苑与晶尚名居两个地块组成，晶尚名苑的户型以三房四房为主，建筑面积 150~254 m²，为福建省首个通过建设部新版住宅评定标准 3A 级住宅预审的项目，晶尚名居户型从一房到四房及楼中楼户型，建筑面积 40~160 m²。小区规划由 22 栋 11~13 层小高层组成，总户数 935 户，停车位 893 个。小区完全人车分流设计，形成完全的步行空间；小区内设计布置了"亚马逊热带雨林""玛雅之庭""印加别院""桑巴广场"等主题园林，植草墙、密植林、高大的榕树、菩提树、草坪、溪流等一应俱全。户型设计特点鲜明，强调通透与明亮，主要户型设计有玄关花园与空中庭院，将常见的空中花园、入户花园概念做了更深入的挖掘，如户型设置独特的邻里共院、户型中南北双阳台及中心的连接客厅和主卧室的空中院馆等。晶尚名居与晶尚名苑两地块共同的沿街支路形成服务性的商业休闲广场，既有丰富的配套服务社区居民，又向城市开放；既能聚集一定的人气，又有亲切和谐的邻里关系。小区正对面是已经落成并且已经投入使用的厦门双十中学，小区内配套建筑面积3000多平方米的幼儿园，小区内还配套有游泳池、健身房、壁球室、乒乓球室、阅览室、棋牌室、才艺教室等[1]（图4.11）。

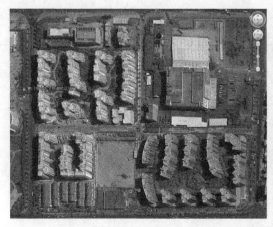

(a)　　　　　　　　　　　　　　　(b)

图 4.11　水晶森林小区居住空间形态

资料来源：Google Earth；搜房网，www.soufun.com

2. 保障性住房（高林居住区）

高林居住区位于湖里区高林村，是厦门市建设规模最大的社会保障性住房项目。总占地面积 31.08 万 m²，建筑密度为 20%，容积率为 2.07，绿地率为 45%，总建筑面积 64.3 万 m²

(a)　　　　　　　　　　　　　　　(b)

图 4.12　高林居住区空间形态

资料来源：Google Earth；厦门市建设局，www.xmjs.gov.cn

---

①资料来源：厦门住宅集团，http://www.xmhousing.com/html/sjsl/sj-xmjs/20080508170858171818777603244.html。

（不含公建配套设施），其中，住宅建筑面积 54.3 万 m²，建设住宅 49 幢，9082 套，一房型 1754 套，二房型 5061 套，三房型 2267 套，可居住人口约 26000 人。项目选址临近大海，周边规划建设有环岛干道、五林路等五条道路，其中，环岛干道连接厦门市交通动脉仙岳路和吕岭路；五林路连接环岛路和金山路，交通出行方便。小区内配套建设一所 48 班中学，一所 36 班小学，两所 12 班幼儿园，还配备了生鲜超市、商场、健康服务中心、文化娱乐中心、社区体育活动场地、社区用房等，配套设施齐全，生活居住方便[①]（图 4.12）。

第五节　城市住区物质形态变迁的定量分析

一、方法与数据

为了进一步定量表征居住空间在住区尺度上的形态特征，引入景观生态学中的景观指数进行居住空间物质形态的定量分析。与景观生态学中大尺度的时空景观格局及其生态意义分析不同，这里主要借用景观指数对典型住区的形态结构进行定量描述，以反映居住空间物质形态的变迁过程，所选用的景观指数及其含义见表 4.13。

以厦门岛 2006 年 1 月 QuickBird 遥感影像解译结果作为数据基础，提取不同年代典型住区的单幢房屋数据，其中 20 世纪 80 年代提取湖滨镇、槟榔小区和东渡小区；20 世纪 90 年代提取了金鸡亭小区、金尚小区、前埔南小区和岳阳小区；21 世纪初提取了洪文居住区、思北华侨海景城和文灶的两个商品房小区（图 4.13）；在 ArcView 3.2a 平台下使用 Patch Analyst 3.10 扩展模块计算景观尺度上的住区景观系数。

表 4.13　景观尺度的景观指数

类型	指标	公式描述	含义
总量指标	景观面积 （total landscape area，TLA）	$\sum\limits_{i=1}^{n} a_i$	TLA 和 TE 决定了景观的范围，以及研究和分析的最大尺度，也是计算其他指标的基础。a_i 为斑块 i 面积，p_i 为斑块 i 的周长，n 为斑块数
总量指标	景观周长 （total edge，TE）	$\sum\limits_{i=1}^{n} p_i$	
总量指标	斑块个数 （number of patches，NP）	n	NP 反映景观的空间格局，经常被用来描述整个景观的异质性，其值的大小与景观的破碎度也有很好的正相关性，一般规律是 NP 大，破碎度高；NP 小，破碎度低
平均指标	斑块平均大小 （mean patch size，MPS）	TLA/NP	相对指标代表一种平均状况，在景观结构分析中反映两方面的意义：景观中指标值的分布区间对图像或地图的范围及对景观中最小斑块粒径的选取有制约作用；其中，MPS 也可以指征景观的破碎程度
平均指标	斑块平均周长 （mean patch edge，MPE）	TE/NP	
平均指标	周长密度 （edge density，ED）	TE/NLP	

---

① 资料来源：厦门市社会保障性住房网上展示系统，http://59.61.91.181/projDetail.asp?id=19。

续表

类型	指标	公式描述	含义
复杂性指标	面积加权的平均形状因子（area weighted mean shape index，AWMSI）	$$\sum_{i=1}^{n}(0.25\,p_i\,/\,TLA)$$	当 AWMSI=1 时，说明所有的拼块形状为最简单的方形（采用矢量版本的公式时为圆形）；当 AWMSI 值增大时，说明拼块形状变得更复杂，更不规则
	面积加权的平均斑块分形维数（average weighted mean patch fractal dimension，AWMPFD）	$$\sum_{i=1}^{n}\left[\frac{2\ln(0.25\,p_i)}{\ln a_i}\times\frac{a_i}{TLA}\right]$$	AWMPFD 的公式形式与 AWMSI 相似，不同的是其运用了分维理论来测量拼块和景观的空间形状复杂性。AWMPFD=1 代表形状最简单的正方形或圆形，AWMPFD=2 代表周长最复杂的斑块类型，通常其值的可能上限为 1.5
	香农多样性指数（Shannon's diversity index，SDI）	$$\sum_{i=1}^{n}\left[\frac{a_i}{TLA}\times\ln\left(\frac{a_i}{TLA}\right)\right]$$	SDI=0 表明整个景观仅由一个斑块组成；SDI 增大，说明拼块类型增加或各斑块类型在景观中呈均衡化趋势分布。SDI 是一种基于信息理论的测量指数，能反映景观异质性，特别是对景观中各拼块类型非均衡分布状况较为敏感，即强调稀有拼块类型对信息的贡献

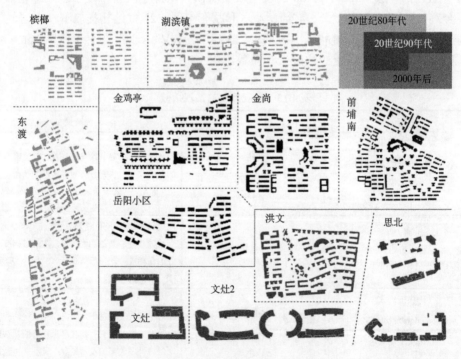

图 4.13　用于景观生态分析的典型住区

二、结果与分析

从计算结果来看（图 4.14），总体上同一年代的景观指数存在一定的差别，但是随着年代不同住区表现出三种不同的趋势，三个总量指标总体上表现为递减的趋势，相应的平均指标随着年代的推进大小变化较为平稳，而复杂性指标总体上随着年代的推进表现为上升的趋势。景观面积（TLA）和景观周长（TE）的减小，表明住区规模整体上在缩减，特别是 2000年以后厦门岛内具有优势区位的住区规模都比较小。但是，2000 年以后的住区单体建筑基本以高层为主，容积率相对较高。这种发展趋势，一方面是在住房制度改革的影响下，城市居民的住房需求被释放出来，开发商为吸引这种需求，尽力在区位较好的地段进行开发。但是区位较好地段表现出两个方面的特性：一方面是土地资源的稀缺性，厦门岛内的土地资源有限，区位较好的地段之前已经进行了大面积的开发和利用，这就使得余下的可供进行住宅建设的土地资源非常稀缺。另一方面，土地资源的稀缺性也导致其有偿使用的成本相对较高。因此，开发商只能在有限的土地资源中进行见缝插针式的开发并建设高层住宅以提高土地的利用强度获取较高的利润。

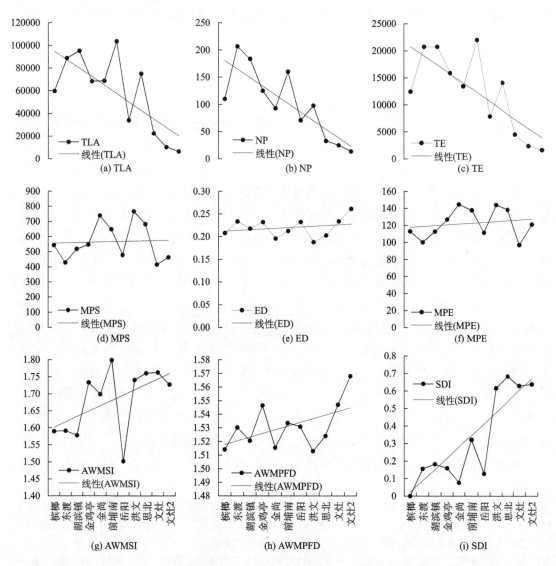

图 4.14　不同年代住区景观指数计算结果

平均指标主要反映的是住宅单体的结构特征。由于住宅单体的占地面积有相对固定的范围，因此平均指标的景观指数中平均斑块大小（MPS）和平均斑块周长（MPE）随着时间的推移变化相对平稳。因此，在景观面积和景观周长同时减少的情况下，景观的斑块数量（NP）也就随之减少，景观的破碎度在总体上表现为减小趋势。同时，作为景观周长（TE）与景观面积（TLA）比值的周长密度也就保持了相对平稳。但是，反映景观复杂性的面积加权平均形状因子（AWMSI）、面积加权的平均分形维数（AWMPFD）和香农多样性指数（SDI）在总体上表现为上升的趋势，这表明尽管住区的总体规模和单体占地面积在减小，但是住区内部形态的复杂性在提高，这主要反映了住区内部的形态设计随着时间的推移更富于变化；住房制度改革之前的 20 世纪 80 年代和 20 世纪 90 年代的住区设计往往较为规则，单体建筑以方形为主，因此在景观的复杂性方面就表现得较为简单；而 2000 年以后新建的住区，住区内部设计和布局上往往比之前更加多样，方形以外的各种形状成为主要的建筑形式，从而使得住区内部形态比之前更为多样和复杂。

第六节　研　究　小　结

纵观住房制度改革不同阶段厦门城市居住空间形态的变迁过程，在外部空间形态上，居住空间的分布变迁轨迹与城市扩展的方向是一致的。城市扩张的方向从最初的中山路、鹭江道、思明北路、思明南路周边的老城区一直向北、向东扩展。向东的扩展一开始受到铁路线的限制，1990 年左右开始对东部开发区进行大规模的开发和建设，而随着新城区的建设，居住区也随之发展起来。2000 年以前，住区的建设主要由政府计划主导进行开发，此前城市空间尚有较大的开发余量，新开发建设的住区规模相对较大。但是 2000 年以后，本岛铁路线以西城市空间资源基本已经填充完毕，因此尽管 2000 年以后商品房小区有了大量增长，但基本都在一些区位较好的地段进行穿插式的开发，单个住区的开发规模大为减小。从住区的内部空间来看，随着土地市场的发展和住区设计的进步，住区的容积率开始大幅提高，单栋住宅从 7 层左右为主开始向 10 层以上的高层建筑发展；住区内部的建筑布局、道路系统和景观设计也从规整和单一走向变化和多样。成套住房的建筑面积也同样经历了多样化的过程，2000 年以前大规模开发的住区成套住房的建筑面积以 70 m² 左右为主，2000 年以后开发的住区成套住房建筑面积变动范围相对较大，从几十平方米到几百平方米不等，反映了住房制度改革影响下城镇居民的多层次居住需求。总之，厦门居住空间物质形态的变迁同时受到住房制度改革、土地管理制度改革和城市规划的影响，特别是住房制度的改革使得居住空间在总体分布和内部形态上都发生了深刻变化。

参 考 文 献

[1] 吝涛, 李新虎, 张国钦, 等. 厦门岛城市空间扩展特征及其影响因素分析. 地理学报, 2010, (06): 715-726.
[2] 厦门市地方志编纂委员会. 厦门市志. 北京: 方志出版社, 2004.
[3] 杨哲. 城市空间: 真实·想象·认知——厦门城市空间与建筑发展历史研究. 厦门: 厦门大学出版社, 2008.
[4] 厦门经济特区年鉴编辑委员会. 厦门经济特区年鉴(1990). 北京: 中国统计出版社, 1990.

[5]　厦门城市建设志编纂委员会. 厦门城市建设志. 厦门: 鹭江出版社, 1992.

[6]　厦门市城市规划与建设编辑委员会. 厦门市城市规划与建设. 香港: 环华商务拓展公司, 1991.

[7]　厦门城市建设志编纂委员会. 厦门城市建设志. 北京: 中国统计出版社, 2000.

[8]　厦门市规划局. 厦门市农村城市化运行机制研究及规划对策. 厦门: 厦门市规划局, 2008.

[9]　邬弋军. 市场化背景下的居住空间变迁. 上海: 同济大学硕士学位论文, 2008.

第五章　城市住区社会形态的分异

在城市住房制度改革的影响下，城市住区的物质形态发生了深刻变化。同时，城市住房制度改革也影响城市住区的社会形态即住区及其活动主体城镇居民的社会属性。本章结合住区物质形态变迁过程分析，通过对厦门岛内住区的实地踩点，选取岛内 28 个住区，在对厦门市宏观社会背景分析的基础上设计了调查问卷，根据问卷调查的结果及住区形态分类，综合分析了住区社会形态的变迁及其影响因子。

第一节　基于统计数据的分析

一、城镇居民总量与结构

1. 城镇居民总量

城镇居民是厦门城市住区的居住主体，对厦门城市住区社会形态变迁的研究首先要对城镇居民的社会属性进行剖析。改革开放以后，厦门市户籍人口中城镇人口规模和比例的增加均表现为逐步加速的过程（图 5.1）。1978~1990 年城镇人口从 30.77 万增加到 43.14 万，年均仅增加 1 万人，城镇人口比例从 33.90%增加到 38.56%，年均仅增加 0.39 个百分点；2000 年城镇人口规模增加到 66.22 万，1990~2000 年年均增加 2.31 万人，城镇人口比例增长到 50.44%，年均增加 1.19 个百分点；到 2010 年城镇人口规模已经增加到 145.07 万，年均增加 7.89 万人，城镇人口比例已经高达 80.50%，年均增加 3.01 个百分点；此后城镇人口继续增长，但速度比之前有所放缓，到 2015 年城镇人口规模为 168.18 万人，5 年年均增加 4.62 万人，城镇人口比例则稳定在 80%左右。

2. 常住人口与暂住人口

2000 年人口普查后开始统计和调查常住人口。从 2000 年以后的常住人口来看，厦门全市常住人口和户籍人口的增长趋势大体一致，2000 年人口普查的常住人口为 205 万，到 2015 年已经增加到 386 万。常住人口与户籍人口的差额在 2010 年达到峰值，此后的 5 年稳定在 175 万人左右，也就是说常住人口中将近一半为暂住人口（2015 年为 45%）；登记暂住人口的规模也在逐年增加，从 2000 年的 40 多万人持续增加到 2012 年的 300 多万人，年均增加暂住人口 24 万人；但 2012 年后登记暂住人口有所减少（图 5.2）。在登记的暂住人口中，务农的比例极小（表 5.1），因此，可以认为常住人口与户籍人口的差额基本为城镇人口，这部分人口加上户籍城镇人口为常住城镇人口，则 2010 年以后常住人口城镇化率基本稳定在 90%左右。由此可见，暂住人口已经成为实际人口的重要组成部分。

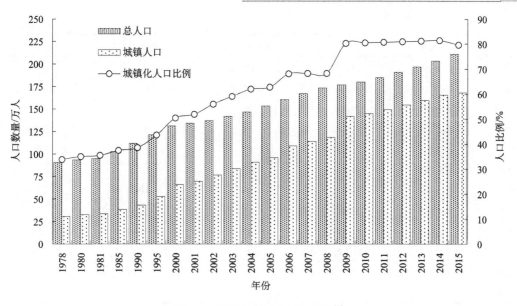

图 5.1　厦门市城镇人口的增长[1]

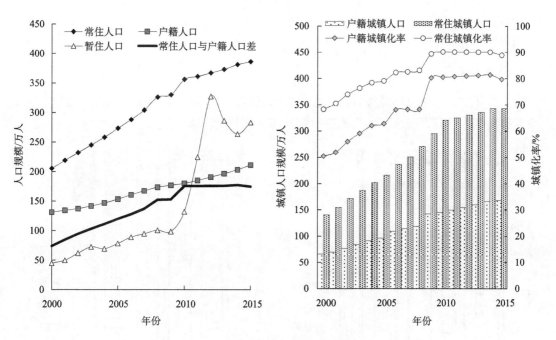

图 5.2　厦门常住人口、户籍人口与暂住人口[1]

表 5.1　厦门市暂住人口构成[1]

年份	合计/人	就业人口/人	务农人口/人	非就业人口/人	务农比例/%
2015	2831180	2003981	4760	827199	0.168
2014	2634861	1913964	4834	720897	0.183
2013	2861297	1941457	4531	919840	0.158
2012	3273191	1992196	2832	1280995	0.087

续表

年份	合计/人	就业人口/人	务农人口/人	非就业人口/人	务农比例/%
2011	2245089	1295516	272	949573	0.012
2010	1319754	1177609	57	142145	0.004
2009	985860	915167	26	70693	0.003
2008	1007405	952082	43	55323	0.004
2007	947177	943953	81	3224	0.009
2006	889283	883404	82	5879	0.009
2005	783531	780370	224	3161	0.029
2004	695682	682457	0	13225	0
2003	725952	713307	2231	12645	0.307
2002	618738	617105	75	1633	0.012
2001	498347	440949	1147	57398	0.230
2000	447335	416205	246	31130	0.055

注：就业人口包括务工、经商、服务、保姆、务农五类，非就业人口包括因公出差、借读培训、投靠亲友、探亲访友、旅游观光和其他等六类。

3. 年龄与文化程度

由于公开发行的《厦门经济特区年鉴》缺乏城镇人口年龄结构和文化程度的数据，这里主要分析历次人口普查中全市人口的年龄结构和文化程度（图 5.3）。

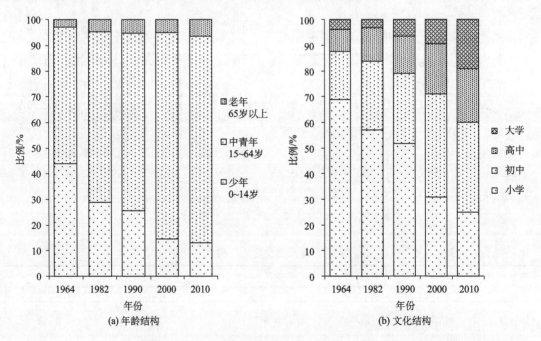

(a) 年龄结构　　　　　　　　(b) 文化结构

图 5.3　历次人口普查年龄结构与受教育人口文化结构[2-4]

从年龄结构来看，总体上表现为少年人口持续减少、中青年人口和老年人口持续增加的趋势，1964 年第二次人口普查时全市少年人口的比例高达 43.9%，到 2010 年第六次人口普查时少年人口的比例已经降到 12.84%；而中青年人口则从 53.1% 增加到 82.60%；老年人口的比例则从 1964 年的 2.9% 增长到 2010 年的 4.56%。总体上来看，厦门市人口较为年轻，这主要由于常住人口中暂住人口占了相当大的比重。

从文化程度来看，受教育人口的文化程度总体上表现为逐渐提高的趋势，小学文化程度人口所占比例持续下降，1964 年所占比例在 2/3 以上（68.9%），到 2010 年这一比例降到约 1/5（21.4%）；初中文化程度的人口总体上表现为先增后减的趋势，1964 年比例仅为 18.7%，到 2000 年第五次人口普查时达到 40.1%，2010 年第六次人口普查时下降到 38.2%；而高中及以上文化程度的人口总体上表现为持续增加的趋势，特别是大学文化程度的受教育人口比例增长趋势明显，到 2010 年已经接近 1/5（19.6%）。需要说明的是，城镇人口由于医疗保障等各方面的条件要优于农村，因此城镇人口的老龄结构可能要高于全市的平均水平；而文化程度方面，城镇人口中高中以上特别是大学文化程度的人口要高于全市的平均水平。

4. 家庭规模

从全市户籍人口户均人口规模来看（图 5.4），1980 年户均人口规模为 4.94 人，此后持续下降，到 2015 年已经降到 3.10 人。户均家庭规模越来越小，而且越来越接近 3 人/户，表明随着人们思想观念的转变、生活水平的提高、住房条件的改善及生育水平的下降，家庭户代数减少，代际结构简化，家庭规模结构中 3 口之家的核心家庭越来越多。

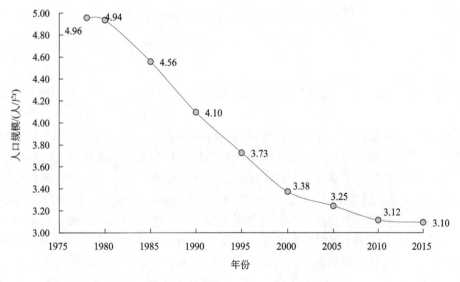

图 5.4　厦门市户均人口规模[1]

5. 就业结构

从城镇从业人员的就业结构来看（图 5.5），1980~1990 年从业人员以国有单位为主，比例在 50% 以上，集体所有制单位也占到较大比例，这一时期，其他性质单位的职工及城镇私营个体从业人员开始增多，到 1990 年这两部分从业人员的人数已经占到城镇从业人数的20%。1990 年以后，随着经济体制改革的持续深入，国有和集体所有制单位的职工人数开始持续减少，到 2012 年这部分城镇从业人员仅占全部城镇从业人员的9%，其他所有制性质单位的职工占全部城镇从业人员的37%，其余一半以上是城镇私营个体从业人员（约54%）；2013 年后统计年鉴中只区分私营与非私营从业人员，两者大约各占城镇从业人员总数的一半。

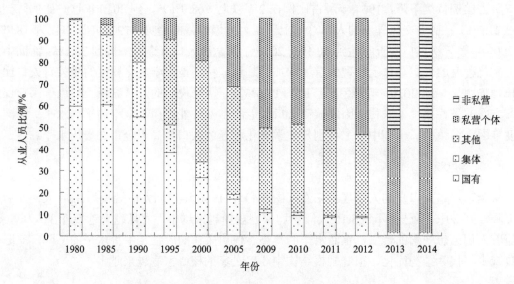

图 5.5　厦门城镇从业人员就业结构[1]

6. 空间结构

由于厦门市在 2003 年进行了行政区划调整，因此下面按照本岛（包括思明区和湖里区）、集海（集美区和海沧区）、同翔（同安区和翔安区）三个片区进行对照分析（图 5.6）。从总人口的空间结构来看，三个片区人口规模均呈稳步增长的趋势，但是本岛增长速度要明显快于岛外两个片区，岛外两个片区增长趋势相对平稳且较为相似。从城镇人口规模的空间分布来看，本岛的城镇人口规模表现为稳步增长的趋势且增长速度较快，1990 年本岛的城镇人口规模为 33.58 万人，到 2014 年增加到 97.82 万人，年均增加城镇人口 2.68 万人；集海片区、同翔片区的城镇人口规模比较接近，但是都远远低于本岛的城镇人口规模。从城镇人口的比例来看，本岛的城镇化率一直维持在非常高的水平，1990 年城镇化率已经达到 86.7%，2002年以后本岛的人口已经全部城镇化；岛外的两个片区中，集海片区的城镇化水平一直相对较高，且与本岛城镇化水平的差距正在逐步缩小，1990 年集海片区城镇化率仅为 23.6%，到 2014年增长到 74.9%；同翔片区的城镇化率也从 1990 年的 8.6%增长到 2014 年的 58.0%。

总体来看，岛内外的城镇人口规模差异较大，但是城镇化率差距在逐步缩小。需要特别指出的是，图 5.6 中，岛外两个片区在个别年份城镇人口和城镇化率出现了突然的跃进，不像岛内整体上较为平滑，这主要是村改居等行政区划调整所致：由于村镇行政区划的调整，原本的乡村人口全部转为城镇人口，从而使城镇化率表现出突变式的增长。

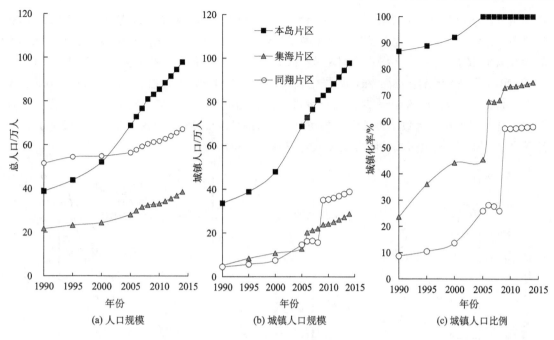

图 5.6　厦门岛内外户籍总人口和城镇人口[1]

　　从暂住人口的空间分布来看（图 5.7），岛内的暂住人口规模也是一直居于首位，2003~2006年本岛暂住人口有所下降，总体上表现为增长的趋势；岛外集海片区的暂住人口规模次于本岛，且与本岛的差距在缩小；同翔片区的暂住人口规模相对较小，但是近年来也开始稳步增长。到 2015 年暂住人口规模本岛片区：集海片区：同翔片区≈4：2：1。

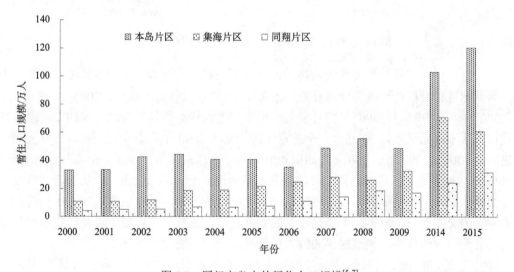

图 5.7　厦门市岛内外暂住人口规模[5-7]

二、城镇居民收入与分层

　　从城镇居民人均收支的情况来看（图 5.8），1980~2015 年城镇居民人均可支配收入和人均消费支出包括食品消费支出均表现出持续上升的趋势，2015 年城镇人均可支配收入为 1980 年的 95 倍左右。恩格尔系数则表现为持续减小的趋势，1980 年恩格尔系数高达 61.7%，食品消费在城镇居民消费支出占主体；到 2015 年恩格尔系数已经下降到 32.5%。但是，1980~2015 年物价也在不断上涨，居民消费品价格指数 1980 年若为 100，则 2015 年的居民消费品价格指数为 761.88。因此，进一步将城镇居民可支配收入与居民消费品价格指数进行对比，发现收入价格指数比仍然表现为持续上升的趋势，2015 年约为 1980 年的 12 倍，说明改革开放 30 年来城镇居民实际可支配收入总体上是持续增加的。

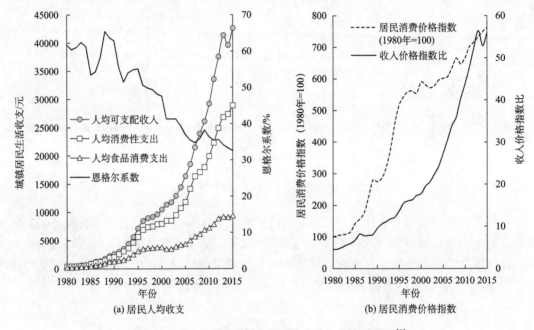

图 5.8　厦门市城镇居民人均可支配收入的增长情况[1]

为了进一步考察城镇居民的收入情况，以《厦门经济特区年鉴》[1] 中城镇住户抽样调查资料为基础进行分析。城镇住户调查的样本量在 2000 年以前是 100 户，2001~2007 年是 200 户，2007 年开始增加到 300 户。对于人均可支配收入标准的划分则经历了四个阶段，1996 年及以前从 100 元开始以 50 元为一个递进区间，1997~2000 年从 200 元开始以 200 元为一个递进区间，2001~2002 年从 400 元开始以 400 元为一个递进区间，2003 年至今从 500 元开始，以 500 元为一个递进区间，这四个阶段均包括 8 个收入区间（图 5.9）。从这四个阶段收入划分的变化来看，每个阶段均表现为较低收入家庭比例减少，而较高收入家庭比例持续增加的趋势，因此在下一阶段不得不调整收入的划分标准，这在一定程度上反映了随着城镇居民人均可支配收入的提高，城镇居民的收入结构在逐渐发生变化。

2005 年起《厦门经济特区年鉴》开始发布不同收入水平分组的家庭收支情况[1]。从图 5.10 可以看出，2004~2014 年，各个收入分组的比例大致保持稳定，其中最高收入组占全部家庭户的 20%，但是其可支配收入一直占全部家庭可支配的收入的 40%左右；最低收入组也占全部家庭户的 20%，但是其可支配收入所占比例不到 10%。两个高收入组的可支配收入基本占全部家庭收入的 60%，两个低收入组的可支配收入占全部家庭收入的 20%左右，其余 20%为

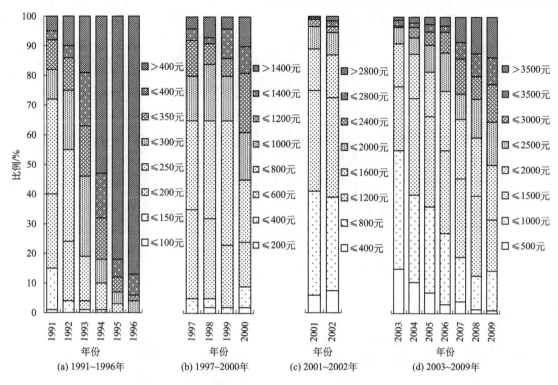

图 5.9　厦门市城镇住户调查的居民收入结构[1]

2011 年之后年鉴中不再发布居民收入结构的数据

中等收入组所有。因此，城镇住户客观上存在一定的收入差距。为反映收入的贫富分化程度，使用下面公式计算基尼系数：

$$G = 1 - \sum_{i=1}^{n}(x_i - x_{i-1})(y_i + y_{i-1}) \tag{5.1}$$

式中，G 为基尼系数；x_i 为家庭户数累计比例（按照家庭收入从最低到最高排列）；y_i 为家庭收入按照从低到高排列的累计比例，当 $i=1$ 时，$x_0=y_0=0$。联合国有关组织规定：若基尼系数低于 0.2 表示收入绝对平均；0.2~0.3 表示比较平均；0.3~0.4 表示相对合理；0.4~0.5 表示差距较大；0.6 以上表示差距悬殊。按照国际惯例，通常把基尼系数等于 0.4 作为收入分配贫富差距的"警戒线"。从计算结果来看（图 5.10），2004~2014 年厦门市城镇居民家庭收入的基尼系数总体上在 0.25~0.30 波动，收入分配比较平均。

三、城镇居民的居住情况

从居住面积来看（图 5.11），改革开放后城镇居民人均居住面积快速增长，居住条件持续改善，1980 年改革开放初期人均居住面积仅为 4.35 m²，到 2014 年增长到 28.43 m²，年均增长 0.71 m²。同期住宅竣工面积也持续增加，特别是 1995 年以后住宅竣工面积超过 1990 年之前的任何一个时期，2010 年的住宅竣工面积达到 445.81 万 m²，是 2000 年的 1.39 倍；2015 年住宅竣工面积较 2010 年有所减少。

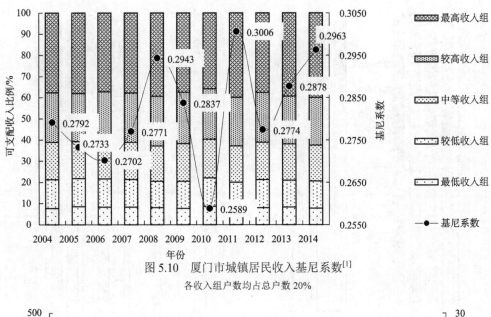

图 5.10　厦门市城镇居民收入基尼系数[1]

各收入组户数均占总户数 20%

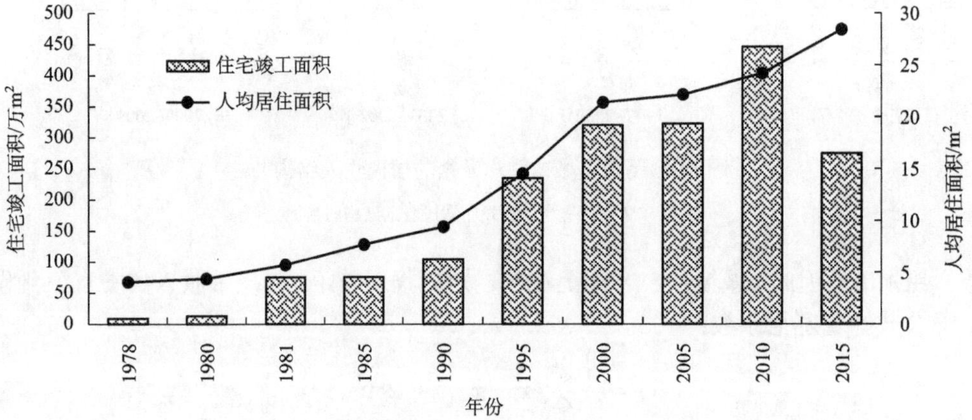

图 5.11　厦门市人均居住面积与住宅竣工面积[1]

对城镇住户居住面积的划分也经历了与城镇居民家庭收入相似的过程（图 5.12），1988~1997 年划分为无房户、拥挤户、不方便户、4~6 m²、6~8 m² 及>8 m²，这种划分方法显然无法准确反映居民住宅面积的结构,其中,>8 m² 的被调查家庭的比例在这一时期持续增加,到 1997 年已经超过 80%。因此,1997~2001 年的 5 年,对>8 m² 的住户按照 2 m² 的区间进行了再划分,可以看到的是>14 m² 的住户到 2001 年仍然占到一半以上。因此,2001 年和 2002 年按照 4 m² 一个区间进行了居住面积的重新划分,其中,人均居住面积在 16 m²以上的住户占到 60%左右。2001 年以后对建筑样式进行了调查,其中,建筑样式以二居室和三居室居多,2012 年后一居室有逐渐增加的趋势（图 5.12）。

对城镇住户住房产权的调查反映了住房制度改革的持续推进（图 5.13），1988~1997 年仅区分了公房、租赁私房和自有房三类产权,1997~2001 年增加了一类部分产权的自有房,2001 年以后则包括了租赁公房、租赁私房、原有私房、房改私房、商品房和其他六类。总体来看,租赁公房的比例越来越小,相当一部分出售给个人成为房改私房,而商品房和租赁私房的比例持续增加, 2001 年仅占 8.5%,2015 年比例增加到近 60%。

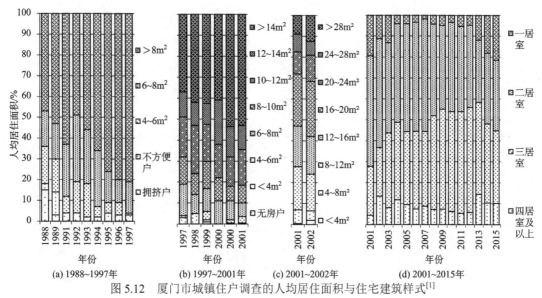

图 5.12　厦门市城镇住户调查的人均居住面积与住宅建筑样式[1]

注：①相应年份数据缺失：因《厦门经济特区年鉴—1991》未统计 1990 年人均居住面积分类数据，故图(a)中缺失 1990 年数据；②不同年份样本变化：城镇住户调查样本《厦门经济特区年鉴—2001》为 100 户，《厦门经济特区年鉴—2002》为 200 户，图(b)中 2 个 2000 年数据左侧为 2001 年年鉴数据，右侧为 2002 年年鉴数据；③不同年份分类变化：不同年份的年鉴中同一指标的统计分类发生变化，所以图中同一年份在不同统计分类中重复出现

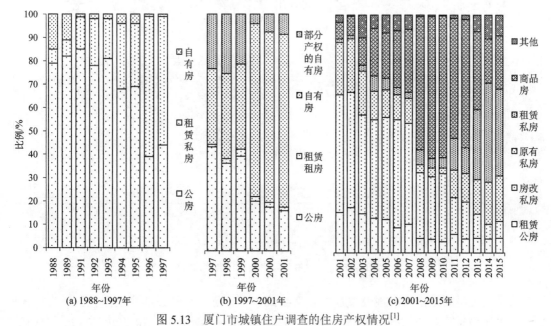

图 5.13　厦门市城镇住户调查的住房产权情况[1]

同图 5.12 注

第二节　基于问卷调查的分析

一、调查住区选择与分类

根据第三章和第四章住房制度改革与住区物质形态变迁过程的分析，在 2009 年 5 月对

厦门岛内 10 个居住区进行了第一次踩点[图 5.14（a）]，获得对调查住区的直观认识。2009年 9 月又对岛内住区进行了二次踩点，这次踩点的范围扩大到 28 个住区[图 5.14（b）]。根据这些住区的时空特征，结合第四章城市住区物质形态的演变过程，总体上把这些住区分为两大类六小类（表 5.2）。

表 5.2　住区分类和调查样点

住区类型	代号	住区样点	代表年代
规划住区①	P1	槟榔、东渡、湖滨四里、湖里老城区、康乐、莲花、莲岳里、松柏	1980~1990 年
规划住区②	P2	二市、禾祥西、金鸡亭、金尚、前埔南、文屏山庄、岳阳小区	1990~2000 年
规划住区③	P3	金山、和通里、瑞景、思北、文灶、上李	2000~2010 年
自发住区①	S1	长乐、枋湖、塘边	2000~2010 年
自发住区②	S2	博物馆、鼓浪屿、中山路	1980 年前
自发住区③	S3	曾厝垵	1980 年前

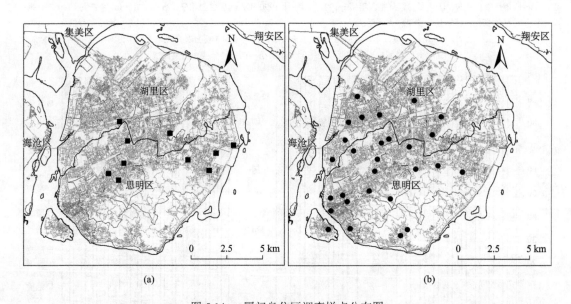

图 5.14　厦门岛住区调查样点分布图

图（a）中方点为 2009 年 5 月初步踩点；图（b）中圆点为 2009 年 9 月二次踩点

第一大类主要是由政府或开发商主导有组织、有计划进行开发的规划型住区，根据第四章城市住区物质形态的演变过程的分析也相应分成三类：第一类是 20 世纪 80~90 年代初开发的住区；第二类是 20 世纪 90 年代至 2000 年初左右开发的住区；第三类是 2000 年以后开发的住区；前两类住区基本在住房制度改革之前住房实物分配尚未结束的年代由政府主导进行开发，一般空间形态都比较规整，住区规模相对较大，但是从规划和设计的水平来看，第二类要优于第一类；第三类则是由开发商主导开发的，住区的整体规划和建设水平都要远远高于前两类。由于住房制度改革的影响，这三类住区的社会经济形态表现出不同的特点。

第二大类主要是由当地居民自发建设形成的自发型住区，又包括三类：第一类是第四章中提到的工业化"空间剩余"，在工业区开发过程中，农地被工业区、开发区占用而留下农村居民点，成为工业区旁的、提供工业区劳动移民租赁住宅的城中村；第二类是 1980 年以前建成的老城区；第三类则是房地产开发"空间剩余"，农村土地被居住、文教、娱乐等城市建设项目征收而留下孤立的农村居民点，成为被住宅和第三产业包围的城中村。

以上所选择的这些住区同时反映了住房制度改革的影响，并包含了住区物质形态变迁过程的基本特征。对这些住区进行社会属性的调查与研究，能够综合反映和认识城市住区社会形态的变迁过程。

二、问卷调查与数据处理

基于上述宏观分析，对住区社会形态调查的变量选择主要包括居住类型、性别、婚姻、家庭规模、年龄、受教育程度、职业、家庭月收入、单位职务和社会地位等变量，同时对居住拥有住房数量、住房产权和住房面积进行调查，具体的调查问题如下。

1）基本信息

（1）居住类型（本地居民、外来居民）。

（2）性别（男、女）。

（3）婚否（未婚、已婚、离异）。

（4）家庭成员数（个）。

（5）年龄（≤24 岁，25~30 岁，31~40 岁，41~50 岁，51~59 岁，≥60 岁）。

（6）受教育程度（小学、初中、高中/中专、大学、研究生、其他）。

（7）职业（行政、事业、国企、外企、民企、务农、个体、自由职业者、退休、临时工、学生、其他）。

（8）家庭月收入/元（≤2000，2000~5000，5000~10000，10000~20000，≥20000）。

（9）您在您所属的单位是：（A 主要负责人、B 中层领导、C 基层干部、D 普通职工）。

（10）您认为您个人的社会地位在厦门市民中属于：（A 低水平、B 较低水平、C 一般水平、D 较高水平、E 高水平）。

2）住房情况

（1）所拥有住房数量是：（A 0 套、B 1 套、C 2 套、D 3 套以上）。

（2）您目前的住房是：A 有产权（购买公房、购买商品房、自建房）；B 无产权（租公房、租商品房、租自建房）；C 其他。

（3）您现在所住的房屋建筑面积是（m²）：（A≤40、B 40~70、C 70~90、D 90~120、E 120~150、F≥150）。

调查方式为由调查员在相应居住小区内进行随机问卷访谈。通过调查，共回收问卷 1090份；由于被调查对象的多样性，存在部分问卷的部分变量数据缺失的情况，以下基于各变量的平均数据进行分析。

三、调查样本的总体特征

从回收的问卷来看，调查的本地居民占 52.3%，略大于外地居民的比例；调查样本中男性占 47.5%，男性的比例略低于女性；从婚姻状况来看，已婚的占 74.6%，未婚的占 25.3%，离异的仅为 0.1%，已婚和未婚的比例大致为 3∶1。

从家庭成员规模来看（图 5.15），三口之家的核心家庭占多数，比例在 42.4%；4~5 人家庭的比例也较大，占到调查样本总数的 35.2%；再次是两口之家的年轻家庭，占总数的 9.7%；调查的单身人员占总数的 7.5%；家庭规模超过 6 人的样本比例较小。

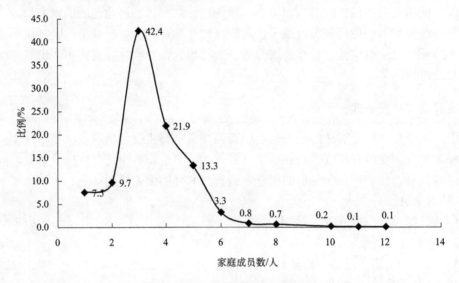

图 5.15　调查样本的家庭规模分布

从年龄结构来看[图 5.16（a）]，40 岁以下的占多数，总体的比例占全部调查样本的 2/3 以上（68.6%），其中又以 25~40 岁的中青年为主体，占总数的一半以上（52.8%）；41~59 岁的中老年占调查样本综述的 1/5 强（23%）；60 岁以上的退休人员也有一定的比例（8.3%）。

从文化程度来看[图 5.16（b）]，比例最高的是高中/中专文化程度，占 1/3 左右（32.1%）；大学和初中的比例各在 1/4 左右（27.2%和 24.5%）；小学文化程度的占 1/10 左右（10.3%），研究生文化程度的人相对较少（4.2%）；其他文化程度仅占 1.7%。

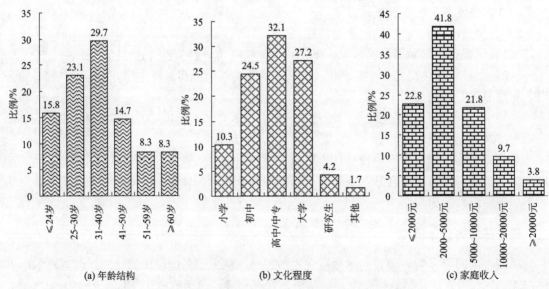

(a) 年龄结构　　(b) 文化程度　　(c) 家庭收入

图 5.16　调查样本的年龄、文化程度和家庭收入分布

从家庭收入来看[图 5.16（c）]，调查样本中家庭月收入多数在 2000~5000 元，占 41.8%；2000 元以下和 5000~10000 元的各占约 1/5（22.8%和 21.8%）；高收入的家庭（10000~20000 元）占 9.7%，20000 元以上的仅占所有调查样本的 3.8%。

从职业结构的分布来看[图 5.17（a）]，调查样本中个体占到 1/5（22.0%）；自由职业占 11.0%；民企占 10.8%；国企占 9.4%；事业单位占 8.6%；行政单位占 3.3%；退休的占 9.3%；有少量务农、学生和临时工；其他占 9.5%。从职务来看[图 5.17（b）]，普通职工是主体，占全部调查样本的 59.3%；单位基层干部和主要负责人占全部样本的比例分别为 16.7%和 14.2%；其余中层领导占 9.8%。

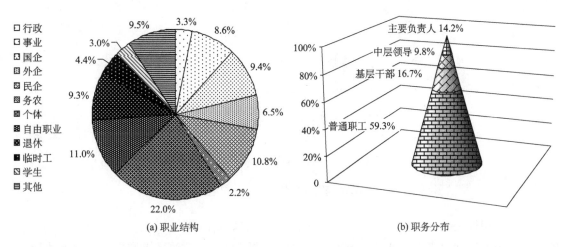

图 5.17　调查样本的职业结构和职务分布

从拥有住房的数量来看[图 5.18（a）]，58.0%的人拥有自己的住房，其中拥有 1 套住房的人占 46.6%，拥有 2 套住房的人占 9.5%，有 1.9%的人拥有 3 套及以上住房；42%没有自己的住房，主要通过租房解决居住问题。从住房的面积来看，所占比例最大的是 70~90 m²，占总数的 27.1%；其次是 40~70 m²，占总数的比例为 22.7%，住房面积≤40 m² 和 90~120 m² 的样本比例大体相当，分别为 18.2%和 19.6%；住房面积大于 150m² 的相对较少，仅占 3.2%；总体上住房面积的分布表现为中间多两头少的倒"U"形曲线。

从住房的产权属性来看[图 5.18（c）]，多数调查样本拥有自有产权的住房，又以购买商品房占多数，约为调查样本总数的 1/3（35.2%）；购买公房的人也占到了较大比例，约为调查样本总数的 1/5（21.1%）；部分调查样本拥有自建房，比例为样本总数的 6.2%；其余租公房、租商品房和租自建房的比例大体相当，分别为样本总数的 12.7%、13.7%和 11.1%。

四、社会形态分变量分析

从居民类型来看[图 5.19（a）]，规划住区的本地居民比例普遍要高于自发住区，三类规划住区的本地居民比例依次为 52.9%、56.9%和 67.2%，表现为依次升高的趋势，而相应的外地居民的比例依次减小，说明随着时代的变迁，不同住区的居民类型发生了变化，年代越久的规划住区外地人口越多，新住区的居住主体则大部分为本地居民。自发住区中，S1 也就是工业区周边的城中村聚集了大量外地人口，是工业区内企业劳动力的主要租赁地；S2 由于是老城区，聚集了大量的厦门原住居民，不过外地人口的比例也达到 41.9%；S3 由于房租水平较低，也吸引了大量外地人口前来租住，本地居民的比例反而较小。

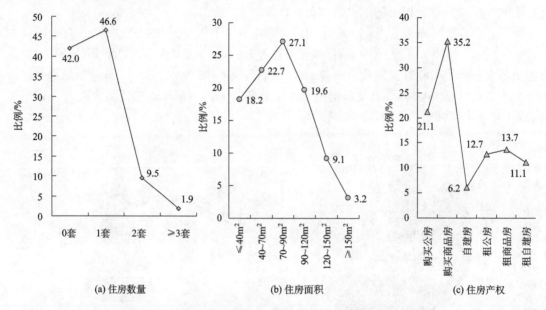

(a) 住房数量　　　　　　　(b) 住房面积　　　　　　　(c) 住房产权

图 5.18　调查样本的拥有住房的数量、住房面积和住房产权

从家庭规模来看[图 5.19（b）]，规划住区的家庭规模以 3~5 人为主，一般是三口之家的核心家庭或者加上老人的 4~5 人家庭。自发住区内部单身人口明显增加，S3 的比例达到了 30%左右；S1 和 S2 的 3~5 人的家庭占较大比例，说明居住在工业区城中村的居民中很多是举家来厦打工，老城区则由于本地居民相对较多，保留了较多的家庭户。

从年龄结构来看[图 5.19（c）]，六类住区的年龄结构均以 40 岁以下的为主，其中又以 25~40 岁的占多数。自发住区的年龄结构偏轻，30 岁以下的调查样本占到较大的比例；三类规划住区的年龄结构较为相似；三类自发住区中 S3 与另外两类的区别较为明显，30 岁以下的调查样本占到 50%左右。

从受教育程度来看[图 5.19（d）]，规划住区的文化程度以高中和大学文化程度为主，而自发住区则以初中和高中文化程度为主，规划住区的总体受教育程度要高于自发住区；规划住区内部又存在一定的差异，主要是 P3 的高中以上文化程度的人员明显高于另外两个住区，另外两类住区居住主体的文化程度结构较为相似，说明商品房住区的居住主体总体上文化程度较高；自发住区内部也存在一定的差异，主要表现为 S1 初中以下文化程度的人员高于另外两类住区，另外两类住区的文化程度结构较为相似。

从家庭收入来看[图 5.19（e）]，规划住区的收入相对较高，家庭月收入在 2000 元以下的数量相对较少，而家庭月收入在 5000~10000 元的比例高于自发住区；从规划住区内部来看，P1 和 P2 较为相似，P3 的高收入群起明显增加，超过 10000 元的比例大约为 35%；从自发住区内部来看，三者的总体收入水平都较低，S1 的收入水平更低，家庭月收入在 5000 元以下的占到 85%左右。

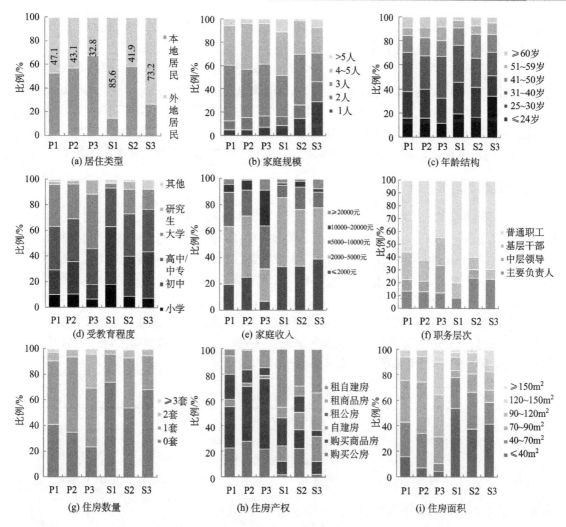

图 5.19　不同住区的社会经济特征

从职务层次来看[图 5.19（f）]，六类住区均以普通职工占多数，但规划住区的总体水平要高于自发住区，规划住区的基层干部以上的职务比例要高于自发住区；规划住区中 P3 的职务层次又明显高于 P1 和 P2，另外两类规划住区的结构大体相似。自发住区 S1 的职务层次较低，普通职工占 80% 左右，基层以上干部仅有 20% 左右；S2 的职务层次相对较高，基层干部以上占到 40% 左右。

从拥有住房数量来看[图 5.19（g）]，总体上规划住区拥有住房的数量高于自发住区，P1拥有 1 套以上住房的占 60% 左右，P2 的比例为 65% 左右，P3 的比例则为 75% 左右，拥有的住房数量依次增加，其中 P3 拥有两套以上住房的比例达到了 30% 以上；而自发住区多数没有自己的住房，其中又以 S1 没有住房的比例最高，S3 次之，说明自发住区的调查样本总体上以租房为主。

从住房产权来看[图 5.19（h）]，规划住区自有产权的比例高于自发住区，规划住区自有产权的比例基本在 60% 以上，自发住区自由产权的比例最高不超过 50%。其中，规划住区以购买公房和购买商品房为主，购买商品房的比例高于购买公房的比例；三类规划住区中，购买商品房的比例大小依次为 P3>P2>P1，反映了住房改革对住区产权形态的影响。自发住区则租住自建房占多数，特别是 S1 城中村的比例更是高达 45%左右。

从住房面积来看[图 5.19（i）]，规划住区的住房面积要大于自发住区，其中规划住区的住房面积以 70 m²以上为主，而自发住区的住房面积以 70 m²以下为主（其中，又以 40 m²以下占多数），两者的差异非常明显；在三类规划住区中，P3 也明显不同于另外两类住区，其住房面积在 90m²以上的占到 70%左右，其余两类只在 25%左右。三类自发住区中，40m²以下的以 S1 的比例最大，超过总数的 50%，另外两类住区的这一比例也在 40%左右。

五、社会形态的均值分析

总体来看（表 5.3），规划住区各个变量的均值都要高于自发住区，居住类型方面规划住区以本地为主，自发住区以外地为主；家庭成员规划住区的规模总体上大于自发住区；年龄结构方面自发住区偏向年轻；文化程度方面规划住区的总体受教育程度高于自发住区；家庭收入方面，规划住区比自发住区高出很多；住房数量、住房面积方面规划住区也要高于自发住区；单位职务方面规划住区的总体层次高于自发住区。从规划住区内部来看，三类住区之间主要表现为 P3 与 P1/P2 的差别，除了家庭成员这一变量，P3 其他变量的均值均显著高于 P1/P2。从自发住区内部来看，三类住区之间主要表现为 S1 与 S2/S3 之间的差别，除了家庭成员和年龄，S1 其他变量的均值均显著低于 S2/S3。

表 5.3   不同城市住区连续或顺序变量均值

变量	P1	P2	P3	规划	S1	S2	S3	自发	取值
居住类型	1.53	1.57	1.67	1.59	1.14	1.58	1.27	1.33	外地=1,本地=2
家庭成员/人	3.48	3.52	3.41	3.47	3.63	3.04	2.98	3.22	实际数量
年龄/岁	3.03	3.05	3.18	3.09	2.71	2.99	2.63	2.78	≤24=1、25~30=2、31~40=3、41~50=4、51~59=5、≥60=6
受教育程度	2.92	2.83	3.39	3.05	2.18	2.78	2.45	2.47	小学=1、初中=2、高中/中专=3 大学=4、研究生=5、其他=0.5
家庭收入/元	2.32	2.13	3.06	2.50	1.89	1.97	2.00	1.96	≤2000=1、2000~5000=2、5000~10000=3、10000~20000=4、≥20000=5
住房数量/套	1.71	1.72	2.11	1.85	1.30	1.53	1.37	1.40	0=1、1=2、2=3、≥3=4
住房面积/m²	2.72	2.90	3.99	3.20	1.84	2.31	2.61	2.25	≤40=1、40~70=2、70~90=3、90~120=4、120~150=5、≥150=6
单位职务	1.80	1.68	1.88	1.79	1.34	1.90	1.77	1.67	普通职工=1、基层干部=2、中层领导=3、主要负责人=4

以上对不同类型住区社会经济形态的对比分析充分表明了住房制度改革对住区社会形态变迁的影响。规划住区中 P3 型住区主要是在 1998 年住房制度改革才开始出现的，各项社会经济属性均显著区别于在 1998 年住房制度改革以前建设的 P1/P2 型住区；而 P1 和 P2 型住区总体上比较相似，但是也存在一定的差别，反映了 1998 年之前住房制度改革的渐进式推进。自发住区中，S1 住区实际上也是在 1998 年住房制度改革前后逐步出现的，主要是为工业区内劳动力提供廉价租房，这部分人群基本以外来的年轻工人为主，因此显著区别于本地居民相对较多的老城区和岛内旧村。

第三节 城市住区社会形态的因子分析

一、因子分析法

各个领域的科学研究往往需要对反映事物的多个变量进行观测，收集大量数据以便进行分析和寻找规律。多变量大样本无疑会为科学研究提供丰富的信息，但是在大多数情况下，许多变量之间可能存在相关性而增加了问题分析的复杂性，给分析带来不便。如果分别分析每个指标，分析有可能是孤立而非综合的，而盲目减少指标又会损失很多信息，容易产生错误的结论。因此，需要寻找合理的方法在减少分析指标的同时能尽量减少原指标包含信息的损失，对所收集的资料作全面的分析。由于各变量间存在一定的相关关系，因此有可能用较少的综合指标表示存在于各变量中的各类信息，这就是统计分析中的降维（data reduction），因子分析就是一种常用的降维方法[8]。

因子分析是探讨存在相关关系的变量之间，是否存在不能直接观察到，但对可观测变量的变化起支配作用的潜在因子的分析方法，也就是寻找潜在的起支配作用的因子模型的方法。设有原始变量：$x_1, x_2, x_3, \cdots, x_m$。原始变量与潜在因子之间的关系可以表示为

$$
\begin{cases}
x_1 = b_{11}z_1 + b_{12}z_2 + b_{13}z_3 + \cdots + b_{1m}z_m + e_1 \\
x_2 = b_{21}z_1 + b_{22}z_2 + b_{23}z_3 + \cdots + b_{2m}z_m + e_2 \\
x_3 = b_{13}z_1 + b_{32}z_2 + b_{33}z_3 + \cdots + b_{3m}z_m + e_3 \\
\quad\quad\quad\quad \vdots \\
x_m = b_{m1}z_1 + b_{m2}z_2 + b_{m3}z_3 + \cdots + b_{mm}z_m + e_m
\end{cases}
\tag{5.2}
$$

式中，$z_1 \sim z_m$ 为 m 个潜在因子，是各原始变量都包含的因子，称共性因子；$e_1 \sim e_m$ 为 m 个只包含在某个原始变量之中、只对一个原始变量起作用的个性因子，是各变量特有的特殊因子。如果对原始变量进行均值为 0、标准差为 1 标准化后得到的 $z_1 \sim z_m$ 前的系数就是共性因子的因子载荷。共性因子与特殊因子相互独立。找出共性因子是因子分析的主要目的。计算出结果后要对共性因子的实际含义进行探讨，并给以命名。在实际应用中，结合专业知识解释共性因子具有的实际意义往往并不容易，并且常常得不到满意的解释。数学模型可以证明，满足模型要求的共性因子并不唯一。只要对初始公共因子进行旋转（即坐标变化），在旋转后的新坐标系中使共性因子负荷系数向更大（向 1）或更小（向 0）方向变化，这样因子载荷得到重新分配就有可能对潜在因子做专业解释，对公共因子的命名和解释变得更加容易[8]。

二、数据与处理

住区社会形态的变量较多，因此考虑使用因子分析进行降维。除了表 5.3 中的 8 个连续或顺序变量外，调查中还涉及性别、婚姻、职业、社会地位、住区类型和住房产权等其他变量。因此，参与分析的除了表 5.3 的 8 个变量还包括表 5.4 的 6 个变量。

表 5.4　新加入分析的变量

变量	排序依据	变量赋值
性别	男女差异的客观性	女=1，男=2
职业	职业的组织性	务农、退休、临时工、学生和其他=1；个体和自由职业者=2；国企、外企、民企=3；行政、事业=4
婚姻	未婚向已婚转化	未婚=1，已婚=2
社会地位	地位高低	低水平=1、较低水平=2、一般水平=3、较高水平=4、高水平=5
住区类型	组织性强弱	S3=1、S2=2、S1=3、P1=4、P2=5、P3=6
住房产权	获取成本高低	租公房=1、租自建房=2、租商品房=3、购买公房=4、自建房=5、购买商品房=6

由于因子分析的前提是变量之间存在相关关系，因此首先在 SPSS16.0 中对上述 14 个变量进行相关分析，相关分析的计算方法是 Pearson 相关系数，采用单尾显著性检验。相关分析显著性水平结果见表 5.5。由表 5.5 可见，14 个变量基本上在单尾 0.01 和 0.05 的水平上显著相关，性别这一变量有 8 对相关系数未能通过 0.05 水平显著性检验，因此进行因子分析时剔除性别这一变量。利用余下的 13 个变量在 SPSS for Windows 16.0 中利用 Analyse 菜单中 Data Redcution 的 Factor 功能进行因子分析，采用主成分方法并按照方差最大化进行旋转，提取特征根大于 1 的主成分作为共性因子。

表 5.5　住区社会形态各变量相关性分析显著水平矩阵

变量	住区类型	居住类型	性别	婚姻	家庭规模	年龄	教育程度	职业	家庭收入	住房数量	住房产权	住房面积	职务层次
居住类型	0.000												
性别	**0.051**	0.291											
婚姻	0.045	0.000	**0.484**										
家庭规模	0.008	0.001	**0.179**	0.000									
年龄	0.006	0.000	0.020	0.000	0.000								
教育程度	0.000	0.000	0.000	0.001	0.000	0.000							
职业	0.000	0.022	0.000	0.000	0.000	0.000	0.000						
家庭收入	0.000	0.000	0.014	0.000	0.014	0.001	0.000	0.000					
住房数量	0.000	0.000	**0.116**	0.000	0.002	0.000	0.000	0.000	0.000				
住房产权	0.000	0.000	**0.436**	0.000	0.012	0.000	0.000	0.000	0.000	0.000			
住房面积	0.000	0.000	**0.146**	0.000	0.000	0.000	0.000	0.000	0.000	0.000	0.000		
职务层次	**0.072**	**0.181**	0.000	0.000	**0.452**	0.034	0.000	0.000	0.001	0.000	0.000	0.000	
社会地位	0.000	0.000	**0.278**	**0.148**	**0.120**	**0.483**	0.000	0.000	0.000	0.000	0.000	0.000	0.000

三、结果与分析

如表 5.6 所示，13 个变量的主成分分析得到的总方差分解中有 4 个公共因子的特征值大于 1，这 4 个特征值的方差占总方差的累计百分比为 58.59%，其中第一公共因子方差占总方差的百分比达到 27.12%。分析表 5.7 旋转后的因子载荷矩阵可以看出：第一公共因子在住房产权、住房数量、居住类型、住房面积和住区类型等 5 个变量上具有较高的因子载荷，显然这 5 个变量均与居住条件或居住类别相关，可以命名为"居住因子"；第二公共因子在职务层次、家庭收入和社会地位这 3 个变量上具有较高的因子载荷，这 3 个变量反映了个人或家庭所处的社会阶层或等级，因此可以命名为"阶层因子"；第三公共因子在婚姻和年龄两个变量上具有较高的因子载荷，婚姻和年龄有一定的相关性，一般年龄越大已婚的可能性越大，

表 5.6　住区社会形态变量因子分析的总方差分解（一）

主成分	特征值	百分比/%	累计百分比/%
1	3.526	27.119	27.119
2	1.880	14.458	41.578
3	1.180	9.078	50.655
4	1.032	7.936	58.591
5	0.853	6.559	65.150
6	0.803	6.174	71.324
7	0.756	5.817	77.141
8	0.643	4.950	82.091
9	0.596	4.585	86.676
10	0.500	3.843	90.519
11	0.482	3.711	94.230
12	0.389	2.995	97.226
13	0.361	2.774	100.000

表 5.7　旋转后的因子载荷矩阵（一）

主成分	1	2	3	4
住房产权	0.735	0.101	0.138	0.104
住房数量	0.726	0.226	0.175	0.066
居住类型	0.686	−0.121	0.232	0.049
住房面积	0.648	0.432	0.020	−0.067
住区类型	0.565	0.179	−0.141	−0.045
职务层次	−0.124	0.715	0.263	0.078
家庭收入	0.335	0.657	0.038	0.098
社会地位	0.267	0.573	−0.124	0.009
婚姻	0.071	0.166	0.850	0.036
年龄	0.248	−0.052	0.806	−0.198
家庭规模	0.163	0.219	−0.007	−0.737
职业	0.153	0.313	−0.040	0.658
受教育程度	0.322	0.353	−0.313	0.563

心理上也越成熟，婚姻和年龄状态共同反映了个人的成熟度，因此可以命名为"成熟因子"；第四公共因子在家庭规模、职业和受教育程度 3 个变量上具有较高的因子载荷，但是这 3 个变量之间的关系比较难以界定，因此这里考虑引入第五个公共因子。

在 SPSS 的 Factor 分析功能设定提取公共因子的个数为 5，得到的总方差分解和因子载荷矩阵见表 5.8 和表 5.9。由表 5.8 可知，引入 5 个因子后占总方差的比例提高到约 2/3（65.15%），同时由表 5.9 可知主成分排序和结构发生了变化。原来的第一公共因子"居

表 5.8   住区社会形态变量因子分析的总方差分解（二）

主成分	特征值	百分比/%	累计百分比/%
1	3.53	27.12	27.12
2	1.88	14.46	41.58
3	1.18	9.08	50.66
4	1.03	7.94	58.59
5	0.85	6.56	65.15
6	0.80	6.17	71.32
7	0.76	5.82	77.14
8	0.64	4.95	82.09
9	0.60	4.59	86.68
10	0.50	3.84	90.52
11	0.48	3.71	94.23
12	0.39	3.00	97.23
13	0.36	2.77	100.00

表 5.9   旋转后的因子载荷矩阵（二）

主成分	1	2	3	4	5
住房产权	0.745	0.093	0.133	0.111	0.021
住房数量	0.741	0.124	0.113	0.244	0.050
居住类型	0.738	0.158	−0.041	−0.051	−0.071
住房面积	0.612	0.006	0.144	0.395	0.258
住区类型	0.444	−0.066	0.304	0.014	0.393
婚姻	0.064	0.895	0.109	0.099	0.048
年龄	0.293	0.785	−0.220	−0.014	0.067
职业	0.022	0.089	0.879	0.064	−0.054
受教育程度	0.248	−0.267	0.682	0.220	−0.106
职务层次	−0.045	0.188	−0.010	0.822	−0.155
社会地位	0.257	−0.152	0.131	0.578	0.112
家庭收入	0.264	0.075	0.365	0.551	0.220
家庭规模	0.000	0.117	−0.166	0.033	0.877

住因子"没有变化，但是第二公共因子变为原来的第三公共因子"成熟因子"，第四公共因子变为原来的第二公共因子"阶层因子"。原来的第四公共因子在这里发生了分化，"职业"和"受教育程度"这2个变量在第三公共因子上具有较高的因子载荷，一个人的职业与其所受的教育程度存在一定的关联性，受教育程度越高可能所从事的职业具有越强的组织性，受教育程度和职业反映了一个人的专业技术类别和水平，因此这一因子可以命名为"专业因子"；第五公共因子则仅在"家庭规模"这一变量上具有较高的因子载荷，直接命名为"规模因子"。

综上所述，城市住区社会形态主要受到"居住因子""阶层因子""成熟因子"等的影响，其中最主要的是"居住因子"影响了住区的产权、类型、面积、数量等多个变量；"阶层因子"也是影响住区社会形态的一个重要的因素，表明随着住房制度市场化改革的持续推进，城市居民开始出现以职务层次、社会地位和家庭收入为特征的阶层分化。住房制度改革的主要目标之一就是按照收入水平的高低建立多层次的住房供应体系，阶层的分化是住房制度改革之后导致住区社会形态发生变化的主要因素之一。

第四节　研　究　小　结

在住房制度改革的过程中，城市居民的总量与结构、收入与分层及居住状况均发生了明显分化。结合住房制度改革过程和物质形态的变迁，可以将厦门岛30个调查居住区分为规划型住区和自发型住区，其中规划型住区又包括三类，分别代表住房制度改革不同阶段的住区形态，自发型住区既包括了改革开放之前自发形成的老城区，也包括改革开放之后逐步形成的城中村。对不同类型住区社会经济形态的对比分析充分表明了住房制度改革对住区社会形态变迁的影响。规划住区中P3型住区主要是在1998年住房制度改革才开始出现的，各项社会经济属性均显著区别于在1998年住房制度改革以前建设的P1/P2型住区；而P1和P2型住区总体上比较相似，但是也存在一定的差别，反映了1998年之前住房制度改革的渐进式推进。自发住区中，S1住区实际上也是在1998年住房制度改革前后逐步出现的，主要是为工业区内劳动力提供廉价租房，这部分人群基本以外来的年轻工人为主，因此显著区别于本地居民相对较多的老城区和岛内旧村。进一步通过因子分析发现，住区的社会形态主要受到"居住因子""阶层因子""成熟因子"等的影响，而"居住因子"是其中最重要的因子，这在一定程度上反映了住房制度改革及其所引发的住区物质形态变迁的综合影响，在"居住因子"的影响下，住区的居民类型、住房产权、住区类型发生了分异式变迁。同时，阶层分化也成为住区社会形态变迁的一个重要方面，在阶层分化因子的作用下，住区内社会主体产生了以职务层次、社会地位和收入水平为主要特征的分异式变迁。由此可见，住房制度改革使阶层分化明显反映于城市住区形态的分异，而阶层和住区形态固化可能导致的问题（也可能出现在未来）应引起管理者和社会学研究者的关注。此外，"成熟""专业""规模"等因子则反映了家庭生命周期等个体属性对住区社会形态的影响。

参 考 文 献

[1]　厦门市统计局. 厦门经济特区年鉴(1986~2016). 北京: 中国统计出版社, 1986~2016.

[2]　厦门市人口普查办公室. 福建省厦门市1990年人口普查资料. 北京: 中国统计出版社, 1992.

[3]　厦门市第六次全国人口普查领导小组办公室, 厦门市统计局. 厦门市 2010 年第六次全国人口普查主要数据公报. http://www. stats-xm. gov. cn/tjzl/tjgb/zxgb/201106/t20110610_18534. htm[2016-06-01].

[4]　厦门市统计局. 厦门市 2015 年 1%人口抽样调查主要数据公报. http://www. stats-xm. gov. cn/tjzl/tjgb/zxgb/201605/t20160527_28391. htm [2016-06-01].

[5]　厦门市规划局. 厦门城市总体规划(2010~2020)基础资料汇编(内部资料). 2010.

[6]　杨晋. 2014 年厦门市常住人口发展情况简析. 厦门市统计局. http://www. stats-xm. gov. cn/tjzl/tjfx/201504/t20150428_25210. htm[2016-06-01].

[7]　纪新. 2015 年厦门市常住人口发展情况简析. 厦门统计分析. http://www. stats-xm. gov. cn/tjzl/tjfx/201604/t20160426_28272. htm[2016-06-01].

[8]　卢纹岱. SPSS for Windows 统计分析(第二版). 北京: 电子工业出版社, 2002.

第六章　城市住区内部运行的代谢效率

第一节　分析方法

目前与住区代谢相关的分析方法主要包括物质流分析（material flow analysis，MFA）、能量流分析（energy analysis，EA）、㶲分析（exergy analysis，EXA）、生命周期评价（life cycle assessment）、能值分析（emergy analysis，EMA）等[1]。本书涉及物质流分析法及能值分析法，下面进行简单介绍。

一、物质流分析法

物质流分析法，描述了人类从自然界获取资源进行人类生产和消费的经济活动，并产生废弃物，以及废弃物的资源化再利用过程，反映了系统中输入、输出和储存的物质总量及其流向[2]，是城市代谢研究中最主要的分析方法之一。

国内的学者们对物质流分析法的理解是：人类活动所产生的环境影响在很大程度上取决于进入经济系统的自然资源和物质的数量与质量，以及从经济系统排入环境的资源和废弃物质的数量与质量。前者产生对环境的扰动，引起环境的退化，后者则引起环境的污染。物质流分析从实物的质量出发，通过追踪人类对自然资源和物质的开发、利用与废弃过程，研究可持续发展问题，即通过对自然资源和物质的开采、生产、转移、消耗、循环、废弃等过程的分析，揭示物质在特定区域内的流动特征和转化效率，找出环境压力的直接来源，作为评价该区域发展的可持续性指标，进而提出相应的减轻环境压力的解决方案，为实现可持续发展的近、中期目标提供科学依据[3,4]。

而国外通用的《物质流分析法实用手册》（*Practical Handbook of Material Flow Analysis*）中给出的定义为：物质流分析法是在特定时间和空间条件下，分析系统及内部物质储存与流动的一种系统性分析方法，它将一种物质的源、通道、中间过程及最后的物质汇联系起来。根据质量守恒原则，对物质流分析结果的掌握可以透过物质平衡比较某一过程中所有的投入、储存与产出来实现。正是由于物质流分析的这一显著特性使其成为物资管理、废弃物管理及环境管理中最常用的一种决策支持工具。

尽管国内外学术界对物质流分析法进行了不同的诠释，但是总的来看双方都明确了物质（material）、流向（flow）、过程（process）与储存（storage）为 MFA 的四个要素。

1）物质

物质是 MFA 的研究对象，这里的"物质"是从化学意义上来理解的，一般指特定化学元素或者化合物，也可以是特定物质或者材料。在具体分析时，会涉及物质的不同形态，例如研究铜的代谢时，一定会考虑铜在系统中转换的各种途径及其所存在的形态，包括铜矿（及其他含铜矿石）、纯铜、铜合金、各类含铜制品等[5]。

2）流

"流"是连接系统与外界及系统内各个部分的通道，每个系统都有输入端和输出端，过程与过程之间通过各种流相互联系。流量和流速用来表征这些物质流的强度和速度，但在常见的 MFA 研究中，一般关注的是一段时间内总的流量，而与真正意义上的流速有一定差异。系统内的流动指物质形式并未转化而位置发生改变，在物质流分析中物质的流向和流量往往是研究的核心部分。在分析中，有时将过程看作"黑箱"而只讨论总的输入和输出情况，但是在必要情况下，"黑箱"可以被细分为多个相关的子过程，以利于更细致地分析整个系统的运行规律。

3）过程

过程指物质在系统中为了特定的目的而进行一系列有序的流动、储存和转化行动，在经历过程之后，物质的状态与数量发生了变化，是研究系统内最为复杂的部分。物质在整个产业经济体系中存在不同层面的转化过程，如生产过程、消费过程和在自然系统中的转化过程等。准确的分析和追踪各个系统过程前后物质流的变化情况是物质流分析法的关键所在。

4）储存

储存是指在系统过程中的某个阶段内，物质的状态与数量不发生转化，而此时物质的存储数量一般被称为物质的库存。库存的质量和变化速率（累积或者损耗）都是描述存储过程的重要指标。如果物质以一种形态在某一过程中停留很长时间，这时该过程就被称为此类物质最终的汇（sink）。严格来说，社会经济系统的每一个子系统内都有可能产生库存，而在自然环境中的库存一般称为汇[5]。通常情况下，在物质分析的研究中，物质汇往往被划分在系统边界之外不进行深入的探讨。

MFA 分析的基础框架如图 6.1 所示。

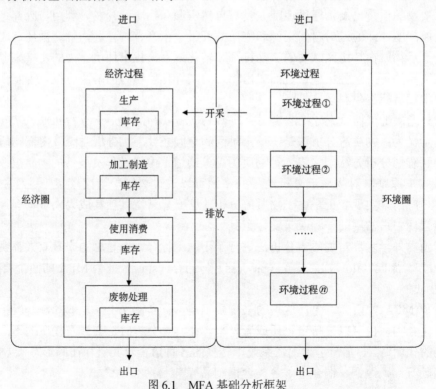

图 6.1   MFA 基础分析框架

物质在环境系统中的迁移路径一般不在分析范畴内，此处未明示具体环境过程[5]

二、能值分析法

如前文中所提到的，能值分析法理论是 Odum 在 20 世纪 80 年代末创立的，以太阳能为基准能量对一切物质和能量进行量化转换，进而进行分析评价的理论体系。其最主要概念包括：能值，定义为物质或服务产生过程中所需要的直接或间接投入能量的总和；能值转换率（transformity），是指单位产品或服务所需要的能量与太阳能能值之间的转化率，以此对不同类别能量的品质进行衡量。一般而言，能值转换率随着能量等级的提高而增加，某种能量的能值转换率越高表明该种能量的品质越高。能值分析法通过将不同类别、难以直接比较的能量形式转化成统一的太阳能值，把自然生态系统有形的资源供给、无形的生态系统服务和社会经济系统物质生产与人类消费有机的联系起来，从而首次将自然资本的价值纳入环境经济系统范畴[6]。自创立至今仅 20 余年的时间里，基于能值理论的相关研究，在全球到社区各种尺度的生态或生态经济系统的分析与评价研究中得到广泛应用和高度重视[7]。在这一系列的研究中，也有对于人居环境系统的评价[8-13]，但这类小尺度的能值研究并不多见。

早期基于物质流分析的城市代谢研究仍有一些无法解决的问题，如核算单位不统一、物质集成技术的不完善和对能量流的忽视等。能值分析的出现恰恰弥补了这些方面的缺陷。在 Odum 的能值理论中，能量的内涵被重新诠释，并由此进一步提出了能量品质与系统阶层的关系，复杂的生态系统因组分来源不同及组分运作的方式和速率不同，被分割成不同的次系统，这一理念与经典林德曼十分之一能量效率定律相契合。为了能够在一个系统中同时比较不同组分所含不同能量对该系统产生的贡献和影响，能值被定义为"以一种能量单位表示一能量流动或储存在形成过程所需各种能量之总和"，被形象地认为是一种能量的记忆[14]。例如，太阳能、风、雨等经由食物链的传递和转换成为具有较高能量品质的能量，从而维持人类的生存活动。能值转换率用来表示某个层次中的系统中不同类别能量的能量品质，即产生一个单位能量所需要另一种类别的能量之量。在能值理论的系统研究中，以太阳能值作为基本单位，通过换算出产生一个单位的自然界及其他系统的各种物质、能量所需太阳能的量，即太阳能值转换率后，将各种储存或起作用的能量乘上太阳能转换率即可求得该种能量所具含的太阳能值，从而了解如风、水、河流、燃料、煤炭、电、信息等形成需要多少太阳能，以及它们在整个生态系统所扮演的角色。这一方法使物化的能量流（物质及服务生成过程中直接或间接的能量总投入）得到了量化[15]，从而使得能值理论与分析方法成为连接生态与经济系统的桥梁，站在以生态为中心的角度，弥补了货币无法客观评价非市场性输入的缺陷，通过建立在物化的能量流基础上的指标和比率，进而用于评价不同种类的系统。统一的能量表示单位提供了衡量和比较各种能量的共同尺度，使得"能值"方法能够很好地定量分析系统流通、代谢过程，并有助于建立统一量纲的指标进行效率的评价[16]。

能值的基本计算公式如下：

$$E_m = \sum_{i=1}^{n} \text{Transformity}_i \times E_i \tag{6.1}$$

式中，E_m 为能值量；Transformity_i 为资源 i 的能值转换率，表示每单位能量（J）或重量（g）产品所具有的能值，即单位能量或物质由多少太阳能值转化而来，它是度量能量品质和等级的尺度；E_i 为资源 i 的实际投入量。

三、住区代谢效率指标

传统代谢研究中用总输入与总输出流比值来表征广义效率的方法缺乏对代谢结构和特征的具体描述，为了更好地比较不同类型住区之间代谢结构特征的异同，通过分析总结出影响住区代谢效率的四个基本要素。这些要素包括三种主要的物质消耗过程：住区代谢中住房的运转与维护、饮食的准备与消费、私人或公共交通工具的使用[17]。然而，在对住区代谢效率的考量中仅考虑物质的代谢显然是不够的，住区最基本的功能是为居民提供居住和其他生活服务，这种服务的优劣能直接从居民的福利状况中得到反映。因此，最后加上住区福利指数作为反映人居福利状况和满意程度的效率修订指标。住区代谢过程的主要结构如图 6.2所示。

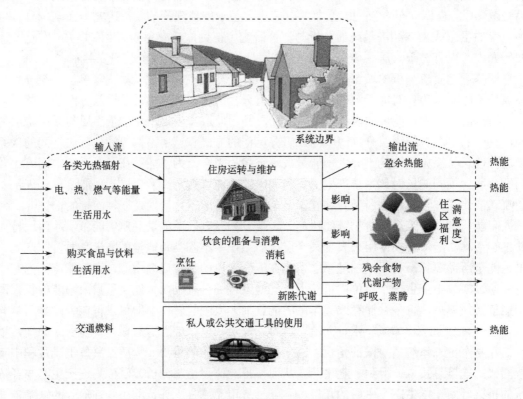

图 6.2　住区代谢过程基本结构

第一部分住房运转与维护功能，包括了对住房进行清洁、照明、温湿度调节，以及维持各类娱乐和其他功能的运行所产生的水、电、燃气等消耗，下文中简称住房效率；第二部分饮食的准备与消费则主要包括了为维持人的新陈代谢过程所需食品与饮料的消耗，以及对它们在户内进行加工、处理所产生的水和能耗，下文中简称人体效率；第三部分私人或公共交通工具的使用，主要是指人的交通出行，或对物质进行搬运和转移过程中产生的能量消耗，下文中简称交通效率；第四部分住区福利指数，用以反映居住环境对人的生活效率及住区效率的影响，下文中简称福利效率。

住宅建筑是城市人居环境的核心主体，是人类最初为了抵御自然气候、防寒避暑、遮风挡雨、改善生活条件而建造的构筑物，随着社会的进步，住宅的作用已在保障人的基本生存基础之上附加了越来越多人们对更加舒适和健康微环境的追求。早在 1999 年，Newman[18]对悉尼的城市代谢研究中就已经提出应把人类居住适宜度纳入可持续城市的考虑范围，虽然这一观点得到了广泛的认同，但由于种种原因，在之后的研究中却很少得到实际的应用。本书通过将福利效率作为住区代谢效率的修订指标尝试将周边环境因素对住区代谢过程，以及对人的生活福利的影响加入整个住区代谢效率的评价体系当中。

第二节　数　据　来　源

本书所需的住区房屋运行物质能量消耗、人体代谢消耗、交通出行及住区福利数据均通过调查问卷进行收集，数据的收集过程分为问卷设计、调查实施、数据统计与检验三个步骤。其中，问卷设计又包括"初步设计—预调查—修改"三个过程。通过结合文献调研与专家意见，以研究目的为核心，设计了"厦门市住区形态变迁与城市代谢效率调查问卷"，内容涵盖家庭基本信息、住房状况、家庭用能、家庭用水、家庭食品消费、交通出行、居住满意度及垃圾产生情况几个方面的问题。经过在中国科学院城市环境研究所内的小范围调查测试，依据反馈结果对调查问卷选项进行修改和完善后，最终确定的调查问卷各项具体内容如表 6.1所示。

表 6.1　调查问卷主要项目

调查项目	调查内容
家庭信息	居住类型、婚姻状况、家庭成员数、年龄、教育程度、家庭月收入
住房情况	住房数量、住房面积、住房建筑层高、住房建筑年代
家庭消费	水费、电费、燃气费、食品支出
出行目的	工作（学习）、购物、休闲
出行方式	步行、自行车、电动车、私家车、出租车、BRT（快速公交系统）、公交车、定点班车
出行信息	目的地、频率、耗时
居住满意度	居住环境、配套设施、社会地位
垃圾产量	固体垃圾产量

由于需要反映不同类型的城市住区形态在时间尺度上的变迁过程，在选取住区调查点时需考虑不同类型住区的比例、住区在厦门市城市扩张过程所处的位置。因此，依据三明治空间抽样模型（sandwich spatial sampling and inference），对厦门岛住区代谢调查点位进行了筛选。

三明治空间抽样模型由中国科学院地理科学与资源研究所资源与环境信息系统国家重点实验室开发，是一种高效能空间抽样调查方法，根据抽样目标的复杂程度和抽样基本对象的大小，设定抽样分辨率，通过抽样分辨率将连续的空间离散化，形成格网单元，即抽样框。对所述的抽样框进行分层，构成不同的次级抽样框，所有次级抽样框构成的总体称为知识层。样本按照随机方法布置在这样的次级抽样框中，计算抽样框中各个层的均值和方差，根据每个报告单元所包含的不同分层对报告单元贡献的权重，计算每个报告单元的均值和方差，从而完成从知识层到报告层的信息传递[19]。

　　此外，调查点选择时基于最大程度上均衡覆盖各个住区类型的原则，并以厦门市不同城镇区域所承载的人口比例来确定各个区域内所选样本数量；结合抽样对象的特征，对选取结果进行校正。最后，通过实地考查在厦门岛内外选取了 44 个住区实施问卷调查，各住区的地理位置如图 6.3 所示，点位编号对应住区如表 6.2 所示。

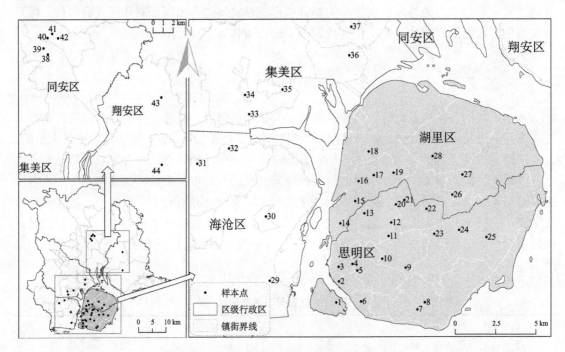

图 6.3　厦门住区问卷调查点位分布

表 6.2　点位编号对应住区名称

编号	住区名称	编号	住区名称	编号	住区名称	编号	住区名称
1	鼓浪屿街道	12	槟榔社区	23	金鸡亭社区	34	日东社
2	中山社区	13	岳阳社区	24	瑞景社区	35	宁宝社
3	小学社区	14	东渡社区	25	前埔南区	36	银亭社区
4	禾祥西社区	15	和通社区	26	金尚社区	37	叶厝社区
5	溪岸社区	16	湖里建行	27	金山社区	38	祥平社区
6	蜂巢山社区	17	湖里建行	28	枋湖社区	39	祥桥社区
7	曾厝垵社区	18	长乐社区	29	未来海岸社区	40	城西社区
8	上李社区	19	塘边社区	30	海达社区	44	新店镇
9	文屏社区	20	莲岳社区	31	新坡村		
10	文灶社区	21	屿后社区	32	霞阳社区		
11	四里社区	22	莲花五村社区	33	马銮社		

　　经过问卷发放、访谈、回收、录入、数据检验与整理等环节，总计发放问卷 1497 份，回收问卷 1482 份，完成了数据收集工作。

第三节　数据处理

问卷调查中具体用于计算住区代谢四个主要部分效率的指标如表 6.3 所示。

表 6.3　住区代谢各部分的效率对应问卷指标

所属单元	指标名称
住房效率	水费、电费、燃气费
人体效率	食品消费、垃圾产量
交通效率	出行方式、耗时、频率
福利效率	教育水平、家庭月收入、居住满意度、周边配套设施满意度、个人社会地位

由于从问卷中获取的各类指标值的单位，以及各部分代谢效率的计算方式不尽相同，因而需要对各类指标值进行处理。

一、物质输入与输出

问卷调查所获得的物质输入数据水、电、燃气及食品消耗均以货币（元）为单位，为将货币转换为实际的物质与能量值，本书参照问卷调查 2009 年 10 月《厦门城市市场价格监测旬报表》[20]中的价格，家庭用水 2.8 元/t，居民用电 0.47 元/（kW·h），液化气约 6.133 元/kg。食品消费则根据《2010 年厦门经济特区年鉴》[21]中居民食品消费结构（消费金额比例），如图 6.4 所示，再赋以旬报表中的价格求得。

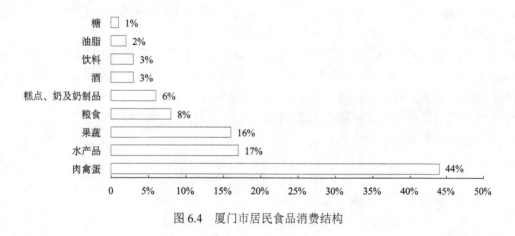

图 6.4　厦门市居民食品消费结构

问卷调查获得的垃圾产量数据以斤/（户·天）为单位，为将其转化为实际物质输出，本书依据《厦门市城市生活垃圾管理与综合治理规划》研究中厦门市生活垃圾结构数据（图 6.5）计算得出。

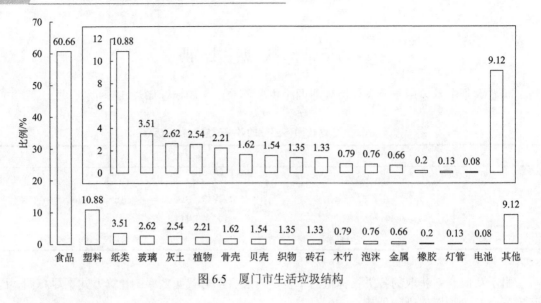

图6.5　厦门市生活垃圾结构

二、住区福利效率

问卷调查中的住区福利指标包括主要家庭成员教育水平、家庭人均月收入、居住满意度、周边配套设施满意度及居民感知的个人社会地位5项。在现代住宅的设计建造中，除了保障人的基本生存之外，更多的体现了人们对舒适和健康生活环境的追求，住区作为一个基本的完整人居系统，理所当然也应尽可能多得为居民创造福利。居住满意度和周边配套设施满意度直观地反映了住区所提供服务功能的完善程度。然而，环境优美、舒适、配套完备住区的社会需求相当大，并且其建设和维护过程往往需要更加多的资源投入，这样的稀缺性和高成本使得高福利住区的准入门槛也随之提高，居民的受教育程度、家庭人均月收入和居民感知的个人社会地位从另一个侧面反映了住区的福利标准。

这5项指标的取值均为1~5，为进行最后的效率统一核算，采用极值标准化法（min-max normalization）对住区福利相关数据进行无量纲标准化处理。极值标准化方法是对原始数据的线性变换，设x_{min}和x_{max}分别为指标X的原始值序列中的最小值和最大值，将指标X的一个原始值x通过极值标准化映射成在区间[new_X_{min}, new_X_{max}]中的值x'。

针对正向指标其计算方法为

$$x' = 0.01 + \frac{x - x_{min}}{x_{max} - x_{min}} \times 0.99 \tag{6.2}$$

针对负向指标其计算方法为

$$x' = 0.01 + \frac{x_{max} - x}{x_{max} - x_{min}} \times 0.99 \tag{6.3}$$

极值标准化方法保留了原始数据之间的相互关系，但是如果标准化后，新输入的数据超过了原始数据的取值范围，即不在原始区间[$minX$, $maxX$]中，则会产生越界错误。因此，这种方法适用于原始数据的取值范围已经确定的情况。

为突显出不同住区之间福利值的差异性，且便于对比分析，[new_X_{min}, new_X_{max}]的区间被定为0.01~1。表征住区福利的各个指标均为正向指标，即指标值越大所代表的福利越高，因此采用正向指标计算方法进行计算。

三、不同交通出行方式能耗换算

问卷调查访谈得到的数据是受访者根据其主观印象给出的估值，内容包括出行目的、出行的主要方式、出行所耗时间、每周出行的频次四个主要部分，其中出行耗时单位为分钟。为最终获得各个住区的交通能耗数据，还需要确定不同出行方式的能耗标准，单位统一为 kJ/min。

步行：在众多类似交通能耗分析中，将非机动化出行方式的能耗大多忽略的做法是不妥当的，因此提出如下换算方法。根据 2001 年 10 月 25 日公布的《2000 年国民体质监测公报》显示，中国男性平均体重为 67.7 kg，女性为 59.6 kg，男女折中为 63.65 kg。国外研究表明，行人的步行速度为 5 km/h 左右[22]。在此引用 McArdle 等的人体体重、步行速度与能量消耗对照表，其原理为监测调查对象在不同运动方式下的氧气消耗量，再根据每升氧气约消耗 5 kcal 能量计算得出。将以上两项数据代入对照表（表 6.4）可得中国行人的步行所需的食物能耗约为 4.1 kcal/min[23]，合 17.2 kJ/min。

表 6.4 人体体重、步行速度与能量消耗对照表

速度 / （km/h）	体重/kg						
	36	45	54	64	73	82	91
3.22	1.9	2.2	2.6	2.9	3.2	3.5	3.8
4.02	2.3	2.7	3.1	3.5	3.8	4.2	4.5
4.83	2.7	3.1	3.6	4.0	4.4	4.8	5.3
5.63	3.1	3.6	4.2	4.6	5.0	5.4	6.1
6.44	3.5	4.1	4.7	5.2	5.8	6.4	7.0

改编自：McArdle et al., 2006。

自行车：数据显示，一般人骑自行车的平均行驶速度为 16 km/h[24]。将人均体重 63.65 kg 与 16 km/h 代入 McArdle 的人体体重、运动方式与能量消耗对照表中可得普通人骑自行车的能耗约为 7 kcal/min[23]，合 29.3 kJ/min。

电瓶车与电摩：中国市场时下约有 1.2 亿辆电动自行车，这些车大多时速为 30~35 km/h，电动车充满电用量略多于 1 kW·h，续航里程为 60~80 km[25]。由于城市交通和道路状况的制约，市区内电动车的实际行驶速度应该在 20 km/h 左右，按 1.2 kW·h 电能行驶 70 km 计算，每小时耗电量为 0.343 kW·h，合 1234.8 kJ，即为 20.58 kJ/min。

各类公共交通方式的年运营里程、年运送人次、平均出行耗时大部分从厦门市交通委员会编制的《2008 年厦门市交通邮电发展年度报告》[26]中获得，而常规公交[27]、出租车[28]及快速公交 BRT 的百公里油耗数据则结合了文献调研及与公交司机的访谈结果（表 6.5）。私家车与出租车能耗被视为一致。年总运营里程百公里数据中，BRT 数据来源于厦门快速公交运营公司，中小巴企业用车数据来源于厦门市交通委员会，出租车数据来源于厦门市集美区政府网站[29]。

表 6.5   各类公共交通出行数据对比

交通 方式	年客运量 /万人次	耗油 类型	单位里程油耗 /（L/100km）	年总运营里程 /100km	平均出行耗时 /min
普通公交	41180.90	柴油	25	1763045.46	25.46
BRT	2375.27	柴油	36	26825.15	25.46
出租车	22813.00	汽油	10.5	62055780.00	25.46
定点班车	15243.83	柴油	23	536954.54	25.46

将表 6.5 中相应数据代入下列公式进一步求得各类公共交通出行方式能耗：

$$\mathrm{ECR}_t = \frac{\mathrm{TOD}_t \times \mathrm{FCR}_t \times \mathrm{ATT}_t}{\mathrm{TAT}_t} \tag{6.4}$$

式中，t 为交通出行类型；ECR（energy consumption rate）为能耗速率（L/100km）；TOD（total operation distance）为研究区域内指定交通方式的总运营里程（100km/a）；FCR（fuel consumption rate）为研究区域内指定交通方式的平均油耗（L/100km）；TAT（total amount of travel）为研究区域内指定交通方式的总运载人数（p-t/a）；ATT（average travel time）则为研究区域内人均出行时间（min/p-t）。

此外，为将所得数据进一步换算为焦耳单位能耗，引用美国橡树岭国家实验室（Oak Ridge National Laboratory，ORNL）的测算标准，每加仑（1 加仑≈3.79L）汽油中蕴含可用能量 11.5 万 BTU，合 32 MJ/L，每加仑柴油中蕴含可用能量 13.05 万 BTU，合 36.4 MJ/L[30]。燃料在生产过程中所需能耗不加以考虑。

所得各类公共交通出行方式能耗如表 6.6 所示。

表 6.6   不同出行方式能耗表

出行方式	步行	自行车	电动车	普通公交	BRT	出租车	私家车	定点班车
能耗/（L/min）				0.0042	0.0016	0.1122	0.1122	0.0032
能耗/（kJ/min）	17.2	29.3	20.58	152.88	58.24	3590.4	3590.4	116.48

第四节   不同住区类型代谢效率比较

一、   住区代谢效率的计算

依据质量守恒定律，某过程中物质输入总量等于物质输出总量与库存总量之和，如下列公式所示：

$$\sum_p m_{\mathrm{input}}^v = \sum_q m_{\mathrm{storage}}^v + m_{\mathrm{output}}^v \tag{6.5}$$

式中，m 为总物质；p 和 q 分别为输入和输出物质的汇总过程，而时间变量由上方的 v 来表示。

效率是指在特定时间内，某一过程各种投入与产出之间的比率关系。效率与投入成反比，与产出成正比。而在住区代谢中，投入为居民的实际物质与能量的消费，既为式（6.5）中storage，产出则是维持每户居民的正常生活，人/户。设每人生活所需能耗的最小值为 S，以其为标准可推导出给定时间段内的住区代谢效率，计算公式如下：

$$E_i = \frac{S \times P_i}{I_i - O_i} \tag{6.6}$$

式中，i 为住区；E 为住区代谢效率；P 为住区居民人数；I 为物质总输入量；O 为物质总输出量。

将本书中的住区代谢效率评价体系代入式（6.6）中得到如下公式：

$$E_i = P_i \times \left(\frac{S_f \times \mathrm{Inx}_f}{I_{if} - O_{if}} + \frac{S_m \times \mathrm{Inx}_m}{I_{im} - O_{im}} + \frac{S_t \times \mathrm{Inx}_t}{I_{it} - O_{it}} \right) + \mathrm{Sat}_i \times \mathrm{Inx}_s \tag{6.7}$$

式中，i 为住区；E 为住区代谢效率；P 为住区居民人数；S 为完成某一过程所需的最小物质量；I 为物质总输入量；O 为物质总输出量；f 为住房运转与维护过程；m 为人体代谢过程；t 为交通运输过程；Inx 为权重值；Sat 为住区福利效率。

为统一计算住区代谢过程中的物质能量输入与输出，能值核算法被用来核算住房运转与维护过程、人体代谢过程和交通运输过程的代谢效率，而居住满意度采用极值标准化值。住房运转与维护过程、人体代谢过程和交通运输过程的代谢效率权重由厦门市统计年鉴（2009）居民消费数据及相关各类物质所占比重求得。

住区福利效率权重实为一个非常具有争议的问题，争议的核心内容可以追溯到自然资源与人类福祉哪一个更为重要，或消耗多少资源换取多少人类福利才算合理，而这两个问题至今没有定论。本书认为，住宅最为基本的功能是为人类提供安全、稳定的生存空间，在具备了这一基本功能的前提下，才可能提供更多的福利。住宅是构成住区的基本单位，问卷调查受访者的生存、安定需求显然已经被满足，由此可以认为居民的福利总需求已经被满足了约一半，而他们在问卷中所表达的对福利的需求仅为他们实际总需求的另一半，假设原本住区的物质能量效率和福利效率所占比例均等，则现有数据所表达的比重为 1/4。因此福利效率的权重在此被定为 25%。最终确定的权重如表 6.7 所示。

表 6.7　各住区代谢过程效率权重

指标	住房效率	人体效率	交通效率	福利效率
权重	8.50%	59.09%	7.40%	25.00%

二、不同类型住区的代谢效率分析

分析不同形态住区之间代谢效率的差异首先需要对所调查的住区进行形态分类。基于前文中总结的五种主要住区形态的结构特征，结合上文中住房制度改革导致的不同住区形态扩张形式演替历程，参考不同时期厦门岛建成区扩张的空间特征，辅以实地考察、Google Earth影像分析等手段，完成了分类工作（表 6.8）。

表 6.8   主要住区形态特征与变迁时间

形态名称	建筑特征	上升期	衰退期
旧式住区	自建房、骑楼等 2~3 层历史建筑	经济欠发展时期	随着经济发展而逐渐减少
传统单位住区	单位小院式福利房，以 4~7 层为主	国有企业大发展时期	1994 年后逐渐减少，至 1998 年完全停止
普通商品房住区	早期商品住房，7~12 层为主	1994 年开始逐渐兴起，1998 年后成为主要扩张形态	2003 年以后逐渐被新式商品房压缩
新式商品房住区	市区内以 12 层以上公寓小区为主，外围主要以别墅形式存在	2003 年以后随着经济的发展日益兴盛	不详
半城市化住区	多为 3~7 层自建或改建房，建筑质量较差，无活动空间、绿化设施	快速城市化导致的过渡型住区	随着城市化日渐成熟而消亡

具体的分类结果见表 6.9。

表 6.9   调查住区按住区形态分类表

住区类型	住区列表（分号后为岛外社区）
旧式住区	鼓浪屿街道、中山社区、长乐社区；新垵村、日东社区、祥桥社区、马巷镇
传统单位住区	文屏社区、岳阳社区、和通社区、湖里建行、湖里社区、莲岳社区、屿后社区、莲花五村社区；碧岳社区
普通商品房住区	小学社区、禾祥西社区、蜂巢山社区、文灶社区、四里社区、东渡社区、金鸡亭社区、金尚社区、枋湖社区；海达社区、银亭社区、祥平社区、城西社区、后炉社区
新式商品房住区	溪岸社区、槟榔社区、瑞景社区、前埔南区、金山社区；未来海岸社区、宁宝社区
半城市化住区	曾厝垵社区、上李社区、塘边社区；霞阳社区、马銮社区、叶厝社区、新店镇

按以上分类计算获得的不同住区类型的效率如图 6.6 和图 6.7 所示。

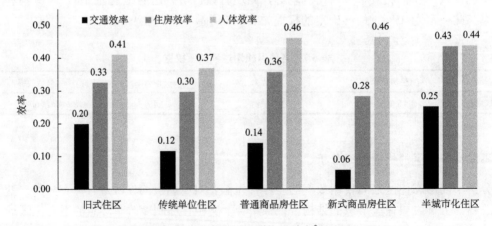

图 6.6   不同住区类型物质效率*对比

*物质效率为交通效率、住房效率与人体效率的加权平均值

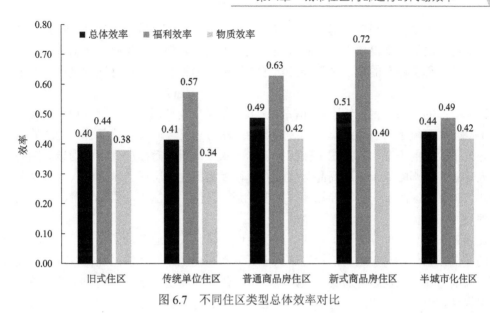

图 6.7　不同住区类型总体效率对比

方差分析（analysis of variance，ANOVA）是研究在某单一的因素影响过程中，因变量在各个因素水平下的平均值之间的差异检验。总的变异方差分解为两个部分：一部分是控制因素引起的组间离差；另一部分是随机因素引起的组内离差。由表 6.10 可见，旧式住区、传统单位住区、普通商品房住区、新式商品房住区和半城市化住区，这五种类型的住区在总体效率上差异显著。在住区的演替和更迭过程中，其效率也会随之发生较大变化。

表 6.10　不同住区类型效率方差分析

项目		平方和	自由度	均方	F 值	显著性
总体效率	组间	0.068	4	0.017	4.847	0.003
	组内	0.137	39	0.004		
	总数	0.205	43			
交通效率	组间	0.161	4	0.040	0.773	0.549
	组内	2.031	39	0.052		
	总数	2.192	43			
住房效率	组间	0.105	4	0.026	1.030	0.404
	组内	0.991	39	0.025		
	总数	1.095	43			
人体效率	组间	0.056	4	0.014	0.721	0.583
	组内	0.762	39	0.020		
	总数	0.819	43			
福利效率	组间	0.353	4	0.088	2.746	0.042
	组内	1.252	39	0.032		
	总数	1.604	43			

由图 6.7 可知，福利效率基本上随着住区形态产生的年份越新而越高，只有半城市化住区由于其特殊的城乡交错属性，福利处在了较低的位置，但是仍然略高于另两种旧式住区。这说明现代化程度越高的住区类型能够给予居民越多的福利，能更好地满足居民对生活质量的追求。

人体效率的分布显得比较不规律，传统单位住区与较早期的旧式住区相比出现了较大幅度的下降，这可能是由于传统单位住区居民的生活方式已经向现代化靠拢，物质的消费量加大，导致了效率的下滑。其他三个住区处于同一水平，新式商品房住区作为最后期的住区形态在人体效率上却略低于普通商品房住区。两种商品房住区居民的家庭收入普遍高于其他住区形式，该类住区的居民生活计划性与条理性强，且往往更注重非物质消费，个人的物质消费效率反而有所提升。

交通效率的分布十分明朗，新式商品房住区大量私人交通工具的使用，并且与城市中心区域的往来频繁使得其交通的消耗远远大于其他类型住区。旧式住区处在城市化比较成熟的区域，周围商业设施发达，通勤便捷，城市功能建筑物高密度分布，使得交通的跨度小，因而效率很高。半城市化住区拥有最高的交通效率，这可能主要因为该类住区与城市中心区域交流不紧密，且城乡交错的居民结构使居民的总体生活方式相对简单。半城市化住区居民的通勤距离较小，职住分离并不显著。

住房效率的分布形态与交通效率十分相似，新式商品房住区依旧处于最低位置，而半城市化住区的效率水平最高。但是与交通效率相比之下，普通商品房住区的住房效率要略优于旧式住区。表明新式商品房住区为提供更舒适的生活环境，更多地使用各类电器设备，使得物质和能量的消耗与普通商品房相比大幅增长，从而导致住房效率低下。

从总体效率上看，普通和新式商品房住区要明显高于传统单位住区和旧式住区，半城市化住区位于中间位置。新生住区（新式和普通商品房住区）在总体效率上还是要比老式住区（指旧式和单位住区）更胜一筹。

上述五个住区间效率的差异性，基本反映出城市住区的演变过程，传统住区的式微和新式住区的兴起，使得住区效率出现分化，并体现出不同住区类型的特点。随着城市化进程的推进和城市改造运动的兴起，旧式住区、传统单位住区将逐渐退出历史舞台，更多的新式住区将占据城市住区的主流。半城市化地区的渐变性和演替性决定了该类住区也会在城市化进程中不断变动。由此可见，在未来一段时间内，城市住区效率还将持续浮动，并在总体趋势上朝着新式住区效率的方向发展。

三、调查住区的代谢效率特征分析

影响住区代谢效率的因素包括社会、制度、文化和生活习惯等众多方面。本书基于截面数据展开，因此侧重从微观的家庭及个体社会经济特征，以及受访者对自我社会认同和对生活环境的认同感展开，具体指标包括：家庭规模、家庭收入、受教育程度、社会地位。住区效率和各子效率相关因素如表 6.11 所示。

受教育程度、收入水平和社会地位三个因子作为各类住区特质的重要表征，与各住区效率指标都存在显著相关性。随着受教育程度增加，收入增加，家庭消耗的能源和资源相应增加，对社会自我认同存在正向的反馈作用。

表 6.11　住区效率相关性分析

效率指标	统计指标	家庭规模	受教育程度	收入	社会地位
住房效率	皮尔逊相关系数	0.303*	−0.456**	−0.401**	−0.578**
	显著性	0.023	0.001	0.004	0.000
人体效率	皮尔逊相关系数	0.454**	−0.445**	−0.441**	−0.502**
	显著性	0.001	0.001	0.001	0.000
福利效率	皮尔逊相关系数	−0.215	0.895**	0.838**	0.792**
	显著性	0.080	0.000	0.000	0.000
交通效率	皮尔逊相关系数	0.320*	−0.336*	−0.277*	−0.409**
	显著性	0.017	0.013	0.034	0.003

*表示 0.05 水平下显著相关, **表示 0.01 水平下显著相关。

四、不同行政区住区效率特征

对厦门市各行政区的住区效率进行分析（图 6.8），住区效率自高向低依次是同安区（0.50），海沧区（0.47），思明区（0.45），集美区和湖里区（0.44），翔安区（0.42）。方差分析表明（表 6.12），在行政区尺度上，总体代谢效率、交通效率、人体效率和福利效率差异不显著（显著性>0.05），但是以水资源和能源消耗为主的住房效率差异显著（显著性=0.034<0.05）。由此可见，能源和资源消耗是厦门市各行政区住区差异的主要特征，也间接反映厦门市各行政区居民生活水平的差异。

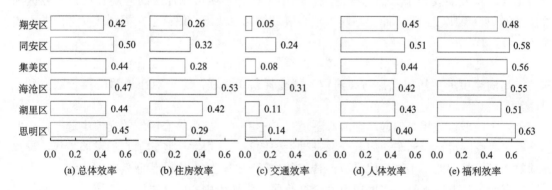

图 6.8　各行政区住区效率分布图

表 6.12　各行政区住区效率方差分析

项目		平方和	自由度	F 值	显著性
总体效率	组间	0.017	5		
	组内	0.187	38	0.698	0.628
	总数	0.205	43		

续表

项目		平方和	自由度	F 值	显著性
交通效率	组间	0.197	5		
	组内	1.995	38	0.750	0.591
	总数	2.192	43		
住房效率	组间	0.289	5		
	组内	0.807	38	2.723	0.034
	总数	1.095	43		
人体效率	组间	0.044	5		
	组内	0.774	38	0.434	0.822
	总数	0.819	43		
福利效率	组间	0.124	5		
	组内	1.480	38	0.639	0.671
	总数	1.604	43		

从图 6.8 可见,海沧区的交通效率与住房效率都明显优于其他区域,这与海沧区作为厦门市最主要的台商投资区有关。2009 年该区的工业总产值为 604.28 亿元,仅次于湖里区。2000 年以后新建成区域整体设计规划良好,设施相对齐全。沟通岛内外物流交通的海沧大桥于 1999 年 12 月 30 日通车,其竣工时间比集美大桥和杏林大桥早了 10 年,也使得该区域的正式起步发展要先于其他岛外区域。但由于部分半城市化片区的客观存在,工业区和居住区混杂现象比较普遍,商业与娱乐核心区域的相对缺乏,使得它在福利效率方面并不占优势。

思明区是厦门发展最为完善的区域,拥有最高的福利效率自然也在情理之中,但往往高福利、高满意度的生活方式都与高消费、高能耗密切关联,这一点在思明区再一次得到了印证。

翔安区地理位置相对偏远,在海底隧道贯通之前,与岛内核心区域的交流十分不便。即使是现在海底隧道已经通车,但其交通基础设施的滞后,极大地制约了它的发展步伐,导致各项效率指标都偏低。不过相比之下,传统的生活方式使它的人体代谢效率并不逊色。

根据城市化发展水平,将厦门市六个行政区分为城市中心区(思明区和湖里区,又称厦门岛和鼓浪屿,其他行政区统称岛外)、人口密度≥51 人/ hm^2、近郊区(集美区和海沧区,半城市化地区)、人口密度≥8 人/ hm^2 且<51 人/ hm^2、远郊区(同安区和翔安区,新开发地区)、人口密度<8 人/ $hm^{2[31]}$。各区域住区效率排序如下(图 6.9):①总体效率,远郊区>近郊区>中心区;②交通效率,近郊区>远郊区>中心区;③住房效率,近郊区>中心区>远郊区;④人体效率,远郊区>近郊区>中心区;⑤福利效率,中心区>近郊区>远郊区。

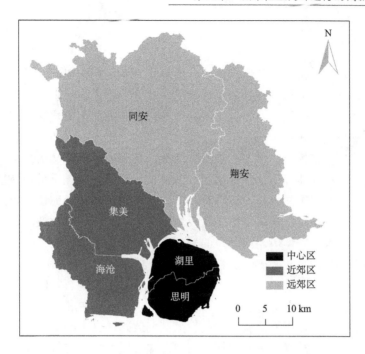

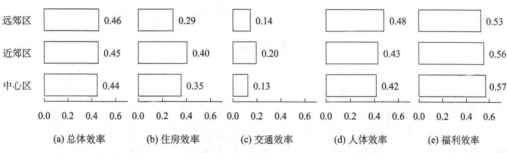

图 6.9　远郊、近郊与中心区效率对比

城市中心区是厦门市社会经济的重心，思明区和湖里区所在的厦门岛和鼓浪屿，人口占厦门全市的 49.2%，地区生产总值占全市的 57.9%，区内有鼓浪屿、万石山风景名胜区，四面环海，居住环境优越。居民的居住满意度普遍较高，并显著高于近郊区和远郊区。但是，在交通和人体效率两个方面，落后于近郊区和远郊区，与居住满意程度形成鲜明对比，由此造成住区总体效率由高到低依次为远郊区、近郊区和中心区。

城市化进程的深入，往往以消耗更多的资源和能源为代价，导致维持工作、生活的交通、房屋运营成本、食物消费提高，使住区效率低于城市化进程比较缓慢的近郊区和远郊区。

厦门城市二元分化，岛内外社会经济发展差异显著，城市化进程不均，其差距在短时间内难以弥合。厦门岛是住房建设的核心区域，居住空间、住宅数量、住宅品质、城市景观和居住舒适度都优于岛外地区。2009 年厦门市的住房建设计划提出了"交通建设与城市开发相结合的住房发展策略和改变均衡分散的城市建设模式，培育岛外居住集中区的空间行动策略"。随着厦门市实现海湾型城市战略的推进，岛内外一体化建设的开展和岛外四大新城规划（集美新城、海沧湾、翔安新城和同安滨海新城）的加速，将会使岛外各区的城市化进程加快，由此引起的住区代谢效率的变迁，应纳入未来城市规划和布局的科学决策中。

五、住区效率分析小结

基于能值分析对厦门市城市住区代谢效率进行了研究，得出以下主要结论。

根据不同住区类型来分析，普通和新式商品房住区在总体效率上要明显高于半城市化住区、传统单位住区和旧式住区，新生住区在总体效率上还是要比旧式住区高上一筹，就此而论，新式住区形态替代旧式住区形态是城市发展的趋势。然而，交通和住房效率的低下大大阻碍了新式商品房住区整体代谢效率的提升。因此，必须在新式商品房住区的整体规划设计之初就要把交通节能和低能耗生活摆在最重要的位置，否则必将加重城市物质代谢的负担。

根据代谢效率影响因子的分析，受教育程度、收入水平和社会地位 3 个因子与住区效率都存在显著相关性，存在对福利效率的正向反馈，对住房效率、人体效率、交通效率的负向反馈作用。表明高收入、高学历、高地位的群体是制约住房效率、人体效率、交通效率提高的主要阻力，提高这些方面的效率应该重点面向这一群体开展工作。在厦门的各行政区之间，住区的总体代谢效率、交通效率、人体效率和福利效率差异不显著，但是以水资源和能源消耗为主的住房效率存在显著差异。城市化进程的提高，导致资源和能源消费提高，使城市中心区的住区效率低于城市化进程比较缓慢的近郊区和远郊区。中心城区的物质代谢效率本身已经处于最低的位置，若没有完善的整顿方案，在中心城区盲目进行大面积的住区改造必然造成该区域物质代谢效率的进一步下滑。因此，对此类改造项目的规划审核必须谨慎。

参 考 文 献

[1] 马其芳, 黄贤金, 于术桐, 等. 物质代谢研究进展综述. 自然资源学报, 2007, (01): 141-152.

[2] 周国梅, 冯东方, 任勇. 循环经济的核心调控手段: 物质流分析与物质流管理. 中国环境科学学会 2004 年学术年会, 沈阳, 2004.

[3] 夏传勇. 经济系统物质流分析研究述评. 自然资源学报, 2005, 20(3): 415-421.

[4] 陈效述, 乔立佳. 中国经济-环境系统的物质流分析. 自然资源学报, 2000, 15(1): 17-23.

[5] 张玲, 袁增伟, 毕军. 物质流分析方法及其研究进展. 生态学报, 2009, (11): 6189-6198.

[6] 钦佩, 颜京松, 安树青. 生态工程学. 南京: 南京大学出版社, 1998.

[7] 陆宏芳, 沈善瑞, 陈洁, 等. 生态经济系统的一种整合评价方法: 能值理论与分析方法. 生态环境, 2005, (01): 121-126.

[8] Meillaud F, Gay J, Brown M T. Evaluation of a building using the emergy method. Solar Energy, 2005, 79(2): 204-212.

[9] Moavenzadeh F, Hanaki K. Future Cities: dynamics and Sustainability. Berlin: Springer Science and Business Media, 2002.

[10] 李栋. 城市人居环境能量代谢的生态学研究. 北京: 中国科学院研究生院博士学位论文, 2008.

[11] 谭少华, 段炼, 赵万民, 等. 基于能值分析的人居环境建设系统价值评价. 城市规划学刊, 2009, (03): 53-57.

[12] 刘晶茹, 王如松, 王震, 等. 中国城市家庭代谢及其影响因素分析. 生态学报, 2003, (12): 2672-2676.

[13] 宋宏. 住宅小区人居环境的评价研究. 西安: 西安建筑科技大学博士学位论文, 2006.

[14] Pillet G M T. Energy and emergy in environmental economics. Switzerland Geneva: Roland Leimgruber, 1987.

[15] Hau J L, Bakshi B R. Promise and problems of emergy analysis. Ecological Modelling, 2004, 178(1): 215-225.

[16] 高莉洁. 基于能值分析的可持续住区形态及代谢效率研究. 北京: 中国科学院研究生院硕士学位论文, 2010.

[17] Codoban N, Kennedy C A. Metabolism of neighborhoods. Journal of Urban Planning and Development, 2008, 134(1): 21-31.

[18] Newman P W. Sustainability and cities: extending the metabolism model. Landscape Urban Plan, 1999, 44(4): 219-226.

[19] 高丽玲, 李新虎, 王翠平, 等. 空间抽样的理论方法与应用分析——以厦门岛问卷调查为例. 地球信息科学学报, 2010, (03): 358-364.

[20] 厦门市物价局. 厦门城市市场价格监测旬报表. 厦门, 2009.

[21] 厦门市统计局. 厦门经济特区年鉴. 北京: 中国统计出版社, 2010.

[22] TranSafety Inc. Study compares older and younger pedestrian walking speeds. Road Engineering Journal, 1997-10-1.

[23] McArdle W D, Katch F I, Katch V L. Essentials of exercise physiology. Lippincott Williams and Wilkins, 2006.

[24] Roadbike. co. uk. Cycling speed. http: //www. road-bike. co. uk/articles/average-speed. php[2010-2-16].

[25] 付强. 电摩新国标之惑: 电动车车主怀疑能否执行. 南方日报, 2009-12-15, 4 版.

[26] 厦门市交通委员会. 厦门交通邮电发展报告. 厦门, 2008.

[27] 爱意汽车网. 金龙中巴油耗. http: //oil. ieche. com/oil/seriesoil. asp?sid=636 [2010-03-11].

[28] 厦门节能公共服务网. 厦门一位出租车司机的油耗账. http: //xmecc. xmsme. gov. cn/2005-8/2005817114904. htm[2010-3-11].

[29] 厦门市集美区政务信息中心. 快速公交: 拉近岛内岛外的心理距离. http: //www. jimei. gov. cn/myoffice/documentComm. do?docId=D21843[2010-3-11].

[30] Bioenergy. Energy conversion factors. http://bioenergy. ornl. gov/papers/misc/energy_conv. html [2010-05-12].

[31] Ren Y, Wei X, Pan J, et al. Relationship between vegetation carbon storage and urbanization: a case study of Xiamen, China. Forest Ecology and Management, 2011, 261(7): 1214-1223.

第七章　典型城市住区的代谢效率

第一节　研究概述

一、主要研究内容

本章主要内容包括：①选取具有典型住房制度改革时间节点意义的住区，剔除文化、收入、生活方式等非物质形态不均衡的影响，剖析导致住区形态及代谢变化的主要因素及其影响程度；②构建住区形态与代谢关系理论模型，设计基于能值的住区代谢可持续评价指标体系，对住区的物质及社会属性进行定量研究，分析中小尺度住区系统物质流、能量流、信息流等输入输出过程各内在组分及其对代谢规模、效率等的影响，把握住区外部形态与内部代谢整体特征，进而探索构成未来可持续城市的住区特征。

二、研究范围与尺度

住区形态的变迁包括外在物理形态和内部居民社会经济形态在时间上和空间上的变迁。时间尺度上，体现在住区内部不同的建筑年代、家电更新与废弃等物质流及相关能量流的变化；空间尺度上，涉及住区在城市大系统中所处的区位、通勤距离及周边基础设施和社会功能的变迁；非物理性的变迁则受到居民衣食住行的基本需求和工作、交往、娱乐等多种行为因素的影响。

参考住区形态变迁影响的要素及住区尺度代谢的边界，结合人居环境建设系统包含的各个物质与非物质要素[1]，研究边界与空间尺度涉及的三个层次：第一层次以提供居住服务功能的住宅楼或居住区为其核心边界，内部包括了居住区内家庭行为、物业服务投入及家电、单体建筑、基础设施及内部道路和绿地等物理要素；第二层次扩展到社会功能，与居民紧密相关的住区外公交站点、医院、学校等社会基础设施及服务，以第一层次家庭行为为主线扩展；第三层次包括主要生产及社会功能（工作、娱乐、休闲）所延伸的空间领域。时间尺度上，考虑建筑年代及汽车、电器、建筑单体和交通基础设施物质流的生命周期及折旧。

总体思路是将住区作为一个系统，由物质流、能量流、货币流及信息流所组成，投入能量、物质、信息和商品服务等，经住区系统内部再生产及自组织过程，为住区外的系统提供生活物品和社会化服务，典型住区系统代谢框架如图 7.1 所示。

具体来说，结合生命周期方法，对住区系统内的物质流（输入，单体建筑物料、家电物料、食品、交通及交通基础设施物料；输出，建筑和交通基础设施建造与拆除期间产生的废弃物、家电废弃物、家庭垃圾、私家车回收废弃物）、能量流（输入，建筑运行能耗、家电及烹制食品能耗、交通能耗；输出，热量耗散）与投入系统的社会服务及产出分别进行核算，而后统一折算成能值。

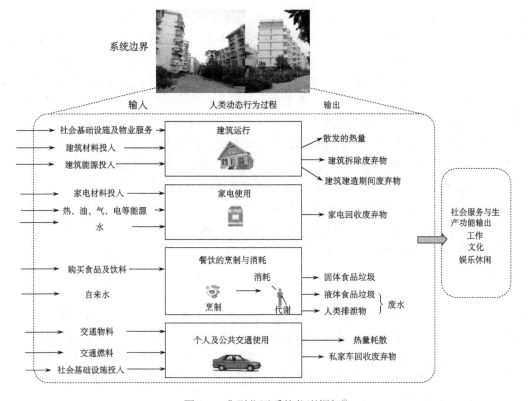

图 7.1　典型住区系统代谢框架①

　　研究技术路线是通过住区代谢模型的构建展开的，采用多种方式，研究一定时间段内系统内部组成、结构与功能的动态，定量核算与周边环境相关联的物质、能量、信息和服务，探讨城市住区代谢机理，对影响城市住区代谢的各个因素进行分析，从而寻求城市住区代谢效率的生态调控方法。

第二节　研究方法与数据

一、研究方法

　　第六章提及与住区代谢相关的多种分析方法[2]。本章主要涉及其中的物质流分析、能量流分析、生命周期评价和能值分析。物质流分析是城市代谢分析的基础方法之一，主要根据质量守恒定律，对经济系统与环境系统间的物质输入输出流量和存量进行核算，研究代谢过程，同时通过"隐流"（hidden flow）概念，反映伴随资源转化进入经济系统却未能被有效利用的物质，表征了经济系统所产生的环境压力或生态包袱（ecological rucksack）。更详细的介绍可参考第六章研究方法部分。能量流分析由奥地利学者 Haberl 在 1997 年提出，由于能量流的分析结果提供了能量的吞吐量，对物质流分析指标是很好的补充[2]。

　　生命周期评价（LCA）最早出现于 20 世纪 60 年代末~70 年代初，当时被称为资源与环

---

　　①食品还包括在外用餐部分，本图在第六章图 6.2 的基础上修改。

境状况分析（resource and environmental profile analysis，REPA），主要用于评估各类产品的环境影响。目前对 LCA 的定义众多，以国际环境毒理学与化学学会（Society of Environmental Toxicology and Chemistry，SETAC）和国际标准化组织（International Organization for Standardization，ISO）的解释最为权威。1990 年国际环境毒理学与化学学会主持召开了有关生命周期评价的研讨会，首次对 LCA 作了定义：通过对能源、原材料消耗及废物排放的鉴定及量化来评估一个产品的过程或活动对环境带来的负担的客观方法。国际标准化组织已经颁布一系列相关国际标准，其对生命周期评价的解释是：汇总和评估一个产品（服务）体系在其整个寿命周期间的所有投入及产出对环境造成的和潜在的影响的方法，主要由以下几个步骤组成：目标定义，范围确定，清单分析，影响评价，改进评价[3]。

　　能值分析以太阳能值作为基本单位，换算出产生一个单位的自然界及其他系统的各种物质、能量所需太阳能的量[4]。更详细的介绍可参考第六章研究方法部分。本章所采用的能值计算公式与第六章的式（6.1）一致，即

$$E_m = \sum_{i=1}^{n} \text{Transformity}_i \times E_i \tag{7.1}$$

式中，E_m 为能值量；Transformity_i 为资源 i 的能值转换率，表示单位能量（J）或质量（g）产品所具有的能值，即单位能量或物质由多少太阳能值转化而来，它是度量能量质量和等级的尺度；E_i 为资源 i 的实际投入量。

　　研究选取了典型住区，通过问卷调查的方式结合文献资料调研及 Google Earth、SPSS、Excel 等软件获取相关数据并进行分析。

二、数据来源

　　城市形态的变迁往往导致城市代谢与效率的深刻变革，西方早期的郊区化、城市复兴与新城建设等一些运动引发了城市变迁，从很大程度上改变了城市代谢与效率。20 世纪 90 年代初，中国城市地理、规划等领域受到西方思潮的影响，学者们同样证实了经典扩张模式理论，但与西方国家以市场经济为主要动力驱动型的城市发展模式不同，其受中国特色的政治力影响之深，是过去经典的城市扩展理论所无法解释的。处于改革开放转型时期的中国，社会经济制度经受巨大的变迁，而城市的发展及其空间结构的演变在很大程度上是各种政策发生变化而诱致的结果。在政策层面，政府的战略会造成城市空间系统的结构巨变从而影响城市代谢效率[5]。

　　中国特色城市变迁的住房制度改革始于邓小平分别在 1978 年和 1980 年发表的讲话，认为解决住房问题的路子应该放宽。这两次讲话，奠定了改革的基调，明确了住房制度改革的总体设想和思路。住房制度改革前，居民对居住区位没有选择权。随着单位逐渐退出住房分配体系，"单位"（unit）概念的逐渐淡化，产生了工业小区和居住小区等功能性"社区"[6]，市场影响的介入使得居住区位的选择更加灵活和多样，居民可以依赖于市场化的运作而做出理性选择。此外，居民的经济状况决定了自身的购买能力，为其居住条件奠定了物质基础，从而摆脱了单位制统建房的区位束缚。不同类型居民对不同区位的偏好[7]，对通勤成本的关注，也造成了居住区位在空间上的分异，以此为背景，探求过去住房制度改革对住区形态所造成的影响，有助于把握未来可持续城市住区的发展和规划方向。

厦门大学由著名华侨陈嘉庚先生于 1921 年在厦港演武场选址创办，与厦门岛早期的城市规划几乎同时发展。建校初期，曾在镇北关和"白城"山上建教员带眷住宅，取名"白城"宿舍，靠东边原"白城"大山头处的称"大白城宿舍"，小山头处的则称"小白城宿舍"。1957~1958 年将"小白城宿舍"改扩建为南洋研究所楼和新物理馆。20 世纪 80 年代又在原大、小"白城宿舍"前盖起教工宿舍，称"白城新村"1~17 号楼，直至 20 世纪 90 年代又将原"大白城宿舍"改扩建为"白城新"18~31 号楼，并在南洋研究所楼旁盖超导、海外函授大楼等。之后，20 世纪 90 年代陆续在白城、海滨一带盖建新宿舍楼群，白城一带成为教工住宅中心区之一[8]。现厦门大学本部住区包括白城、海滨、东区、敬贤、凌峰、勤业、笃行、大南、国光、南光等 10 个片区，分别坐落于厦门大学校内东、西部。住区内绿化及道路占地面积约 10 万 m^2，住宅区总建筑面积约 23 万 m^2 [9]。周边基础设施齐全，包括了医院、幼儿园、小学、公交车站等，住区外即有公交站点，公交站点围绕着厦大本部校区周围，平均距离约 800m，出行便捷，购物休闲可至厦大西村、中山路、鼓浪屿等地。据当地居民介绍，从新中国成立初到住房制度改革以前，厦大白城宿舍以厦大单位建房无偿分配为主。住房制度改革以后，白城宿舍由厦门大学以低价出售给教职工，而未能购买到住房的教职工则选择政府福利分房、租房或购买商品房等。自住房制度改革实施至今，作为高等院校的单位型住区，厦大本部住区仍保留了住房改革前的住区形态，多为低层住宅楼，大部分住区居民往往属同一单位，职业背景相似，邻里间有较深的认同感，除了迁走、租房的住户外，住区内部居民的社会关系依然以较为单纯的同事关系为主。厦门大学教职工住宅区中，本部住区的物业服务保障由厦大后勤集团管理，包括了住区外部环境、基础设施、硬件设施等维护与更新，但其单位管理的服务属性依旧是单位福利及后勤服务的延伸。

1992 年开始，厦门市建立了职工住房公积金及政府福利分房制度，1999 年 7 月 1 日开始实施住房分配货币化，是其住房制度改革的最根本转折点，全市共有近 900 个单位实施了住房货币化分配政策，目的在于通过公积金归集和货币化补贴，培育住房金融，增强个人购房能力，促进住房市场的活跃和繁荣[10]。

前埔店上西里公寓，位于厦门岛东部的前埔南区，1997 年厦门市政府征用前埔村，第二年在原地规划新建"厦门市保障性经济适用住房前埔南区项目"，于 2000 年竣工分配[10]，属于政府政策保障性住房，主要为政府福利分房及原前埔村村民拆迁安置住房，系安居工程项目之一，恰是厦门市住房制度改革之后的产物。该项目用地面积 44 万 m^2，建筑面积达 55.43 万 m^2，总户数为 6453 套，绿化率为 43%[11]。经向当地住户了解，2000 年竣工后，政府以福利分房的形式将其中前埔南区店上西里内 250 套左右的住房出售给厦门大学职工及离退休教师，小区内共 66 幢楼，包括 9 幢 1~14 层小高层住宅楼，57 幢 1~7 层多层住宅楼。前埔居住小区从项目规划到建设均颇为慎重，1997 年厦门市规划管理局为前埔居住小区规划举办设计竞赛，其前埔南区二组团于 2000 年建成，并于当年获得国家建设部"中国建筑工程鲁班奖"。在其 1998 年完成的前埔居住小区修建性详细规划中，规划师已经以环境生态学的视野，创造性地使用了宽阔的小区绿地隔离的方式，把居住建筑与城市干道相隔离，同时将以往常规的中心绿地、居住建筑组团、公共服务中心等各项功能利用系统的景点做出解析并加以重新组合[11]。

自建成以来可见该住区规划的成功：周边基础设施完善，公交站点密度也较高，从幼儿园、小学到中学及前埔商圈等社会功能基础设施一应俱全。该住区对厦大教职工而言，属于典型的职住分离区域。从住区的定义出发，结合同一文化、社会等背景，研究区域之一前埔住区仅选取这 250 户厦大教职工所分布的住宅建筑共 9 幢（包括两幢小高层和七幢多层）作为核心调查对象。典型住区分布如图 7.2 所示。

图 7.2　典型住区分布图

厦大白城宿舍及前埔住区，以厦大教职工家庭为核心的住区构成在文化、生活水平等方面基本一致，有共同的固定工作地点。结合两个住区建筑年代及结构的典型变化、居住区位、土地利用变化及职住分离状况，能够借其形态变迁探索城市代谢变化及其原因，所以针对两个住区的教职工进行调查，从同一水平上（生活、文化教育）对住区职住分离等主要的形态变化对住区代谢的影响进行比较，基于可持续住区代谢效率指标评价体系，回答相对紧缩或分散的住区形态何种代谢更加高效的问题。

1. 调查抽样

两个典型住区的调查问卷抽样样本量是根据两个住区总样本量（厦大本部住区 3175 户，

前埔南区住区 250 户）进行 10%抽取，计划抽取量分别为 318 份、25 份（表 7.1）。对于厦大本部住区的调查，考虑居住楼的分散，选取了敬贤凌峰区、白城海滨区及海滨东区三个主要分布区进行调查问卷的发放，同样根据各块居住区占总量的百分数抽取 10%样本量，鉴于住区内有租房及非厦大教职工和退休职工的情况，调查住户尽量限制在厦大在职教职工家庭，要求家庭中至少有一人在厦大任职，尽量避免退休教职工、出租户等，有助于对住区内家庭包括重要通勤方面的衣食住行进行全面同层面的比较。

表 7.1 厦大本部住区及前埔住区基本状况

基本构成	厦大本部住区	前埔住区
所处地理位置	厦门岛西南部，以厦门大学为核心，坐落在其东、西部，包括白城、海滨等 10 个片区	厦门岛东部，前埔南区店上西里
楼幢数[①]	159 幢	9 幢
建成年代	1980~1990 年	2000 年
道路面积	32206 m²	6338.16 m²
绿化面积[②]	67866 m²	7330 m²
建筑面积[③]	229393 m²	21475 m²
户数	3175 户	约 250 户
楼层	1~7 多层	1~7 多层，1~14 小高层
人均居住面积	85 m²	112 m²
占地面积	26356 m²	5020 m²
住区实体总面积[④]	126428 m²	18688 m²

注：①结合 Google Earth、实地调研及标尺测量手段获取数据。

②前埔住区绿化面积=前埔南区用地总面积/总户数×绿地率×前埔南区店上西里厦大教职工户数。

③前埔住区建筑面积=前埔南区建筑总面积/总户数×前埔南区店上西里厦大教职工户数。

④住区实体总面积=住区内住宅楼总基地面积+住区内部道路面积+住区内部绿地面积。

2. 问卷设计

问卷设计经历了"初步设计—预调查—修改"过程。初步设计过程中，结合文献调研[12]，参考第六章提及的调查问卷，以研究目的、住区研究三个层次范围及代谢核算项目为核心，设计了"厦门市住区代谢调查问卷"，调查问卷的项目包括家庭基本信息、楼层信息、家电信息、以家庭为单位的出行信息（工作、上学、购物、休闲四种出行目的）和食品消费信息等部分，涉及住区、家庭尺度的能耗物耗状况。从中国城镇住宅总能耗分布来看，炊事用能、照明、生活热水、家电、空调占了主要的部分，分别为 33%、22%、19%、16%、10.5%，且在家庭电器中所占物耗比均较大[13]，所以在设计问卷中涉及的家庭调查包括了以上 5 个部分的相关能耗与物耗，详见表 7.2。通过 2009 年 1 月对厦门大学教职工开展预调查，结合专家意见，对问卷内容作了进一步调整和修改，以符合被调查者的回答习惯。

表 7.2　2009 年厦门市住区代谢调查问卷主要调查项目

调查部分		调查内容	
家庭信息		家庭常住人口、年龄构成、被访者月均收入、家庭月收入	
楼层信息		楼层号、住宅面积	
家电信息	炊事	1 电饭煲	额定功率
		2 微波炉	数量、额定功率
	照明	3 电灯	数量、平均额定功率
	其他家电	4 空调	数量、类型、平均额定功率
		5 电热水器/燃气热水器	数量、容量、额定功率
		6 电视机	数量、额定功率、尺寸
		7 电冰箱	数量、冷藏及冷冻总容积
		8 洗衣机	数量、额定功率
		9 台式机	数量
家庭交通出行	目的选择	工作、上学、购物、休闲、其他业务	
	出行方式	私家车、出租车、BRT（快速公交系统）、公交车、公车（中巴）、电动车、步行、自行车	
	出行信息	目的地、出行频率、从家到目的地距离/耗时	
	私家车[①]	车排量、日均驾驶时间及里程、百公里油耗、月均油费	
食品消费	在外用餐	在外用餐支出	
	自家烹饪	月均家庭食品开销；农畜食品消费（谷物类及薯类、蔬菜、肉类、水产品、蛋类、油脂类、水果类、酒饮类、奶及奶制品类、糖果糕点类、烟草类、茶叶类）、购买地点	
	生活垃圾	日均垃圾量	

注：①针对出行方式为私家车的被访者选填。

3. 调查过程

　　两个典型住区的家庭问卷调查实施过程以质量控制为原则，保证数据的真实性和代表性。调查于 2009 年 10~11 月开展，调查方式主要是通过调查员入户进行面对面协助被调查者填写问卷；前埔住区的调查通过调查员入户访谈、实地调研及户外对住区内厦大教职工随机采访填写问卷等多种形式，两个住区都以住区内部每栋楼 1~3 户的方法进行均匀布点，保证了数据来源的真实性和选取调查样本的合理性。

4. 调查结果

　　厦大本部住区共发放 320 份调查问卷，回收有效问卷 298 份，回收率 93.125%；前埔住区共发放问卷 30 份，回收有效问卷 27 份，回收率 90%。

第三节　住区系统代谢流分析

一、住区系统物质输入分析

1. 能量流输入

1）建筑与家庭能耗

我国目前处于城市建设的高峰期，建筑业与建材业，具体包括建筑材料生产用能、建筑材料运输用能、房屋建造、维修和拆毁过程中的用能已占到我国产品能耗的 20%~30%[13]，而建筑是一个容器与载体，囊括了人类的衣食住行，将人类生活方式的轨迹扩大化。在人们使用建筑的过程中，建筑运行能耗，如建筑物照明、采暖、空调与各类建筑内使用电器等，消耗的能源总量更大。有资料显示，多达 1/3 的全球一次性能源都用于建筑物的运行和维护；在建筑全生命周期的能源消耗中，建筑运行过程占了 80%左右[13]；而余下所占 20%左右的能源消耗在建筑材料和建造过程中，这其中又有 4/5 源于前期材料生产和运输阶段，1/5 来自于建造过程[14]，如图 7.3 所示。

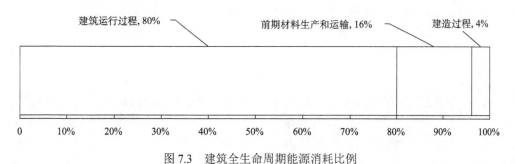

图 7.3　建筑全生命周期能源消耗比例

由于建筑的工业生产过程中能源为一次性消耗，前期投入大，使用年限长达 50~70 年，具有不可移动性，仅在建筑生命周期初始时才可能改变，相对而言对住区代谢的影响不是很大；而建筑运行能耗占建筑全生命周期能耗的 80%，其主要目的是为居住者提供服务，除技术水平、能源使用效率之外，人、家庭行为、管理与控制对运行能耗具有很大影响[13]，应是住区能耗最主要的关注对象。

住区代谢系统中，不考虑包含建筑的工业生产过程中所消耗的能源；同时由于厦大本部住区处于学校内，其建筑外部照明耗电负荷包含在学校总体耗电中，单独数据较难获取，且与其他各类能耗项目相比所占比例较小，所以运行期间外部能耗也未纳入计算中，建筑运行能耗即为主要的家庭内部能耗。

家庭内部能耗从用能类别上分为用电与燃气，包括家电能源消耗和交通出行能耗两部分，其中，家电能源消耗通过问卷调查获得每月用电量和月均燃气用量，主要用电消耗涉及家电及交通方式电动车的能耗；而燃气消耗主要来自于燃气热水器及炊事燃气灶。

2）交通能耗

交通出行是最基本的生活需求之一，人们对于住区环境和所处区位的便利性及可达性要求，常常意味着需要在住宅的一定范围内配备教育、医疗、福利、购物等生活服务设施。住区代谢效率中考虑了住区混合功能的多样化、设施利用圈、通勤距离和时间等三方面内容。在调查问卷设计中，对于家庭交通出行能耗方面的调查内容包括购物、娱乐与通勤三类出行目的及使用各类出行方式从家到目的地距离或所耗时间。需要指出的是，通过问卷调查所获得的平均出行距离，是居民头脑中对空间移动的一种认知距离，而不是实际距离。近年来，关于中国城市认知空间的研究越来越多，它提供了一种新的认识城市空间结构的视角，已成为现代西方城市规划和设计中最常用的方法之一[15]。

（1）私家车。计算公式如下：

$$E_{car}=D_{car}\times EC_{car}\times 365\times P_{car}\times N \tag{7.2}$$

式中，E_{car} 为住区家庭年总油耗量（L/a）；D_{car} 为户均每日行驶里程（km/d）；EC_{car} 为私家车单位里程油耗（L/100km），通过调查问卷获得；P_{car} 为住区私家车拥有率（%），通过调查问卷获得；N 为住区总户数（户）。一年以 365d 计。

（2）电动车。计算公式如下：

$$E_{eb}=D_{eb}\times EC_{eb}\times 365\times P_{eb}\times N \tag{7.3}$$

式中，E_{eb} 为住区家庭电动车年总耗电量（kW·h/a）；EC_{eb} 为电动车单位里程耗电量，默认为 1.5kW·h/km；D_{eb} 为每户电动车每天行驶里程（km），由问卷调查获取；P_{eb} 为电动车拥有率（%），通过问卷调查获取；N 为住区总户数（户）。一年以 365d 计。

（3）公共交通。计算公式如下：

$$E_{tr}=D_{tr}\times EC_{tr}\times 365\times N \tag{7.4}$$
$$D_{tr}=V_{tr}\times T_{tr} \tag{7.5}$$

式中，E_{tr} 为各类公共交通出行方式实际能耗（L/户）；D_{tr} 为调查所得从家到目的地的距离（km）；V_{tr} 为各种出行方式的平均行驶速度（km/h）；T_{tr} 为调查所得从家到目的地的时间（h）；N 为住区总户数（户）。一年以 365d 计。其中，

$$EC_{tr}=D_t\times EC_t\times N_i/L_i \tag{7.6}$$

式中，EC_{tr} 为各类公共交通出行方式的单位里程人均油耗[L/（人·km）]；D_t 为各类公共交通年总运营里程（100km）；EC_t 为各类公共交通出行车型单位里程实际油耗（L/100km）；N_i 为各类公共交通总车辆数（辆）；L_i 为客运量（万人次）。

通过对各类公共交通出行方式的主要用车车型油耗、油耗类型、平均车速等进行调查，获得各类公交出行方式人均百公里油耗，结合调查问卷相关数据，对各类公共交通出行方式实际能耗进行计算。其中，各类公共交通方式的年客运量 L_i、车辆数 N_i 来源于《厦门交通邮电发展 2008 年度报告》；常规公交[16]、出租车[17]的百公里油耗数据与平均时速[18]来源于文献调研及公交司机访谈。厦门快速公交系统 BRT 的运营车型包括了主干线车型 XMQ6121G7、链接线车型 XMQ6891G 和 XMQ6798G 车型，油耗分别为 36 L/100km、29 L/100km 和 23 L/100km，BRT 出行方式的百公里油耗为不同车型平均数[19]，行驶速度为 30 km/h[20]。出租车与中巴的时速视为与私家车速度持平，以调查问卷中私家车时速代替；BRT 年总运营里程数据来源于快速公交运营公司，中小巴企业用车年总运营里程数据来源于厦门市交通委员会，出租车数据为网上查得[20]，见表 7.3。

表 7.3　各类公交出行方式基本参数

交通方式	客运量 /万人次	车辆数 /辆	油耗类型	百公里油耗 /（L/100km）	平均时速 /（km/h）	年运营里程 /100km	人均百公里油耗 /[L/（人·100km）]
常规公交	41180.9	2054	柴油	25	12	1763045.46	0.107
BRT	2375.27	120	柴油	29.33	30	26825.15	0.033
出租车	22813	4233	汽油	10.5	31.18	62055780	2.856
中小巴及 企业用车	15243.83	497	柴油	23	31.18	536954.54	0.081

2. 物质流输入

1）建筑与家庭物质流核算

建筑材料从种类上看，仅建筑工程所需要的材料就有 76 大类，1800 多个品种，全世界建筑施工中每年石材用量、原木用量分别占总用量的 40%、25%[21]。每年房屋建筑的材料消耗量占全国同种材料消耗量的比例颇大，其中，钢材占 25%、木材占 40%、水泥和玻璃均占了 70% 的消耗量。由于建材类型繁多，仅选择普遍使用且所占物耗量较大的建筑材料钢材、水泥、沙子、石子、木材和机砖六类作为主要研究对象[12]。单位面积住宅的物质消耗量因具体建筑设计不同而千差万别，鉴于住区年代相对久远、相关数据与建筑耗材方面的资料有限且难以获取，以文献调研获取平均单位面积建筑材料物耗因子的方式对建筑物耗进行核算。

计算公式如下：

$$M_b = S_b \times M_{bi} \times N_b \times P_b \times Y_b \tag{7.7}$$

式中，M_b 为住区建筑各类建材总消耗量（t/a）；S_b 为由调查问卷所得的平均住宅面积（m²）；M_{bi} 为物耗因子，即单位面积住宅建材消耗量（t/m²）；N_b 为住宅楼数（幢）；P_b 为各种建筑结构类型所占比重（%）；Y_b 为建筑寿命（a）。

李栋、刘天星等选取了北京地区 100 栋住宅楼对建筑年代、结构与建筑材料物耗的关系进行研究，证明了建筑结构是影响单位面积住宅建材消耗量的主要因素，建筑年代与结构、层数也有密切关系，并根据各住宅楼的设计图纸和概算定额计算得出不同建筑结构与六种主要建材的消耗量因子[14]，如表 7.4 所示。

表 7.4　三种结构住宅每 100m² 所消耗的六种主要建筑材料量 M_{bi}　（单位：t）

结构	水泥	钢材	砂子	石子	木材	机砖	总计
砖混	14.81	2.34	57.35	65.78	1.55	36.43	178.25
框架	21.23	4.66	45.29	83.83	1.49	4.28	160.77
剪力墙	28.57	9.71	57.90	120.48	1.30	1.40	219.35

通过对住区建筑的实际调研，结合相关专家咨询、住户访谈、文献调研等途径证实、确定了具体住区不同年代与层数的建筑结构，针对不同建筑结构（砖混结构、框架结构、剪力墙结构）的生命周期进行了年均物耗计算[13]，民用建筑设计准则中限定适用于一般性建筑的

二级耐久年限为 50~100 年。本书将砖混住宅建筑年限定为 50 年，框架及剪力墙建筑年限定为 70 年（表 7.5）。

表 7.5　典型住区建筑年代及构成

建筑特征	厦大本部住区	前埔住区
建筑年代	20 世纪 80~90 年代	2000
建筑层数	1~7，多层	1~7，多层；1~14，小高层
建筑结构及组成比重	均为砖混	框架（多层）：剪力墙（小高层）=7：2

2）公共交通物耗

计算公式如下：

$$M_{tr}=\left(S_{tr}+S_{r}\right)\times R\times m_{tr}/Y_{tr} \tag{7.8}$$

式中，M_{tr} 为住区公共交通物耗（t/a）；S_{tr} 为人均拥有道路面积，为 2008 年厦门市人均道路面积[22]（13.31 m²）；S_{r} 为住区内人均道路面积（m²）；R 为调查问卷所得户均人口数（人）；m_{tr} 为物耗因子，单位面积道路各类组成耗材量（t/m²）；Y_{tr} 为道路寿命（a），按 20 a 计算。

住区公共交通物耗包括公共交通基础设施与公共交通车辆投入两个部分，其中，公共交通车辆投入物耗涉及人均物耗。由于公共交通车辆的年载客量接近或超过亿人次，一辆车的物耗平均至个人则很少，所以住区公共交通物耗以道路物耗为代表。

3）家庭物耗

（1）私家车物耗。住区私家车各类组成总物耗公式如下：

$$M_{car}=1.5\times m_{car}\times P_{car}\times N_{p}/15 \tag{7.9}$$

式中，M_{car} 为住区私家车各类组成总物耗（t）；m_{car} 为各类组成物耗百分数[23, 24]（%），如图 7.4 所示；P_{car} 为私家车拥有率（%）；N_{p} 为住区总户数（户）；私家车使用年限为 15a。

由于私家车属于家庭用品的一种，计入家庭物耗中，设一户家庭最多拥有一辆私家车。经市场上不同排量私家车重量调查了解，将私家车平均重量默认为 1.5t。

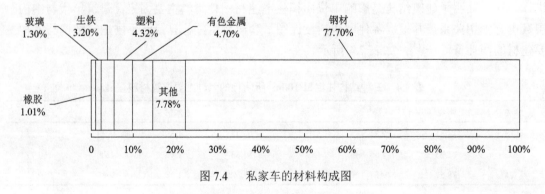

图 7.4　私家车的材料构成图

（2）家电物耗。调查问卷中共统计了空调、热水器、电视机、电冰箱、洗衣机、台式机、电饭煲、微波炉、电灯等九类主要家庭电器，其中，电饭煲、微波炉、电灯的物耗相对较少，未在统计之内。电器的物耗数据因无法通过调查问卷直接获得，通常用调查问卷现有数据及户均拥有率值，通过市场调查法，获取不同品牌家电相似容量或功率的家电净质量，取平均值或回归分析法算得物耗数据；查找文献获取各类金属及非金属组分百分比，从而计算各类家电户均物耗值，住区家电的物耗分别经各类家电的使用年限[25]进行年平均，见表 7.6。

表 7.6　国际通用的家电使用年限标准

电器名称	电视机	电脑	空调	电热水器	洗衣机	电冰箱
使用年限/a	8~10	6	10~15	12	12	13~16

a. 空调物耗。2007 年李兆坚等对房间空调器不同型号规格对应的耗材系数和具体耗材量做了估算[26]，其中不同能效等级的同匹数空调器取耗材平均值，见表 7.7。结合物耗系数及调查问卷，计算公式如下：

$$M_{ac}=Pe_{ac}\times 2324 \times m_{ac}\times P_{ac}\times Y_{ac}\times N_{ac}\times N_p/12.5 \qquad (7.10)$$

式中，M_{ac} 为住区空调各类组成总物耗（kg）；Pe_{ac} 为空调额定功率（匹），其中一匹额定功率为 2324 W，调查问卷获得；m_{ac} 为功率-物耗因子（kW/kg）；P_{ac} 为各类组成物耗百分数（%）；Y_{ac} 为空调拥有率（%），调查问卷获得；N_{ac} 为空调拥有量（台）；N_p 为住区总户数（户）；空调平均使用年限为 12.5a。

表 7.7　房间空调器净质量调查结果

壁挂机	型号规格	平均能效比	功率-物耗因子/（kW/kg）	钢铁含量/%	铜材含量/%	铝材含量/%	塑料含量/%
	小 1 匹，定额	2.73	15.09	58.75	18	8.75	14.5
	小 1 匹，定额	3.53	18.63	58.75	18	8.75	14.5
	大 1 匹，定额	2.74	15.3	58.75	18	8.75	14.5
	大 1 匹，定额	3.48	17.09	58.75	18	8.75	14.5
	1.5 匹，定额	2.72	13.86	58.75	18	8.75	14.5
	1.5 匹，定额	3.48	15.13	58.75	18	8.75	14.5
立柜	2 匹，定额	2.61	14.75	67.2	13.2	9.5	10.1
	2 匹，定额	3.15	17.64	67.2	13.2	9.5	10.1
	2.5 匹，定额	2.82	15.46	67.2	13.2	9.5	10.1
	2.5 匹，定额	3.16	17.07	67.2	13.2	9.5	10.1
	3 匹，定额	2.69	14.12	67.2	13.2	9.5	10.1
	3 匹，定额	3.09	16.27	67.2	13.2	9.5	10.1

b. 电热水器/燃气热水器物耗。通过市场调查法，了解电热水器容量与净重参数（表 7.8），得燃气热水器平均净重 12.9 kg，电热水器容量与平均净质量回归方程 $y_{wh}= 0.2196x +12.28$，$R^2 = 0.8916$（图 7.5），从而结合调查问卷中电热水器容量信息进行估算，计算公式如下：

$$M_{wh}=y_{wh}\times P_{wh}\times Y_{wh}\times N_{wh}\times N_p/12 \qquad (7.11)$$

式中，M_{wh} 为住区热水器总物耗；y_{wh} 为不同容量电热水器平均净质量（kg）；P_{wh} 为各类组成物耗百分数[27]（%），如表 7.9 所示；Y_{wh} 为热水器拥有率（%）；N_{wh} 为热水器户均拥有量（台）；N_p 为住区总户数（户）；热水器使用年限为 12a。

表 7.8　市场上各类电热水器/燃气热水器参数

电热水器		燃气热水器	
容积/L	平均净质量/kg	型号	净质量/kg
100	36.33	JSQ20-FFEA（12T）	12.5
60	22.45	JSQ20-12TCSA（12T）	15.3
50	21.50	JSG23-T（T）	12.2
40	20.27	JSQ20-FFSA（12T）	13.2
30	21	JSQ22-TFSC（12T）	13.5
20	18	JSQ20-Q10M2	10.8
		平均	12.9

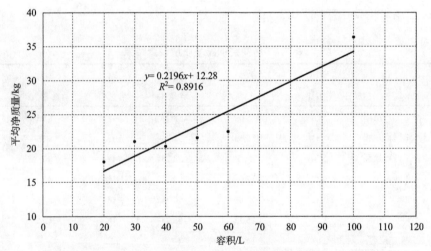

图 7.5　电热水器容量与平均净质量回归图

表 7.9　太阳能热水器需要耗材组分

材料名称	钢材	铝	铜
百分比含量/%	80.32	12.65	7.03

注：因热水器成分百分比数据难以获得，以文献查得的太阳能热水器平均物耗估算。

c. 电视机物耗。计算公式如下：

$$M_{tv} = y_{tv} \times P_{tv} \times Y_{tv} \times N_{tv} \times N_p / 9 \tag{7.12}$$

式中，M_{tv} 为住区电视机总物耗；y_{tv} 为不同尺寸电视机净质量（kg）；P_{tv} 为各类组成物耗百分数（%）；Y_{tv} 为电视机拥有率（%）；N_{tv} 为电视机户均拥有量（台）；N_p 为住区总户数（户）；

电视机平均使用年限为 9a。

通过市场调查法，了解市面上 CRT 及液晶电视的参数情况，得尺寸与净质量回归方程 $y=0.6816x-9.4807$，$R^2=0.9574$（图 7.6），结合调查问卷电视机尺寸信息进行估算，其中，因对于液晶电视机材料资源消耗的研究不多，以 CRT 彩电物耗系数代替[28]，如图 7.7 所示。

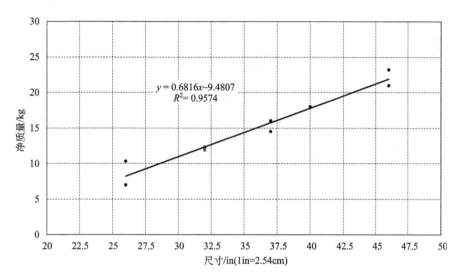

图 7.6 电视机尺寸与净质量回归方程

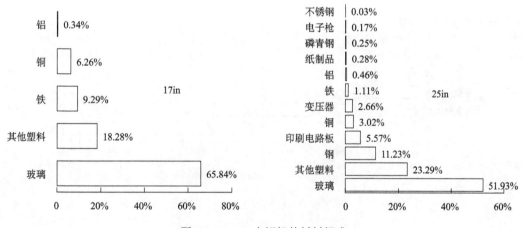

图 7.7 CRT 电视机的材料组成

d. 电冰箱物耗。计算公式如下式：

$$M_{fr}=y_{fr}\times P_{fr}\times Y_{fr}\times N_{fr}\times N_p/14.5 \tag{7.13}$$

式中，M_{fr} 为电冰箱总物耗；y_{fr} 为不同容量电冰箱净质量（kg）；P_{fr} 为各类组成物耗百分数（%）；Y_{fr} 为电冰箱拥有率（%）；N_{fr} 为电冰箱户均拥有量（台）；N_p 为住区总户数（户）；电冰箱平均使用年限为 14.5a。

通过市场调查法，了解市面上电冰箱总容量与净重的参数情况，得总容量与净质量回归方程 $y=0.3156x-1.0538$，$R^2=0.8602$，结合调查问卷电冰箱总容量信息进行估算，物耗参数取自《电子废物处理技术》[28]，见图 7.8 和图 7.9。

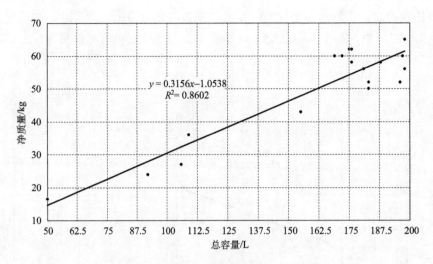

图 7.8　电冰箱总容量与净质量回归方程

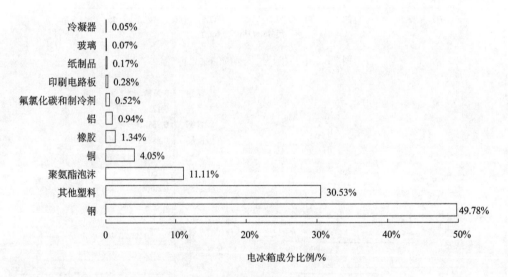

图 7.9　电冰箱各成分比

e. 洗衣机物耗。计算公式如下：

$$M_{wm}=y_{wm}\times P_{wm}\times Y_{wm}\times N_{wm}\times N_p/12 \qquad (7.14)$$

式中，M_{wm} 为洗衣机总物耗；y_{wm} 为不同功率洗衣机净质量（kg）；P_{wm} 为各类组成物耗百分数[28]（%）；Y_{wm} 为洗衣机拥有率（%）；N_{wm} 为洗衣机户均拥有量（台）；N_p 为住区总户数（户）；洗衣机使用年限为12a。

　　通过市场调查法，了解市面上洗衣机洗涤功率与净重的参数情况，回归后得两者的方程 $y=0.1058x-7.7383$，$R^2=0.9007$，如图 7.10 所示。结合调查问卷洗衣机洗涤功率信息进行估算，如表 7.10 所示。

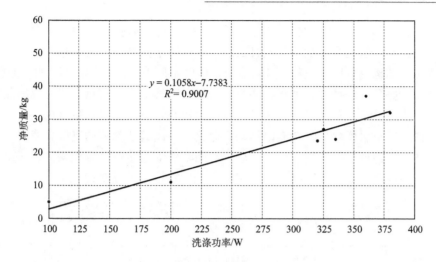

图 7.10 洗衣机洗涤功率与净重回归方程

表 7.10 家用洗衣机中各组分重量含量比

名称	比率/%	名称	比率/%	名称	比率/%
金属类	**54.00**	**塑料类**	**9.00**	**橡胶**	**2.00**
金属	29.55	塑料	2.68	**其他组分**	**35.00**
铁	4.84	苯乙烯	1.66	其他原料	27.90
铸铁	7.90	聚烯烃	0.89	水泥	2.93
钢	6.88	聚氯乙烯	0.51	纸板	3.18
铬铁	2.42	苯酐	0.45	木材混合物	1.27
铝	2.29	其他	0.65	原料	0.13
铜	0.13	塑料混合物	1.78	**总重**	100.00

f. 台式电脑物耗。计算公式如下：

$$M_{pc}=30 \times P_{pc} \times Y_{pc} \times N_{pc} \times N_p/6 \tag{7.15}$$

式中，M_{pc} 为台式电脑总物耗；P_{pc} 为各类组成物耗百分数（%）；Y_{pc} 为台式电脑拥有率（%）；N_{pc} 为台式电脑拥有数量（台）；N_p 为住区总户数（户）；台式电脑使用年限为 6a。

通过市场调查法，了解市面上台式电脑平均重量，取默认平均值 30 kg，结合调查问卷台式电脑数量信息进行估算。30 kg 台式计算机所含的主要物质及百分比数据由文献所得[29]，见图 7.11。

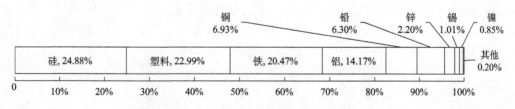

图 7.11 30 kg 台式计算机所含的主要物质及百分比

（3）食品物耗。考虑家庭生活方式的不同，家庭食品物质消耗的调查数据包括了户均每月在外用餐支出、家庭食品购买量及食品加工费。对于在外用餐支出项，通过对厦门市居民食品消费支出结构百分比的了解，可知厦门市居民主要消费的食物包括粮食、油脂、肉禽、蛋类、水产品、蔬菜类、糖类、烟草、酒类、饮料、干鲜瓜果、糕点、奶及奶制品。由于在外用餐支出中极少包括烟草、糕点、奶及奶制品的消费，所以剔除烟草、糕点、奶及奶制品的含量，根据厦门市居民食品消费支出结构百分比，得出其他部分的支出总费用，然后根据食品零售价格进行消耗量的折算。厦门市居民食品消费支出结构百分比来源于《厦门经济特区年鉴》，为 300 户城镇居民家庭消费支出调查统计数据，见图 7.12。

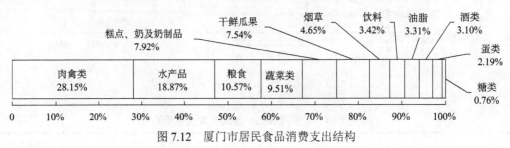

图 7.12　厦门市居民食品消费支出结构

家庭食品购买项的数据主要来源于调查问卷食品项的分析，调查问卷统计结果显示，在两个住区的居民购买食品地选择中，其选择均为超市、菜市场、附近小商店等零售地点，所以选取调查时间近期的食品零售价格进行家庭食品消耗量的折算，食品零售价格主要来自厦门市物价局公布的《厦门市城市居民食品价格旬报表（2009.10.24）》《厦门市成品粮零售价格监测旬报表（2009.10.24）》。

二、废弃物输出

住区系统输出部分包括其物质流的废弃物输出，分别计入公共基础设施道路建造废弃物、住区内部住宅建筑本身的废弃物输出及家庭尺度的生活垃圾输出。

1. 建筑垃圾与道路建造垃圾

建筑垃圾输出包括了新建施工过程及拆迁改造过程中产生的垃圾，据统计，我国建筑垃圾的数量已占到城市垃圾总量的 30%~40%[30]。1999 年陆凯安等研究得出，每新建 1 万 m² 建筑的施工过程中，会产生 500~600 t 建筑垃圾，每拆除 1 m² 建筑，就会产生近 1 t 的建筑垃圾。设每新建 1 万 m² 住宅产生 550 t 建筑垃圾，每拆除 1 m² 住宅产生 1 t 垃圾，通过调查问卷获得的建筑面积，折算住区建筑在前端新建到末端拆除过程整个生命周期中所产生的垃圾量，而后据使用年限（砖混结构 50a；框架、剪力墙结构 70a）进行年平均。因缺乏道路建造垃圾相关研究，视为建筑垃圾计算，同样分为前端新建及末端拆除部分，据使用年限（20a）进行年平均。

2. 家庭生活垃圾

计算公式如下：

$$W_{hr}=y_{hr}\times N_p\times P_{hr} \tag{7.16}$$

式中，W_{hr} 为住区生活垃圾物耗；y_{hr} 为调查问卷得住区户均每天产生垃圾量；N_p 为住区总户数；P_{hr} 为厦门市 2004~2006 年生活垃圾构成（图 7.13）[31]。

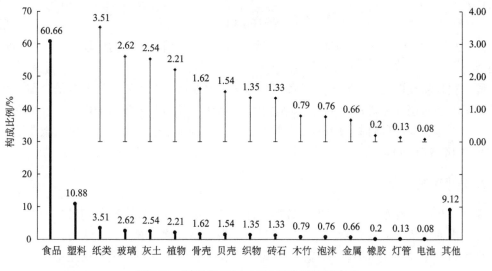

图 7.13　厦门市 2004~2006 年生活垃圾构成

三、住区系统非物质输入分析

住区非物质输入以住区内部居民对于物业服务投入所支付的费用来衡量，厦大本部住区的物业服务投入主要是针对居住区提供综合管理、公共区域清洁卫生、物业公共区域秩序维护、公共区域绿化日常养护，公共部位共用设施零星维护，按照分户建筑面积投入费用需 0.76 元/（㎡·月）；前埔住区（多层和小高层）社会物业投入费用遵循 2008 年 12 月 1 日公布的《厦门市住宅物业服务等级标准及收费指导》中等维护费用（三级）估算，具体的住区社会投入服务包括基础服务、清洁卫生、秩序维护、绿化养护和设备维护，具体项目成本由人员费用、设施设备维护费、绿化养护费、秩序维护费、办公费、企业管理费分摊、利润和税费等构成，按照分户居住面积投入费用需 2.46 元/（㎡·月）（表 7.11）。

表 7.11　厦大及前埔住区物业服务投入状况

项目	厦大住区	前埔住区
建筑面积/㎡	229393	21475
户均投入费用元/[（㎡·月）]	0.76（建筑面积）	2.46（居住面积）
住区总投入费用/（元/a）	2092062	827680

四、住区系统产出分析

住区产出主要为住区内居民通过社会服务、基础设施等各个方面的输入，转化为人力资源，主要考察厦大教职工的社会服务产出情况，货币流产出以调查问卷中所获平均工资核算，信息流的产出包括了课程教学、科研课题申请、辅导学生顺利毕业。

1. 课程教学

计算公式如下：

$$S=100/14 \times D \tag{7.17}$$

式中，S 为教学工作量分值；100 为满工作量标准；14 为满工作量的课程门数；D 为实际开课门数。

厦大教师教授课程及承担科研任务工作量参考某学院教职工聘任考核办法计算。在某学院教职工聘任考核补充规定中，教授、副教授、助理研究员和助理教师平均定额分值为 106.25 分[32]，以 1 学分（课程时数为 16~18 学时）的短课为基本单位，则一学年厦大教职工平均授课时间为 1405.6875 h。

2. 科研课题申请

根据 1998 年发布的《厦门大学教师聘任考核实施办法》，该校分别对文理工科教授、副教授、讲师作了相应科研要求，即申请科研经费三种职称定额分别为 3 万、1.5 万、1 万，且至少参与一个课题。本书以该校基本科研要求作为教师的科研产出，在此将两个住区内的教职工视为有以上三种职称之一的教师。

3. 辅导学生毕业

毕业学生总能量的具体计算公式如下[33]：

$$E_{st}=EC_{st} \times 4186 \times t_{st} \times N_{st} \times T_{st} \tag{7.18}$$

式中，E_{st} 为年毕业学生总能量；EC_{st} 为上课每小时消耗能量，按 120 kal/h 计算；t_{st} 为每天上课时间，大学生平均为 6 h/d；N_{st} 为年毕业学生数（人）；T_{st} 为一学年在校天数，去除寒暑假，平均 273.5 d/a。

2010 年 3 月 31 日，厦大有教师 2435 人，在校生 38000 多人[34]，教师学生比为 1∶15.6，其中，2010 届毕业生约 8334 人[35]，占总在校生 21.93%，对于最初系统内投入的间接参数教师与学生而言，他们被看作是消费者，刚进校的学生与毕业的学生其能量是不同的[33]，根据他们一年内的上课时间、每小时消耗的卡路里等对其能量进行核算，其结果被视作厦大教职工的输出服务之一（表 7.12）。

表 7.12   厦大及前埔住区教职工与学生情况表

指标	厦大住区	前埔住区
住区教职工百分数/%	14.22	19.80
住区教职工人数/人	1519	185
住区教师辅导学生数/（人/a）	23704	2890
辅导学生毕业比/%	21.9315789	21.93
辅导毕业学生数/人	5199	634

资料来源：调查问卷数据获取。

五、数据统计分析

用 Excel 对计算中使用到的调查问卷直接参数进行非正态检验，即偏度系数（skewness）与偏度系数标准差之比<2，则可认为偏度系数约为 0，即为正态分布，涉及的相关直接参数如表 7.13 所示。经检验：厦大本部住区以下调查参数呈正态分布，家庭月收入数、平均月收入、住宅面积、夏季燃气费、夏季水费、夏季用电量、空调数量、热水器容量、电视机尺寸、冰箱容积、在外用餐支出、谷物、蔬菜、肉类、水产品、蛋类、油脂类、水果、奶类消费。

表 7.13 2009 年厦大本部住区及前埔住区调查数据基本统计量

调查参数	厦大本部住区统计信息				前埔住区统计信息			
	有效样本量	中位数	平均值	偏度系数	有效样本量	中位数	平均值	偏度系数
家庭常住人口/人	99.5%	3	3.34	3.731	100%	3	3.74	4.808
家庭月收入数/元	87.4%	6500	6957	0.001	88.9%	6500	7250	−0.003
平均月收入/元	73.7%	3000	3125.66	0.008	77.8%	5000	4442.86	0.003
住宅面积/m²	99.5%	85	83	0.156	100%	112	120	0.118
夏季燃气费/元	79.8%	50	55	0.666	85.2%	70	76.61	0.006
夏季水费/元	88.9%	30	39	1.159	81.5%	50	67.27	0.202
夏季用电量/元	90.9%	214.45	297	0.107	88.9%	150	177.92	0.043
空调数量/台	85.9%	2	2	−1.745	40.7%	3	3.15	−2.772
空调额定制冷量/匹	80.3%	1	1.37	26.175	88.9%	1.5	2.12	5.896
热水器容量/L	83.3%	20	30	1.794	85.2%	30	31.98	0.060
热水器数量/台	93.6%	1	1.12	66.198	77.8%	1	1.32	1.046
电视机数量/台	97.0%	1	2.86	13.007	96.3%	1	1.37	4.388
电视机尺寸/in	97.0%	29	28	−0.596	96.3%	29	29.67	−1.533
冰箱数量/台	92.9%	1	2.01	2.726	100%	1	1	—
冰箱容积/L	82.8%	160	150	0.104	92.6%	250.5	223.82	0.067
洗衣机数量/台	96.0%	1	1.01	153.461	96.3%	1	1.07	63.295
台式机数量/台	79.3%	1	2.18	11.276	81.5%	1	1.08	1.907
私家车日均油耗/(L/km)	27.8%	9	9.36	2.996	40.7%	10	10.09	0.011
在外用餐支出/元	75.8%	200	313.85	0.071	81.5%	500	590.91	0.015
谷物/元	66.2%	60	77.27	0.320	63.0%	50	74.41	0.148
蔬菜/元	68.7%	120	145.82	0.161	63.0%	125	127.25	0.012
肉类/元	67.7%	150	180.45	0.130	63.0%	208.86	209.72	0.014
水产品/元	65.2%	100	148.96	0.150	63.0%	225	277.26	0.025
蛋类/元	67.2%	50	47.41	0.530	63.0%	75	84.39	0.459
油脂类/元	52.0%	30	42.18	0.393	55.6%	75	71.96	0.033
水果/元	71.7%	100	129.79	0.184	66.7%	175	198.12	0.006
奶类消费/元	64.1%	60	91.14	0.326	63.0%	125	212.39	0.007

前埔住区的以下调查参数呈正态分布，家庭月收入数、平均月收入、住宅面积、夏季燃气费、夏季水费、夏季用电量、热水器容量、热水器数量、电视机尺寸、冰箱容积、台式机数量、私家车日均油耗、在外用餐支出、谷物、蔬菜、肉类、水产品、蛋类、油脂类、水果、奶类消费。

从以上统计参数的正态分布检验结果可以看出，其中正态分布的参数涉及三个方面，代表工资收入水平的被调查者平均月收入、家庭月收入；支出项目的水电、燃油、食品消费，以及与某些家电相关的数量（空调数量）和参数水平（热水器容量、电视机尺寸），一般而言，对于家庭收入、消费支出等信息，往往随着家庭贫富差异原因的增多，偏态有日益严重的态势[36]。以上结果显示，在以厦门大学教职工为住区核心居民的两个住区内，因同样的文化、单位背景，居民的生活水平均衡，贫富差距不大；并且从支出项目中，水、电、燃油费用及食品消费各项参数均呈正态分布来看，两个住区内的生活方式也呈均衡态势。由于主要居民皆为厦门大学教职工，所以认为这两个住区的非物质形态上是基本一致的，这也正达到了研究选取典型住区的目标之一，即尽量剔除文化、经济、生活习惯等非物质差异导致的住区代谢及形态的影响，从而缩小甄别住区代谢及形态影响因子的范围。

而家庭常住人口、家电数量等参数，因其集中趋势往往为某种明显的偏态分布，如三口之家居多、大型家电数量仅需 1~2 台等，未显正态分布。同时，某些调查对象不了解参数含义导致个别极值偏差出现，也会对整体分布造成一定的影响。对于平均数值处理，考虑以上几个因素，选择了中位数作为计算值代入，中位数即将某个变量的值按大小顺序排列，处在中间位置上的数值，由于其位于有序变量的中间位置，是典型的位置平均值，不易受极端值的影响。

第四节　住区系统能值及代谢效率分析

一、能值分析

1. 能值流动系统图

本书采用了 2000 年 Odum 能值评估手册中的全球能值基准（太阳光）计算各项指标（15.83×10^{24} sej/a），所有基于 Odum 的 1996 年基础能值（9.44×10^{24} sej/a）的太阳能转换率均需乘上 1.68 转换为新基础能值为基准的能值转换率。可更新物资投入主要包括了可更新自然资源和可更新产品输入，可更新自然资源能值投入主要为太阳能、风能、雨水化学能、雨水势能、水资源，考虑可更新资源本身来自于同一生态系统，为避免重复计算，仅计入其中最大项雨水势能的能值贡献[12]，其他过程均已包括在内；可更新产品输入主要包括水、木材及农畜产品（粮食、蔬菜、植物油、水果、肉类、奶类、禽蛋、水产品）；不可更新资源输入为住区以内所有矿产、石油、天然气等资源的能值之和，具体为物料输入（砂子、黏土/石子、铁、钢及钢材、铝及铝材、铜及铜材、水泥、机砖、塑料、橡胶、玻璃、纸、沥青）和能源输入（汽油、柴油、电力、液化气）；投入住区的住区非物质服务为 S，包括住区系统的物业服务直接投入，"在学未毕业的学生"和"外界基本信息"间接投入，虽然这两项为独立的另一消费/信息系统，但因与住区系统服务的输出有紧密相关性，也包括在住区间接投入内，作为承接服务的基础[37]。能值总量即为住区系统所拥有的总"财富"，为可更新、不可更新及非物质服务输入之和。产出方面，系统产出能值等于系统服务产出，包括毕业学生、科研课题及课程等服务；能值系统内部正熵的产生以排放废弃物的能值为代表，也是系统输出之一，包括建筑废物、废弃铁材、废弃钢及钢材、废弃铜及铜材、废弃玻璃、废弃橡胶、废弃塑料、生活污水、生活固体废弃物（表 7.14）。

表 7.14 能量图例

图例	要素名称	说明
→	能流	能量流动往往与物质流动相结合
●	能量来源	自系统外界输入的能量，可以驱动系统内部作用，如太阳、风、雨、海浪等可更新能量，或石油、煤炭等不可更新能量，以及来自经济系统的金钱、人、信息等。能量流动往往与物质流动相结合
	储存	系统中储存能量的场所，如生物量、土壤、有机质等，系流入能量、流出能量的过渡，又称组成变数
↓	热流失	能量转换中变成热能的部分，不可被再利用
	交互作用	结合不同类别能流以产出另一能流作用
⬡	消费者	系统中从制造者处取得维持生存所需物质与能量的部分，如动物、人、城市等
▭	其他	用来示意未包含在上列图例的系统范围、次系统或方程式

资料来源：黄书礼. 都市生态经济与能量. 台北：詹氏书局，2004.

2. 住区系统能值分析的基本步骤

1）基本资料的收集

收集研究住区所在城市的自然环境及相关社会、经济活动的资料。自然环境资源包括年总辐射量、当年平均降水量、平均径流系数、平均海拔高度及平均风速等环境资源利用情况；社会经济方面包括住区道路面积、总户数、建筑家电等相关系数，住区社会服务的经济活动等基本参数。

2）绘制能量系统图

确定研究住区系统边界和系统内部组分，利用各种能量图例标注系统主要能流，包括环境投入可更新能值、住区内部反馈系统外投入的能值等，图例顺序按各类太阳能值转换率的高低，从左到右顺序排列（图 7.14）。

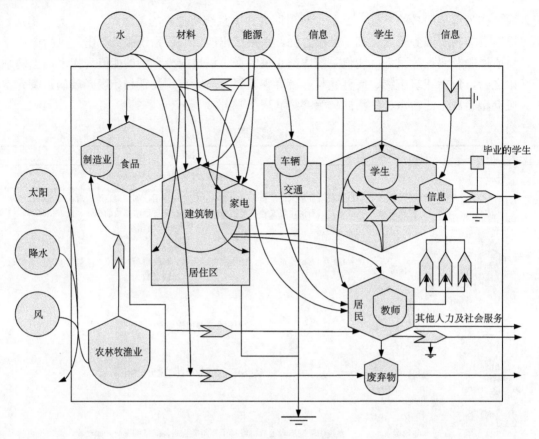

图 7.14　住区能值系统图

3）编制能值系统分析表

（1）列出研究住区的主要能源项目，包括可更新资源、不可更新资源、燃料利用、服务、信息投入、总输出等。

（2）根据计算公式，求出各能源的能量数，表示如能量流（J）、物质流（t）或货币流（元）。

（3）通过查找相关文献资料，根据各种物质、能源与货币流相应的能值转换率，将不同能量单位转换为统一度量的能值单位，对于货币流部分，不同国家的货币需参考相应的货币比率转换成能值转换率所需货币单位。

4）建立能值指标体系

在能值系统分析表基础上，为分析住区变迁导致的住区自然资源、社会福利、能值密度、产出等一系列变化，考察各类因子对住区代谢的贡献程度，突出整个住区系统的生态经济特征，建立能值指标体系，见表 7.15。

5）住区能值指标对比分析

明确住区系统决定因子住区代谢变迁的关键因素。

表 7.15 厦大和前埔住区能值核算总表

能值消耗	输入输出量			能值转换率	能值/sej	
	厦大本部住区	前埔住区	单位	/（sej/单位）	厦大本部住区	前埔住区
1.输入					**$5.16×10^{21}$**	**$5.22×10^{20}$**
1.1 物质投入					**$2.12×10^{21}$**	**$1.48×10^{20}$**
1.1.1 可更新资源输入					**$3.70×10^{19}$**	**$1.64×10^{19}$**
1.1.1.1 可更新能源输入					**$3.78×10^{17}$**	**$5.58×10^{16}$**
太阳光	$7.40×10^{14}$	$1.09×10^{14}$	J	$1.00×10^{0①}$	$7.40×10^{14}$	$1.09×10^{14}$
风能	$3.36×10^{11}$	$4.97×10^{10}$	J	$2.45×10^{3①}$	$8.24×10^{14}$	$1.22×10^{14}$
雨水势能	$7.78×10^{12}$	$1.15×10^{12}$	J	$2.82×10^{4①}$	$2.20×10^{17}$	$3.25×10^{16}$
雨水化学能	$5.03×10^{12}$	$7.44×10^{11}$	J	$3.10×10^{4①}$	$1.56×10^{17}$	$2.31×10^{16}$
1.1.1.2 可更新物质输入					**$3.66×10^{19}$**	**$1.64×10^{19}$**
1.1.1.2.1 产品					**$1.26×10^{19}$**	**$1.35×10^{19}$**
水资源（家电，公用绿地灌溉）	$2.37×10^{12}$	$3.80×10^{10}$	J	$8.06×10^{4①}$	$1.91×10^{17}$	$3.07×10^{15}$
木材（建筑）	$8.37×10^{3}$	$3.68×10^{4}$		$1.48×10^{15②}$	$1.24×10^{19}$	$1.35×10^{19}$
1.1.1.2.2 食品					**$2.40×10^{19}$**	**$2.88×10^{18}$**
粮食	$1.21×10^{13}$	$1.04×10^{12}$	J	$2.49×10^{5③}$	$3.01×10^{18}$	$2.58×10^{17}$
蔬菜	$2.50×10^{12}$	$2.31×10^{11}$	J	$4.54×10^{4③}$	$1.13×10^{17}$	$1.05×10^{16}$
植物油	$6.71×10^{11}$	$1.29×10^{11}$	J	$1.16×10^{6③}$	$7.78×10^{17}$	$1.50×10^{17}$
水果	$2.39×10^{12}$	$3.19×10^{11}$	J	$8.90×10^{4③}$	$2.12×10^{17}$	$2.84×10^{16}$
肉类	$1.55×10^{12}$	$1.68×10^{11}$	J	$3.36×10^{6③}$	$5.20×10^{18}$	$5.66×10^{17}$
奶类	$1.85×10^{12}$	$2.04×10^{11}$	J	$3.36×10^{6③}$	$6.23×10^{18}$	$6.85×10^{17}$
禽蛋	$7.98×10^{11}$	$1.10×10^{11}$	J	$3.36×10^{6③}$	$2.68×10^{18}$	$3.70×10^{17}$
水产品	$1.73×10^{12}$	$2.42×10^{11}$	J	$3.36×10^{6③}$	$5.82×10^{18}$	$8.13×10^{17}$
1.1.2 不可更新资源输入					**$2.09×10^{21}$**	**$1.32×10^{20}$**
1.1.2.1 不可更新能源输入					**$3.74×10^{19}$**	**$1.65×10^{18}$**
汽油（私家车，出租车）	$2.31×10^{13}$	$3.36×10^{12}$	J	$1.11×10^{5④}$	$2.57×10^{18}$	$3.72×10^{17}$
柴油（公交车,BRT,中巴）	$2.98×10^{14}$	$3.82×10^{12}$	J	$8.90×10^{4④}$	$2.65×10^{19}$	$3.40×10^{17}$
电力（电动车，家电）	$3.03×10^{13}$	$3.48×10^{12}$	J	$2.69×10^{5④}$	$8.13×10^{18}$	$9.35×10^{17}$
液化气（家电，采暖）	$3.13×10^{12}$		J	$6.60×10^{4①}$	$2.06×10^{17}$	
管道混合气（家电，采暖）		$3.06×10^{7}$	J	$8.06×10^{4①}$		$2.47×10^{12}$
1.1.2.2 不可更新物质输入					**$2.03×10^{21}$**	**$1.30×10^{20}$**
沙子	$3.10×10^{5}$	$1.92×10^{4}$	t	$1.12×10^{15①}$	$3.47×10^{20}$	$2.15×10^{19}$
黏土/石子	$3.55×10^{5}$	$3.68×10^{4}$	t	$1.68×10^{15①}$	$5.97×10^{20}$	$6.18×10^{19}$
铁	$2.51×10^{1}$	$3.74×10^{0}$	t	$4.75×10^{15⑤}$	$1.19×10^{17}$	$1.78×10^{16}$
钢及钢材	$1.27×10^{4}$	$2.32×10^{3}$	t	$6.97×10^{15⑤}$	$8.87×10^{19}$	$1.62×10^{19}$
铝及铝材	$4.14×10^{0}$	$6.25×10^{-1}$	t	$2.11×10^{16②}$	$8.71×10^{16}$	$1.32×10^{16}$
铜及铜材	$7.84×10^{0}$	$1.77×10^{0}$	t	$1.14×10^{17④}$	$8.92×10^{17}$	$2.01×10^{17}$
水泥	$8.16×10^{4}$	$9.32×10^{3}$	t	$3.04×10^{15⑤}$	$2.48×10^{20}$	$2.83×10^{19}$
机砖	$1.97×10^{5}$	$5.79×10^{2}$	t	$3.90×10^{15⑥}$	$7.66×10^{20}$	$2.26×10^{18}$
塑料	$1.94×10^{1}$	$1.87×10^{0}$	t	$9.83×10^{15①}$	$1.91×10^{17}$	$1.84×10^{16}$

续表

能值消耗	输入输出量			能值转换率	能值/sej	
	厦大本部住区	前埔住区	单位	/（sej/单位）	厦大本部住区	前埔住区
橡胶	$1.10×10^0$	$1.16×10^{-1}$	t	$5.38×10^{15}$⑥	$5.92×10^{15}$	$6.25×10^{14}$
玻璃/含建材	$8.54×10^0$	$1.01×10^0$	t	$3.63×10^{15}$⑥	$3.10×10^{16}$	$3.65×10^{15}$
纸	$2.50×10^{-1}$	$3.37×10^{-2}$	t	$6.55×10^{15}$⑦	$1.64×10^{15}$	$2.21×10^{14}$
沥青	$2.01×10^3$	$2.19×10^2$	t	$3.47×10^{11}$⑧	$6.97×10^{14}$	$7.60×10^{13}$
1.2 非物质投入					**$3.04×10^{21}$**	**$3.74×10^{20}$**
住区服务	$2.09×10^6$	$8.28×10^5$	元	$3.71×10^{12}$②	$7.76×10^{18}$	$3.07×10^{18}$
学生	$1.95×10^{13}$	$2.38×10^{12}$	J	$7.33×10^7$⑩	$1.43×10^{21}$	$1.75×10^{20}$
外部信息	$1.43×10^{13}$	$1.75×10^{12}$	J	$1.12×10^8$⑩	$1.60×10^{21}$	$1.96×10^{20}$
2.输出					**$1.04×10^{22}$**	**$1.30×10^{21}$**
2.1 废弃物					**$3.44×10^{19}$**	**$2.85×10^{18}$**
建筑废物	$2.69×10^2$	$2.53×10^1$	t	$1.79×10^9$④	$4.82×10^{11}$	$4.53×10^{10}$
铁废弃（家电，汽车）	$2.18×10^1$	$2.34×10^1$	t	$4.69×10^{15}$⑤	$1.02×10^{17}$	$1.10×10^{17}$
钢及钢材废弃	$6.80×10^1$	$8.40×10^0$	t	$4.69×10^{15}$⑤	$3.19×10^{17}$	$3.94×10^{16}$
铝及铝材废弃	$4.14×10^0$	$5.63×10^{-1}$	t	$4.69×10^{15}$⑤	$1.94×10^{16}$	$2.64×10^{15}$
铜及铜材废弃	$7.84×10^0$	$1.59×10^0$	t	$4.69×10^{15}$⑤	$3.68×10^{16}$	$7.47×10^{15}$
玻璃废弃	$1.17×10^3$	$9.21×10^1$	t	$4.69×10^{15}$⑤	$5.47×10^{18}$	$4.32×10^{17}$
橡胶废弃	$8.91×10^1$	$7.04×10^0$	t	$4.69×10^{15}$⑤	$4.18×10^{17}$	$3.30×10^{16}$
塑料废弃	$5.16×10^3$	$4.07×10^2$	t	$4.69×10^{15}$⑤	$2.42×10^{19}$	$1.91×10^{18}$
生活污水	$4.01×10^{12}$	$3.51×10^{11}$	J	$6.66×10^2$⑦	$2.67×10^{15}$	$2.34×10^{14}$
生活固废	$2.39×10^{13}$	$1.87×10^{12}$	J	$1.68×10^5$⑦	$4.02×10^{18}$	$3.14×10^{17}$
2.2 服务输出					**$1.0f×10^{22}$**	**$1.30×10^{21}$**
科研课题	$2.78×10^7$	$3.40×10^6$	元	$9.27×10^{13}$③	$2.58×10^{21}$	$3.15×10^{20}$
毕业学生	$1.43×10^{13}$	$1.74×10^{12}$	J	$2.40×10^8$⑩	$3.42×10^{21}$	$4.18×10^{20}$
课程	$2.14×10^6$	$2.60×10^5$	h	$1.84×10^{15}$⑩	$3.93×10^{21}$	$4.79×10^{20}$
工资	$4.56×10^6$	$9.26×10^5$	元	$9.27×10^{13}$③	$4.22×10^{20}$	$8.58×10^{19}$

① Odum, Howard T, Brown, et al. Folio #1-Introduction and Global Budget, Handbook of Emergy Evaluation. Gainesville, FL USA: Center for Environmental Policy, University of Florida, 2000.

② Brandt-Williams S. Folio #4 Emergy of Florida Agriculture, Handbook of Emergy Evaluation. Gainesville, FL USA: Center for Environmental Policy, University of Florida, 2001.

③ 朱燕燕. 北京市环境-经济系统基于能量的协调发展评估——EMA 能值分析研究. 北京：中国科学院研究生院硕士学位论文, 2002.

④ Brown M T, Bardi E. Folio #3 Emergy of Ecosystems. Center for Environmental Policy, Environmental Engineering Sciences, University of Florida, Gainesville, 2001.

⑤ Brown M T, Buranakarn V. Emergy indices and ratios for sustainable material cycles and recycle options. Resource Conservation Recycling, 2003, 38（1）: 1-22.

⑥ Buranakarn V. Evaluation of recycling and reuse of building materials using the emergy analysis method. Graduate School, University of Florida, Florida, 1998.

⑦ Huang S L, Hsu W L. Materials flow analysis and emergy evaluation of Taipei's urban construction. Landscape and Urban Planning, 2003, 63（2）: 61-74.

⑧ Pulselli R M, Simoncini E, Ridolfi R. Specific emergy of cement and concrete: an energy-based appraisal of building materials and their transport. Ecological Indicators, 2008, 8（5）: 647-656.

⑨ Meillaud F, Gay J B, Brown M T. Evaluation of a building using the emergy method. Solar Energy, 2005, 79（2）: 204-212.

⑩ Dong Li, Rusong Wang. Hybrid Emergy-LCA（HEML）based metabolic evaluation of urban residential areas: the case of Beijing, China. Ecological Complexity, 2009, 4（6）: 484-493.

二、指标构建

1. 回顾基本评价指标

针对大尺度的城市生态系统、人居环境或生态经济系统及生态工程系统的能值综合指标较多，通过对生态经济、人居环境界面的各种能流、物流、货币流、信息流等统一后进行定量分析，评价自然环境对经济系统的贡献，了解人居环境系统的结构、功能和代谢，从而有助于政策的制定。例如，黄书礼从都市生态经济与能量的角度建立了一系列相关指针[38,39]，包括净能值产量比、能值投资比（投入能值/可再生资源）、能值货币比、能值使用集约度指标（能值密度、人均能值使用量）、能值来源指标（区内资源能值量、购入能值量/总能值使用量、进口劳务/总能值使用量）、能值交易指标（出口/进口能值、不可再生资源能值/总能值使用量）、自然体系容受力指标[40]；对于建筑尺度指标，他在关于对台北城市建设的物质流分析及能值的评价研究中，构建了基于时间尺度，与城市建设可持续性相关的指标，具体包括建设系统输入/输出指标（建材物料/城市生产总值、城市废弃物/城市生产总值、建材投入/建材废弃物）、城市建设产生的台北城市宜居性指标（不同年代道路密度、不同年代人均道路面积、污水处理管网率、物质流/土地流失、建筑存量增长量/物质流增长量、空气污染/物质流增长量）和物质流的能值指标（建筑材料物耗/总能值使用量、建筑物料输入/输入总能值、建筑废弃物/总废弃物能值、建筑废弃物/可更新总能值）。张妍等基于能值从代谢流量效率和可持续发展角度对城市生态系统的代谢能值流量（可更新与不可更新资源能值、输入与输出能值、废弃物能值）、代谢能值效率（能值自给率、能值废弃率、环境负荷率、能值产出率、可更新与不可更新资源能值比、废弃物能值比）、可持续发展指数（能值产出率比环境负荷率）和生态效率[生态效率=能值产出率×（1−废弃物能值/能值总量）×（1−不可更新能值/能值总量）]等四个方面设计了指标[41]。李栋采取能值、㶲、全球变暖潜值等生态学方法和手段，针对人居环境不同尺度的能量代谢选取了代谢投入强度（单位面积能值投入比）、代谢效率（㶲值法）、代谢耗散强度（废热排放）、代谢污染物环境影响（能量产出全球变暖潜值、酸化潜值、光化学臭氧合成潜值）、代谢胁迫值（外界购买及本地生态系统输入的不可再生资源能值量/本地生态系统产生的可再生资源能值量）等方面的指标进行评价[12]。

2. 构建住区代谢效率指标

住区代谢与形态关系理论模型在前章中已有详细讨论，此处不再赘述。本章以住区代谢定义及理论模型为基础，结合住区形态变迁的实质，设计了如下能值指标评价系统对住区代谢效率进行评价，见表 7.16 和表 7.17。

三、结果讨论

1. 基本参数

从基本参数的描述来看，相对于厦大住区而言，前埔住区人均建筑面积、绿地面积、住区占地面积均多于厦大住区，虽然是经济适用房小区，但经过建成以来的发展，可以看到其

规划是成功的。而住房制度改革前教职工家属区的规划使厦大住区保留着早期单位型住房容

表 7.16　住区基本参数

	基本参数	单位	前埔住区	厦大本部住区
1	平均家庭规模	人	3.74	3.36
2	人均住区占地面积	m²	19.98	11.84
3	人均道路面积	m²	6.78	15.33
4	人均建筑面积	m²	22.96	21.48
5	人均绿地面积	m²	7.84	6.35
6	容积率		1.15	1.81
7	私家车拥有率	%	40.74	27.78
8	使用私家车至校上班率	%	31.58	5.8
9	住区居民使用公交车出行比	%	65.83	61.90
10	住区居民使用私家车出行比	%	15.47	23.81
11	上班交通距离（至厦大）	km	12	3

注：其中，使用私家车至校上班率、住区居民使用公交车出行比、住区居民使用私家车出行比均为调查问卷所得，即以私家车作为通勤方式至校上班的居民所占以私家车作为通勤方式的居民比例。

表 7.17　基于能值的住区代谢可持续评价指标体系

能值指标	计算公式（代表意义）	前埔住区	厦大本部住区
1. 投入指标			
不可更新能源	能源能值使用量/总能值使用量 （对能源的依赖强度）	2.93×10^{-3}	7.24×10^{-3} ↑
不可更新物资能值	不可更新物资能值/总能值使用比 （对外界投入不可更新物资的依赖程度）	2.35×10^{-1}	4.04×10^{-1} ↑
自有能值	免费能值使用量/总能值使用量 （住区系统自有能值财富）	5.77×10^{-5} ↑	4.25×10^{-5}
服务投入指标	投入服务能值/总能值 （住区系统输入劳务状况）	5.45×10^{-3} ↑	1.50×10^{-3}
建筑投入	建筑投入能值/总能值 （外界输入住区住宅建筑支持状况）	1.01×10^{-2}	1.48×10^{-1} ↑
交通基础设施投入	交通基础设施投入能值/总能值 （外界输入住区交通服务状况）	9.69×10^{-4} ↑	9.68×10^{-4}
	公共交通不可更新资源投入能值/总能值 （住区交通对不可更新资源的依赖程度）	6.05×10^{-4}	5.14×10^{-3} ↑
家电投入	家电方面投入能值/总能值 （外界输入住区家电支持状况）	2.17×10^{-3} ↑	1.57×10^{-3}
私家车投入	私家车投入能值/总能值 （外界输入住区私家车状况）	7.52×10^{-4} ↑	4.95×10^{-4}

续表

能值指标	计算公式（代表意义）	前埔住区	厦大本部住区
2. 福利指标			
人均能值使用量	总能值使用量/总人口 （总能值福利）	6.02×10^{17} ↑	4.84×10^{17}
人均资源使用量	投入资源能值/总人口 （资源福利）	2.01×10^{17} ↑	1.95×10^{17}
人均能源使用量	投入能源能值/总人口 （能源福利）	1.76×10^{15}	3.50×10^{15} ↑
人均服务使用量	投入服务能值/总人口 （服务福利）	3.28×10^{15} ↑	7.26×10^{14}
人均基础设施使用能值	住宅建筑方面投入能值/总人口 （住宅建筑福利）	6.07×10^{15}	7.18×10^{16} ↑
人均家电使用能值	交通方面投入能值/总人口 （交通基础设施福利）	9.47×10^{14}	2.95×10^{15} ↑
	家电方面投入能值/总人口 （家庭电器拥有程度）	1.31×10^{15} ↑	7.61×10^{14}
	私家车投入能值/总人口 （私家车依赖程度）	2.26×10^{13} ↑	2.02×10^{13}
3. 输出指标			
服务输出	服务输出能值量/总能值使用量	2.31×10^{0} ↑	2.00×10^{0}
人均输出服务量	服务输出能值量/总人口	1.39×10^{18} ↑	9.70×10^{17}
4. 废弃物输出与环境负荷压力			
能值废弃率	废弃物能值量/可再生资源能值 （住区系统循环能力）	8.76×10^{1}	1.57×10^{2} ↑
废弃物能值	废弃物能值量/能值总量 （住区系统排放废弃物对环境的压力）	5.05×10^{-3}	6.69×10^{-3} ↑
环境负荷率	不可再生资源能值量/本地可再生资源能值量 （住区系统自身环境对人类活动的承受力）	4.07×10^{3}	9.49×10^{3} ↑
5. 集约度指标			
能值密度	总能值使用/总面积	3.01×10^{16}	4.09×10^{16} ↑

积率较高、住区建筑以低层为主的特点[42]，周边交通站点密度较高，如图 7.15 所示，在住区物理构成形态上可以认为具有一般典型紧缩形态住区的基本特征，即人口密度大，容积率高、人均建筑面积较少，与前埔住区的人均绿地面积相比相对缺乏，但因地处历史较为悠久的院校，地处高校内部，相对区位条件较为优越，并未出现通常紧缩形态所造成的缺乏开放空间的情况[43]，公共基础设施的完备从其人均道路面积是前埔住区的 2.5 倍可窥一斑。

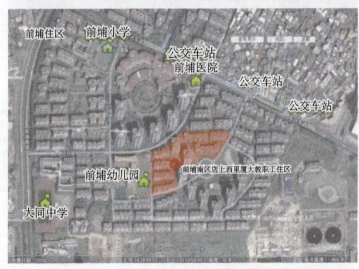

图 7.15　两个住区周边基础设施配套情况（学校、医院、公交车站点）

而从工作出行方面来看，前埔住区内的厦大教职工居民则面临典型职住分离的情况，从基本的私家车拥有率及使用私家车至学校上班率这两项来看，前埔住区的拥有率达到了厦大住区的 1.5 倍，同时经调查问卷得知，使用私家车外出上班的居民中，使用私家车至校上班的比例达到了 31.58%，而厦大住区仅占 5.8%，结合以上两项交通行为特征，上班通勤距离的增加在一定程度上是导致前埔教职工依靠私家车上班出行的主要因素。

对厦大住区及前埔住区居民出行方式的调查结果显示（表 7.16），两个住区居民以公交车方式出行均占了所有出行方式的 60%以上，使用私家车出行比均不高，但横向比较而言，厦大住区居民选择公交出行方式的比例（65.83%）略高于前埔住区（61.90%），而私家车出行方式情况则相反（厦大住区为 15.47%：前埔住区为 23.81%）。

2. 具体指标

厦大住区与前埔住区的能值总利用量分别为 5.17×10^{21}sej 和 5.63×10^{20}sej。从基本能值项目的太阳能值转换率来看，可更新资源、产品及农畜产品的能值转换率较低，建筑、道路等涉及的不可更新资源能值转换率系数与前者相比则高了 10 个以上数量级。

1）投入指标

投入指标主要针对住区代谢过程中的外界投入情况和住区对各类资源、能源的依赖状况。从投入指标来看，厦大本部住区的公共交通基础设施投入占总能值使用量高于前埔住区，对能源、不可更新物资及交通方面对不可更新资源的依赖程度均较强，具体体现在两个住区能量消耗结构组成的不同方面，如图 7.16 所示。其中，厦大住区主要不可更新能源能值利用为公共交通出行方式所消耗的柴油能值使用量，占了 71%，私家车、出租车耗能的能值量相对则少；而在前埔住区，从人均私家车投入能值、私家车拥有率方面看，相比而言对私家车出行的依赖程度较高，在能量消耗构成图中，可以看到公交能耗的能值利用量仅占 1/5 左右的

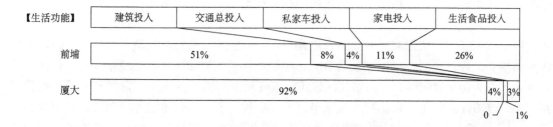

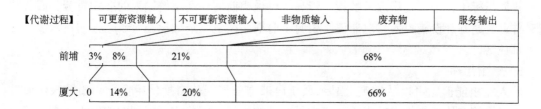

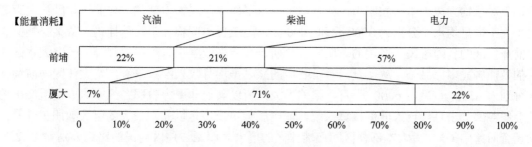

图 7.16　能值消耗结构图

比例，与私家车、出租车所占能值比基本相当，家庭电力消耗占了超过 50%。调查问卷中，两个住区的居民对于公交出行的选择相差并不大，但能值指标评价则体现了明显的差异：厦大住区公交基础设施方面的人均道路基础设施投入能值量大，能值使用以公交出行能耗为主，公共交通不可更新资源投入能值较大、交通基础设施福利也较高，这些指标都从不同角度进一步揭示了厦大住区以公交出行为主的交通出行特征。

对于投入指标中的建筑投入能值/总能值，福利指标中的住宅建筑/总人口及不可更新资源消耗结构图，厦大住区的建筑能值无论从人均福利还是从平均单位面积投入密度方面来看，均高于前埔住区，从另一侧面揭示了厦大住区建筑方面的相对紧缩性，其本身的高容积率、人口密度相对较高，导致能值密度和使用强度较高。其原因是，从建筑结构构成来说，厦大住区砖混结构住房的建材投入较前埔住区的框架、剪力墙结构建材投入少，但砖混结构住房平均寿命较短，仅为 50 年，均摊至年均的投入与 70 年平均寿命的前埔住区住宅年均建筑消耗来得多。

2）住区福利指标

以宏观生态经济学观点来看，个人拥有的财富除货币外，还包括具有外部性特征的自然环境免费能值、外部人力资源投入产生的效应等。能值福利指标通过各种类型的人均能值使用指标，可直接反映系统内平均每人所拥有的不同类型能值量，评价住区内部使用能值时的受益情况、住区内居民满足衣食住行等基本需求满足情况及教育、医疗、娱乐、环境等其他福利。在几类住区福利指标中，厦大住区的福利在于不可更新能源、物资、住宅建筑、交通基础设施福利投入，但从整体而言，总能值、资源投入、服务投入、家庭电器投入等与住区家庭内部福利和生活质量联系较为紧密的指标，前埔住区的福利均较高。图 7.16 中住区能值消耗结构表明，在交通、家电、生活食品、建筑等几个主要住区生活功能中，厦大住区建筑投入占了绝大部分（92%），前埔住区建筑投入使用能值量则为 51%。除了建筑投入能值利用以外，前埔住区的生活食品投入及家电投入占总投入能值的比重也不可忽视，分别为 26% 及 11%，生活食品投入较高的结构反映了前埔住区家庭内部与生活功能相关的生活福利更高，投入指标中关于非物质服务的投入较高，也说明前埔住区系统输入的非物质劳务服务状况较佳。交通基础设施投入与总能值比表明了前埔住区道路基础设施对于住区的投入多于厦大本部住区。

3）输出指标

输入输出能值比可以从宏观上显示系统内部与外界能值交换使用情况，如果该比值较小，表明系统在能值交换中输出的能值大于输入的能值，因此实际得到的能值少，人均能值相对低。如果比值较大表明该系统以较少的自身内部能值，换取了外界较多的能值资源，由于调查对象均为厦大本部教职工，就基本工资水平而言，厦大本部住区与前埔住区被调查者的个人工资平均水平分别为 3000 元和 5000 元，因工资与职称、工龄等挂钩，从某一侧面表明前埔住区的教师居民所产生的总服务（科研、教授毕业学生、教授课程等）较厦大本部住区的教师居民多。另外，从调查问卷所获得的家庭平均月收入参数来看，厦大住区与前埔住区分别为 6500 元/月与 6000 元/月，相差不大，所以其他非厦大教职工的家庭成员所产出的社会服务部分未直接计入能值核算系统，输出服务主要还是以差别较大的厦大教职工计算，从调查问卷中得知，厦大本部住区和前埔住区的厦大教职工占住区居民的比例分别为 14.22% 和 19.80%。

4）废弃物输出与环境负荷压力

废弃物输出与环境负荷压力类指标如废弃物能值与可再生能值比，废弃物能值占总能值使用量比等，主要目的在于能够展现出住区系统输出的废弃物给其自身及系统外的环境所造成的压力[38]。该类指标中所有参数均为厦大住区高于前埔住区，从第一类指标中对于不可更新能源及物资的依赖程度也从另一侧面反映了该特点。从废弃物能值结构图来看，厦大住区与前埔住区的废弃物输出能值量结构组成基本一致，生活废弃物均占了 65%以上。

5）能值利用集约度

从住区角度看，能值利用集约度是住区的能值使用集约情况，说明住区投入程度高，整个住区维持在能值等级相对较高的位置，同时也表明住区内部能值的使用对系统环境造成的压力较大；从废弃物输出与环境负荷压力方面的指标也可以看到，废弃物能值与可再生资源能值比，明确地反映出厦大住区系统排放废弃物对住区自身所造成的压力，以及相关外界自然环境所承受的住区废弃物输出压力均比前埔住区大。

四、小结

1. 厦大住区

住房制度改革实施至今，基于高校的特殊背景，厦大本部住区受到的住房制度改革影响并不大，至少从形态上看，可以说是仅余的典型代表。大部分建筑依旧保留了住房改革前的住区形态，即 20 世纪 80~90 年代的低层、高密度，较为廉价的砖混结构住宅楼，有着一般单位型住区以工作单位为中心的典型紧缩形态，与前埔住区相比具备了人口密度大、容积率高、人均建筑面积较少、人均绿地面积相对缺乏等高密度特征。

住区的大部分居民往往仍同属一个单位，职业背景相似，邻里间有较深的认同感，除了迁走、租房的住户外，住区内部居民的社会关系依然以较为单纯的同事关系为主。并且在厦门大学教职工住宅区中，本部住区的物业服务保障归属厦大后勤集团，包括了住区外部环境、基础设施、硬件设施等维护与更新[44]，但其单位管理的服务属性依旧是单位福利及后勤服务的延伸。

总体而言，厦大住区为依赖公交出行的典型住区，高密度的紧缩形态，周边基础设施完备，交通站点分布均匀，人均道路面积及相应的社会物料投入较多。与前埔住区相比，更加依赖于外界不可更新物资、能源，能值投入密度与强度更高。建筑及公共交通道路、公共交通服务投入等社会基础设施方面的投入较大，由于住区年代较为久远，家电更新较慢，外加家电消费方式的因素，家电的物耗和能耗能值比所占相对较少。

在能值评价指标中，总体来说厦大住区的密集型形态较为明显，能值密度大，对区域环境造成了一定的压力。道路结构、住区区位位于校园内部，距离上班地点基本超过 10 min 的步行距离，反而使得厦大教职工居民偏向于公交方式出行，从能值福利的角度来看，虽然选择步行出行的居民比例较高，但其产生的效益与公交出行所消耗的大量能值和对整体住区环境系统的较大压力相比，优势并不明显。

从能值集约度和福利能值指标角度评价来看，呈现紧缩形态的厦大住区能值密度较大，福利在于不可更新物资、能源、住宅建筑、交通基础设施福利投入，换句话说，对不可更新物资、能源的依赖强度及交通对不可更新资源的依赖程度均较强，因而厦大住区系统输出的废弃物对环境负荷所造成的压力也高于相对较低密度的前埔住区。

厦大住区的建筑本身质量较 2000 年台湾地震后主要兴起的框架及剪力墙结构而言差得多，平均寿命也较短，因人均建筑的高密度，住区系统内关于建筑的物料输入较前埔住区多得多。所以，在住房制度改革前，以砖混结构为主的低层、高密度住区，因为未考虑人均绿地面积、开敞空间面积等因素，密度、容积率较高，人均社会不可更新物资能值量的消耗对之后相对低密度、经精心规划的住区而言是较高的。

2. 前埔住区

2000 年建成的前埔住区，虽然属于厦门市保障性经济适用住房前埔南区项目，但该住区在建设的规划中强调了住区所处区域的功能混合性，结合了用宽敞开阔的绿地将居住建筑与闹市隔离等规划设计理念，同时对以往常规的中心绿地、居住建筑组团、公共服务中心等各项功能利用系统的景点做出解析并加以重新组合等，则是受到较晚出现的住区规划设计思路的影响。与厦大住区相比，结合调查问卷及前埔住区的影像地图来看，住区建筑密度相对较低，人均住区占地面积、建筑面积和人均绿地面积都较多，基本社会基础设施（幼儿园、小学、中学、医院、步行街、菜市场等）均在该住区居民步行 15 min 范围内，约 160 m 即有一个公交站点（图 7.15）。

但相较于厦大住区的居民来说，劣势在于前埔住区内居民面临了典型职住分离情况，从基本的私家车拥有率、使用私家车至学校上班率这两项来看，前埔住区的拥有率达到了厦大住区的 1.5 倍，同时经调查问卷得知，使用私家车外出上班的居民中，使用私家车至校上班的比例达到了 31.58%，而厦大住区仅占 5.8%，结合以上交通行为特征，上班通勤距离的增加在一定程度上导致了前埔教职工较多地选择私家车上班出行（23.81%），当然，公交出行依旧是前埔住区教职工出行选择的主要方式（61.90%）。

能值指标评价总体结果表明前埔住区的总能值福利较高，自有能值财富拥有量占总能值使用量的比例较大、外界劳务输入及住区内部自身服务输出状况均较好。在住区福利结构方面，与住区家庭内部福利和生活质量联系较为紧密的非物质服务投入指标方面，前埔住区的福利均较高。在交通、家电、生活食品、建筑等几个主要住区生活功能中，前埔住区建筑投入使用能值量占了一半，其他的生活食品投入及家电投入占总投入能值的比重也较高，反映了前埔住区家庭内部福利较高；家电能值消耗占了较大部分，私家车投入比总投入能值也较高，这几项指标说明相对较新的前埔住区对于家电投入的需求增长，对私家车依赖程度大，其中家庭生活习惯、工作出行等是主要影响因素。

3. 讨论及能值方法局限性

在能值核算中，对于与非物质服务指标相关的指标项主要是对住区物业服务费进行核算，核算系数来自 Meillaud 等对瑞士校园的 LESO（solar energy laboratory）建筑中学生、教师活动的能值系数核算。在计算中，因确切地了解到前埔住区社区管理和服务由专业物业公司负责，所以依据厦门市中等水平的物业收费进行核算。而厦大住区物业服务归属高校后勤集团，整合了校内原物业管理中心、水电维修中心等后勤集团服务实体，学校的"大物业"保障服务的相关联动为实施住区物业服务提供了支持、协作与优化配置，起到了共享分担功能，尽可能地以实现低成本高效运作为目标，虽然收费标准低于厦门市物业服务收费等级政府指导价方案最低的一级收费标准，但承诺提供的服务水准在三级以上[44]，所以投入的服务质量及所提供的福利若仅以服务支出来体现，在一定层面上就有局限性与偏颇。

同样，对于住区内居民时间福利、幸福感的增加等非物质方面福利的度量，也因数据、定量评估手段缺乏而无法包括在整体福利的核算之中，仅能以能值手段进行衡量，在以后的研究中需进一步结合相关方法进行全面剖析。

能值方法的使用也有类似的局限性，如以某种特定形式和途径所制造的某产品能值核算，与以其他方式核算出的能值系数均不同。同时，大多数转换率均只考虑产品废弃之前的阶段：采掘、生产、运输、消费和服务，对于产品废弃的周期很少考虑[45]。以某特定方式计算得到的能值系数，不一定符合当地的实际情况，所以在根据指标得出结果从而了解住区现状的同时也需进一步结合当地具体状况加以综合考虑。当然，针对以上各种情形，由于是进行住区尺度的比较，所以总量上所产生的误差相对而言对结论的影响较小。

第五节　结论与展望

一、研究结论

住房制度改革之前，在我国特有的"单位"中，单位住区形态呈现高度集聚与整合的特点，由于单位型住房是单位福利的主要形式之一，所以住区中的居民职业背景相似，社会关系单纯稳定，体现了一定的均质性，主要区别在于居民在其单位的工龄、级别等。同时，因社区服务被认为是单位福利及后勤保障的延伸，通常社区管理也是单位管理的一部分，住区管理效率较高，其硬件设施能够得到及时的维护和更新。

整体而言，过去与厦大住区相类似的单位型住区，在住房制度改革之前，受到单位内部住房统建、建房成本、科技进步等因素的局限，在简单规划上一般未考虑区位、人均容积率和绿地面积等多种因素，厦大住区高密度、低层住宅楼体现了这一特征，也意味着厦大住区中包括建筑实体等第一层次呈现紧缩状态。

根据能值评价结果，从总能值、生活食品、服务、家庭电器投入等各类与住区家庭内部福利和生活品质联系紧密的能值指标来看，前埔住区福利均较高。而厦大住区能值投入密度大，资源、能源、住宅建筑、交通基础设施福利投入较多，即集中于不可更新物质与能量的投入，尤其是交通出行方面能值的投入。因此，对自身系统及周边环境产生较大压力，其他与生活品质等相关的能值指标与前埔住区相比并无优势，从一定程度上反映了它们在可持续性方面的优势与劣势。

城市交通、能耗等环境问题引发了城市建设者及规划师们对城市紧缩性的探索，以期降低对机动小汽车的依赖性，提高公交系统使用率，从而减少污染，限制能耗，但事实上单纯的紧缩并不能达成这一目的。与之前普遍认为更为紧缩的城市形态对解决交通、社会公平和环境效益有利的结论相反，本章的研究结论与 Burton、Newton 和 Masnavi 等关于可持续城市形态的论断相一致[46]，即只有在道路结构和公共交通设施的支持下，可持续发展的益处才可能在高密度地区实现。从这一点上看，早期住房制度改革之前的住区对人均密度、区位混合、绿地面积关注度不够，道路结构及公交站点、基础设施的布设未经合理规划布局，往往导致较为不可持续的住区代谢状态。值得一提的是，住房制度改革前社会关系、邻里亲近等无形的心理、社会福利，以及导致通勤的时间成本等增加也是需考虑的重要部分，但因学科、手段等局限性，未能纳入住区福利核算。

2000 年建成的前埔住区，容积率较低，而人均建筑面积、人均绿地面积、人均住区占地面积均多于厦大本部住区，周边基础设施完备，从住区出发到达周边的距离在步行可承受范围内，公交站点相对更加密集（160 m 左右即有一个站点），规划中强调了住区所处区域的功能混合性，用宽敞开阔的绿地将居住建筑与闹市隔离等规划设计理念，是较晚出现的住区规划设计思路，虽然是经济适用房小区，但经过 10 年以来的发展，可以看到其规划的成功之处。住区第二层次包括了交通、工作等非物质方面因素，相对而言，在住区第二层次上表现出更加紧缩的状态（从幼儿园到中学、医院等均紧邻住区，从住宅到最远住区学校的安全距离不超过 1.5 km），住区总的代谢效率与福利保持在较高水平。

住区距离工作地点较远的情况导致私家车使用频率不可避免地上升，但是，从另一角度来看，出行目的可以分为娱乐休闲、购物、工作及其他方式，工作通勤频率相较非工作目的的出行的频率而言往往较低，所以以工作通勤所带来的不便捷性和不可更新能源的消耗对总体由不同的出行目的产生的通勤消耗所产生的影响，在基础设施通达性保证的情况下所占比例较低、影响较小，因此也抵消了对总体福利所产生的影响。由于住区服务以物业公司为主，比之高校后勤集团的服务在质量上或有所不及。

总而言之，城市住区代谢效率受住区形态变迁诸多因素的影响，家庭内部的生活习惯、消费习惯等住区内人的行为都可能产生一定的作用。研究中，选取生活水平和文化水平相似的调查对象以尽量剔除社会经济因素对形态本身可能造成的影响，相对而言，能够达到甄别城市住区形态及其代谢效率的主要影响因子的目的。

基于能值分析方法与科学设计住区可持续评价指标，通过对住区代谢资源、能源、服务等投入与社会服务输出、废弃物输出进行分析，以及结合调查问卷、实地访谈、卫星影像等各种方式考察两种住区形态的五大要素，即密度、住房与建筑特征、住区规划设计、可达性和交通基础设施、土地利用方式与功能混合性，可以总结出这样的结论：可持续的住区应寻求形态上与代谢上的高效。形态上保持物理形态一定密度的紧凑，住房与建筑特征节能环保，住区规划设计讲求生态理念，交通基础设施足量投入，周边一定范围内保持混合性功能高密度紧凑，对道路路网结构进行合理的设置以改善可达性，从而实现紧缩状态下的代谢高效。代谢高效指的是投入一定量物质、能量与服务，经过转化过程，消耗不可更新资源与能源最少化，输出废弃物最少化和综合福利最大化的过程，指的是住区的外在形态结构合理，住区系统代谢效率高；提供可持续的生态、社会、人文等物质及非物质方面的福利，并向着不断寻求动态平衡的发展演进。

适于我国国情的可持续住区形态应具备相对紧缩，注重基础设施有效构建，科学合理规划布局与功能混合，住房建筑生态节能，维持住区代谢的高效及保障福利的供给等特征。从住区代谢效率角度而言，高效的住区代谢应是投入一定量的物质、能量与服务，在住区系统内部代谢过程中，消耗最少的不可更新资源与能源，输出废弃物最少化和社会综合福利的最大化。就住房制度改革等政治手段及管理措施而言，则在达到其政治、管理目标之内，结合住房规划设计及区位功能的科学、合理安排，基于现有的物理基础设施网络形成资源优化配置管理，综合以上各点，才可能最终达成住区代谢的高效性，实现住区的可持续发展。

二、研究展望

本章就两个典型时间节点的住区进行了深入调查与分析比较，但总体来说调查的样本量不大，仅为两个类型的住区代谢剖析，未来研究需从以下几个方面着手。

（1）研究对象及尺度上扩展。结合遥感信息提取、GIS 空间分析等手段对多个类型的住区进行综合性研究，扩大调查样本的范围。选取适用于较大尺度住区及城市的指标对整个区域的住区及代谢进行深入探索。

（2）研究方法拓展。从代谢角度的研究应与空间形态分析、社会学及经济学调查结合起来。可采用空间技术方法，如建筑拓扑方法、数字地图、GIS 绘图、样地调查、多中心分析法等手段对微观住区形态及宏观的城市形态、空间可达性及通勤方式等进行度量；社会层面涉及邻里相关数据的深入分析；经济层面包括了房地产数据分析预测与模型等手段的扩展，从而更加深入地诠释空间形态与住区乃至整个城市尺度的代谢相互作用机制。

（3）研究内容拓展。一方面，从社会福利角度出发，研究适当的方法对住区代谢及输出所产生的社会福利进行定性或定量测度，从而对可持续住区评价指标体系继续深入研究，结合适当的福利指标对住区财富加以量化；另一方面，从生态学视角出发，结合地理学、人居环境科学、城市规划与设计等学科，探索住区形态及城市代谢如何与可持续城市建设及规划有效结合，城市生态系统服务价值如何在当地尺度进行优化分配，城市整体生态环境承载力如何与城市总量控制结合，生态化的土地利用模式如何与城市土地利用功能多样化的有效结合。

参 考 文 献

[1] 谭少华, 段炼, 赵万民, 等. 基于能值分析的人居环境建设系统价值评价. 城市规划学刊, 2009, (3): 53-57.

[2] 马其芳, 黄贤金, 于术桐, 等. 物质代谢研究进展综述. 自然资源学报, 2007, 22(1): 141-152.

[3] 邓金锋. 生命周期评价法(LCA)在环境评估中的应用. 海峡科学, 2009, (6): 123-124.

[4] Hau J L, Bakshi B R. Promise and problems of emergy analysis. Ecological Modelling, 2004, (178): 215-225.

[5] 胡军, 孙莉. 制度变迁与中国城市的发展及空间结构的历史演变. 人文地理, 2005, 20(1): 19-23.

[6] 陈万灵. 社区研究的经济学模型——基于农村社区机制的研究. 经济研究, 2002, 9: 57-66.

[7] 郑思齐, 符育明, 刘洪玉. 城市居民对居住区位的偏好及其区位选择的实证研究. 经济地理, 2005, 25(2).

[8] 百度百科. 厦大白城. http: //baike. baidu. com/view/2840059. html?fromTaglist [2009-09-26].

[9] 厦门大学资产与后勤事务管理处. 厦门大学教职工住宅区物业服务策划方案(征求意见稿). http: //zchqc. xmu. edu. cn/show. asp?id=112[2008-01-15].

[10] 厦门市建设与管理局, 厦门市城市规划设计研究院. 厦门市社会保障性住房发展(2007~2010). http: //www. xmzfbz. gov. cn/develop/fzgh2. htm[2007-12-29].

[11] 程颖, 赵燕菁, 李金卫. 厦门市前埔居住小区规划. http: //info. tgnet. cn/Detail/ 2008012522005022573/ [2008-01-25].

[12] 李栋. 城市人居环境能量代谢的生态学研究. 北京: 中国科学院研究生院博士学位论文, 2008.

[13] 清华大学建筑节能研究中心. 中国建筑节能年度发展研究报告(2009). 北京: 中国建筑工业出版社, 2009.

[14] 刘天星. 城市住宅建筑代谢及其环境影响研究. 北京: 中国科学院研究生院硕士学位论文, 2005.

[15] 冯健, 陈秀欣, 兰宗敏. 北京市居民购物行为空间结构演变. 地理学报, 2007, 62(10): 1083-1096.

[16] 爱意汽车网. 金龙中巴油耗. http: //oil. ieche. com/oil/seriesoil. asp?sid=636[2009-03-25].

[17] 厦门节能公共服务网. 厦门一位出租车司机的油耗账. http: //xmecc. xmsme. gov. cn/2005-8/2005817114904. htm[2005-08-17].

[18] 厦门市道路运输管理处, 厦门公交集团有限公司, 厦门夏文文化传播公司. 厦门市公交线路指南. http: //xmgjt. com/gy. asp?id=45[2009-04-15].

[19] 厦门市快速公交运营有限公司. 关于申请制定快速公交票价的请示. http: //www. xmwj. com/Research/ jgyj_dz_detail. aspx?Arid=390[2008-06-10].

[20] 厦门市集美区政务信息中心. 快速公交: 拉近岛内岛外的心理距离. http: //www. jimei. gov. cn/myoffice/documentComm. do?docId=D21843[2008-08-19].

[21] 赵平, 同继锋. 绿色建筑对建筑材料的要求. 中国建材科技, 2003, 6: 1-10.

[22] Fred H. Designing the City: towards a More Sustainable Urban form. London: E and FN Spon Press, 1999.

[23] 沈甫法. 报废汽车中黑色金属的回收. 中国资源综合利用, 2000, (8): 12-16.

[24] 方海峰, 黄永和, 王可. 报废汽车非金属材料回收利用技术研究. 汽车技术, 2008, (12): 45-49.

[25] 东莞非金属回收网. 家电回收在废弃中重生. http: //www. ytlaifu. cn/jshs1/fp1465. htm[2009-10-06].

[26] 李兆坚, 江亿. 我国房间空调器材料资源消耗状况分析. 暖通空调, 2007, 37(3): 25-31.

[27] 王克红, 赵黛青, 王伟. 太阳能热水器和电热水器的环境和经济效益分析与评价. 能源工程, 2006, (5): 4-8.

[28] 李金惠, 温雪峰. 电子废物处理技术. 北京: 中国环境科学出版社, 2006.

[29] 李金惠, 温雪峰, 刘彤宙, 等. 我国电子电器废物处理处置政策、技术及设施. 家电科技, 2005, (01): 31-34.

[30] 厦门易房网. 我国建筑垃圾的数量已占到城市垃圾总量的30%～40%. http: //www. xmgov. com/?action-viewnews-itemid-18368[2010-04-16].

[31] 高培卿. 厦门市城市生活垃圾管理与综合治理规划. 环境卫生工程, 2007, 15(5): 8-11.

[32] 厦门大学人文学院. 厦门大学人文学院教师聘任考核补充规定. http: //jwc. xmu. edu. cn/jiaoyujiaoxue-gaige/renwenpingren. htm[2009-05-07].

[33] Meillaud F, Gay J B, Brown M T. Evaluation of a building using the emergy method. Solar Energy, 2005, 79(2): 204-212.

[34] 厦门大学. 厦门大学简介. http: //www. xmu. edu. cn/xdjj. asp[2010-03-31].

[35] 厦门大学. 厦门大学 2010 届毕业生供需见面会邀请. http: //www. aoturen. com/2010/0122/76. html[2010-01-23].

[36] 郭亚帆. 稳健统计以及几种统计量的稳健性比较分析. 统计研究, 2007, 24(09): 82-85.

[37] Holden E, Norland I T. Three challenges for the compact city as a sustainable urban form: household consumption of energy and transport in eight residential areas in the Greater Olso Region. Urban Studies, 2005, 42(12): 2145-2166.

[38] 黄书礼. 都市生态经济与能量. 台北: 詹氏书局, 2004.

[39] Huang S L, Hsu W L. Materials flow analysis and emergy evaluation of Taipei's urban construction. Landscape and Urban Planning, 2003, 63(2): 61-74.

[40] 李栋, 王如松, 周传斌. 基于 LEAP 的城市居住区能值评价与复合情景分析. 中国科学院研究生院学报, 2009, 26(1): 72-82.

[41] 张妍, 杨志峰. 北京城市物质代谢的能值分析与生态效率评估. 环境科学学报, 2007, 27(11): 1892-1899.

[42] Park R E. Introduction to the Science of Sociology. Chicago: University of Chicago Press, 1921.

[43] 刘晶茹, 王如松, 王震, 等. 中国城市家庭代谢及其影响因素分析. 生态学报, 2003, 23(12): 2672-2676.

[44] 厦门大学工会. 学校召开教职工住宅物业管理座谈会. http: //xdgh. xmu. edu. cn/news/news. asp?id= 472 [2007-12-14].

[45] Li D, Wang R S. Hybrid Emergy-LCA(HEML)based metabolic evaluation of urban residential areas: the case of Beijing, China. Ecological Complexity, 2009, 4(6): 484-493.

[46] 李琳, 黄昕珮. 城市形态可持续性目标的实现——读《迈向可持续的城市形态》. 国际城市规划, 2007, 22(1): 99-105.

第八章　城市住区形态变迁碳足迹评估

第一节　研　究　概　述

城市化是人类改造自然生态系统强度最大、最直观且不可逆转的过程[1]。当前世界发达国家的城市化水平均在 80%以上,排在前几位的比利时为 97%、英国为 89%、澳大利亚为 86%;而中国近年来每年约有 120 万人从农村进入城市,预计到 2020 年中国城市化率也将达到 60%[2,3]。

随着城市化的迅速推进,城市生产与消费活动大大增强,由人类活动产生的温室气体排放越来越受到重视。有研究表明,全球 78%与能源消耗有关的二氧化碳是由城市人类活动排放引起的[4]。大量的人为碳排放不仅会诱发全球变暖,还可能打破全球碳循环平衡状态,导致诸如富营养化、光化学污染、水体有机污染等众多生态环境问题[4-6]。

长期以来,人类活动的温室气体排放研究多集中于产业、经济、能源、贸易等领域,很大程度上忽视了作为社会终端消费单元、生产活动原始驱动力的家庭生活消费。家庭作为社会生活的基本单位,居民在衣、食、住、行等日常生活中均会产生直接及间接碳排放。近年来许多国家的研究也表明,由家庭生活消费带来的能源消耗及温室气体排放比例越来越不容忽视。如 Wang 和 Shi[7]研究指出,1995~2004 年,由中国家庭消费引起的碳排放占总碳排放的比例由 19%上升到 30%;而英国 2006 年这一比例达到 27%,美国 2008 年这一比例达到 38%[8]。美国密歇根州立大学研究人员近日也发布报告称,如果美国普通家庭能够采取切实的节能行动,10 年后美国 CO_2 排放量可望在目前基础上减少 7.4%[9]。在这样的背景下,从全新的视角——家庭生活消费入手,开展生活消费对能源消耗、温室气体排放、生态环境影响的研究逐渐成为学术界关注的热点[10-14]。

另外,城市化的迅速推进也伴随着城镇人口的急剧增加。联合国统计显示:2007 年年底地球上已有超过一半的人口聚集在城市区域内。而根据《中华人民共和国国民经济和社会发展第十三个五年规划纲要》(简称《规划纲要》),预期到 2020 年我国常住人口城镇化率将达到 60%,按照《规划纲要》中 14.2 亿的总人口控制目标,城镇人口规模将突破 8.5 亿[15]。城市人口的如此剧增,很大程度上促使人类住宅建设进入了一个高速发展的阶段。与此同时,随着城市化进程的加快,城市住宅小区的居住形态也在发生着巨大的变化。特别是在我国,伴随着住房制度改革的推进,住区形态的巨大变化不仅表现在居住小区空间分布形态和建筑样式的改变,住区中居民生活方式、居住条件、生活观念的改变也是其重要的表现形式。

近年来,随着环境问题的突出和继之而来的绿色建筑、低碳城市等概念的兴起,人类对居住环境的要求也越来越高——不再简单追求舒适和便捷,而是同时兼顾生态、环保、节能减排,特别是环境健康等可持续发展要求[16,17]。《中国 21 世纪议程——中国 21 世纪人口、环境与发展白皮书》中也明确指出:未来人类居住区发展的目标就是通过政府部门和立法机构制定并实施相应的政策法规和发展战略,以此来促进人类住区的可持续发展。因此,在住区形态变迁的背景下为日益增多的城市人口提供可持续的住区，将成为今后几十年众多城市可持续发展的重要议题之一。

在节能减排观念日益深入人心的今天，低碳正在逐渐成为新形势下可持续住区建设的一个重要指标。而家庭作为住区的基本组成单元，其碳排放水平的高低将直接影响住区的低碳化水平。因此，本章以家庭生活碳排放研究为切入点，以家庭生活消费为研究对象，通过深入对比不同人口经济特征、不同住区形态下居民家庭碳排放的差异性，来探寻居民生活碳排放的影响因素及低碳型家庭、低碳型社区应该具备的基本特征。一方面，本书可作为从家庭生活消费入手开展人类活动对温室气体排放影响研究的典型案例；另一方面，本书所得结论可为家庭节能减排措施的制定、低碳型社区的建设及社区可持续发展道路的探寻提供一定的科学依据，并作为城市效率学的重要理论支撑。

第二节　数据及方法

一、数据来源

本章中的家庭活动消费数据及家庭基本情况数据都通过调查问卷收集，具体调查项目、调查方法和调查地点参见第六章第二节数据来源部分。

二、碳排放源

参照家庭碳排放源的研究现状，结合数据收集难易程度，选取居民日常生活中具有较大碳减排潜力且数据可得性较好的排放源作为研究对象。最终选定的家庭碳排放源包括：家庭用电；家庭炊事取暖燃料使用；交通出行；家庭生活垃圾处理；家庭生活废水处理；家庭食品消费；家庭住房消费共 7 项活动所产生的直接和间接碳排放。

三、计算方法

1. 家庭用电和用燃气所产生的碳排放计算

本书中用电和用燃气所产生的碳排放是按照《IPCC 国家温室气体清单指南》（以下简称《IPCC 指南》）中的基本公式 Emissions=AD×EF，即排放量等于家庭各类的活动数据乘以相应的排放系数计算得到的。

因本书所得调查问卷数据中用电和用燃气为开支数据，并不是实物消费量，所以先按照厦门市物价局提供的厦门市居民用电电价、燃气费单价，分别折算出家庭每月用电量和燃气使用量，然后采用 Emissions=AD×EF 基本公式计算出各自产生的碳排放量。这里引用的用电碳排放系数和各类燃气碳排放系数来源如下。

1）电的碳排放系数

对于用电来说，因厦门处于华东区域电网所辖范围，其碳排放因子采用 2009 年国家发展和改革委员会应对气候变化领导小组办公室所公布的，华东区域电网"电量边际排放因子"和"容量边际排放因子"加权求得，其计算公式如下：

$$EF_{电}=w_{OM}EF_{OM}+w_{BM}EF_{BM} \tag{8.1}$$

其中，$EF_{电}$为华东区域电网 2009 年的电力组合边际排放因子；EF_{OM}为华东区域电网 2009 年的电力边际排放因子[18][0.8825kg CO_2/（kW·h）]；EF_{BM} 为华东区域电网 2009 年的容量边际排放因子[0.6826kg CO_2/（kW·h）]；w_{OM} 和 w_{BM} 分别为对应的边界排放因子权重值，这里均取 0.5。

2）燃气的处理及碳排放参数

对于燃气来说，厦门市居民炊用燃料种类主要为液化石油气和管道煤气两种，2008 年这两类燃气使用比例达到 97.3%[19]，因此本书只计算厦门市居民这两类燃气使用所产生的碳排放。根据厦门市最新统计数据[19]，2009 年液化石油气和管道煤气使用份额近似为：液化石油气（liqucfied petroleum gas, LPG），63.36%；管道煤气，36.64%。据此将调查问卷所得燃气费分摊到这两种燃气上，然后按照厦门市物价局提供的 2009 年燃气价格（管道煤气，4.00元/m³；LPG，5.59 元/kg）分别计算出每个家庭这两种燃气的用量，最后采用上述基本公式计算出家庭燃气使用产生的碳排放。其中，液化石油气和管道煤气的碳排放因子均采用 IPCC推荐值。

2. 居民交通出行碳排放

问卷调查访谈得到的数据是受访者根据其主观印象给出的估值，内容包括出行目的、出行的主要方式、出行所耗时间、每周出行的频次四个主要部分。对于居民交通出行产生的碳排放，本章采用不同出行方式单位时间的碳排放强度与所耗时间乘积之加和来表示。

$$E_{出行} = \sum_j EF_j \times T_j \times f_j \times (52/12) \qquad (8.2)$$

式中，$E_{出行}$ 为平均每月由居民出行产生的总碳排放量（kg C/月）；EF_j 为第 j 种出行方式单位时间的碳排放强度（kg C/min）；T_j 为第 j 种出行方式每次出行所耗平均时间（min/次）；j 为出行方式，主要有步行、自行车、私家车、出租车、普通公交、BRT、班车、摩托车共 8种；f_j 为第 j 种出行方式每周出行的频次（次/周）；52/12 为周与月之间的换算关系。其中，T_j 和 f_j 都来源于问卷调查，而 EF_j 分别采用如下方法计算得来。

（1）步行、自行车：因这两种出行方式均不产生相应的燃料消耗，所以将其单位时间碳排放强度视为 0。

（2）私家车、出租车、普通公交、BRT、班车：这 5 种交通工具的单位时间碳排放强度采用如下方法计算：

$$EF_j = S_j \times E_j / Q_j / V_j a \times G \times ef \qquad (8.3)$$

式中，EF_j 为第 j 种出行方式单位时间的碳排放强度；S_j 为第 j 种出行方式的年总运营里程；E_j 为第 j 种出行方式的每百公里油耗量；Q_j 为第 j 种出行方式的年客运量；V_j 为第 j 种出行方式的人均出行耗时数据；a 为所用燃油密度（柴油取 0.875 kg/L；汽油取 0.725 kg/L）；G 为所用燃油类型的净热值；ef 为所用燃油类型的碳排放因子（取 IPCC 缺省值）。其中，各类交通工具年总运营里程、年客运量、人均出行耗时等数据来自厦门市交通委员会编制的《2008厦门交通邮电发展报告》。各类交通工具的每百公里油耗数据则来自于文献调研及公交公司调研（具体数据如表 8.1 所示）。另外，本书将私家车与出租车视为同一能耗和碳排放类型的交通工具。

表 8.1　各类交通工具运作情况对比

交通方式	年总运营里程/ （100km/a）	百公里油耗/ （L/100km）	年客运量/ （p-t/a）	人均出行耗时/ （min/p-t）	耗油类型	净热值/ （kJ/kg）	燃油碳排放因子/ （kg C/GJ）
出租	62055780.00	10.5	22813.00	25.46	汽油	43070	69300
普通公交	1763045.46	25	41180.90	25.46	柴油	42652	74100
BRT	26825.15	36	2375.27	25.46	柴油	42652	74100
定点班车	536954.54	23	15243.83	25.46	柴油	42652	74100

（3）摩托车：厦门市的摩托车以电动为主，电摩的平均时速为 30~35 km，行驶 60~80 km 平均耗电 1 度左右。如果按 1.2 kW·h 电能行驶 70km 计算，电摩每小时耗电量约为 0.343 kW·h，折算为碳排放约为 0.00474 kg C/min。

3. 居民食品消费碳排放

对于食品消费产生的碳排放，因为其自身所含碳元素经人体代谢产生的直接碳排放在生活废水中已经核算，为了避免重复，本章只计算其产生的间接碳排放。

对于食品消费产生的间接碳排放，由于所得数据的匮乏，本章根据中国科学院成都山地灾害与环境研究所智静和高吉喜[20]计算出的中国城乡居民食品消费直接碳排放与间接碳排放数量对比关系，结合厦门市居民食品消费产生的直接碳排放数据得出。其计算公式如下：

$$E_{间接} = E_{直接} \times K \tag{8.4}$$

式中，$E_{间接}$ 为指食品产生的间接碳排放；$E_{直接}$ 为指食品产生的直接碳排放；K 为食品消费间接碳排放和直接碳排放之间的比例关系。

需要指出的是，智静等在计算食品间接碳排放时主要考虑了上游农用化学品施用产生的碳排放量，以及与食品相关的间接能源消费产生的碳排放。而间接能源消费产生的碳排放又由 3 个部分组成：食品生产加工过程中能源消耗所产生的碳排放；食品运输仓储过程中能源消耗所产生的碳排放；家庭终端消费过程中能源消耗所产生的碳排放。家庭终端食品消费过程中的能源消耗，主要包括炊事能源消耗和食品储存的能源消耗，而这两部分用能均已经包含在前面的家庭总用电和总燃料使用中，因此本章在数据引用时，根据食品间接能源消费碳排放比例结构情况，将这部分间接碳排放排除在外，从而避免了生活消费碳排放的重复计算。经过调整后的中国城镇居民食品直接/间接碳排放数量对比关系（K）如表 8.2 所示。

表 8.2　中国城镇居民食品直接/间接碳排放数量对比关系

项目	数值
直接碳排放	52.44 kg C/人
间接碳排放	374.18 kg C/人
农药化肥施用产生碳排放	3.38 kg C/人
食品生产加工耗能产生的碳排放	58.37 kg C/人
食品运输仓储耗能产生的碳排放	312.43 kg C/人
间接碳排放/直接碳排放（K）	7.14

而计算所需的中间数据——食品直接碳排放量 $E_{直接}$，由 2009 年厦门市居民"单位食品消费开支的碳排放强度"乘以调查问卷"厦门市居民食品开支数据"得来。在计算单位食品开支的碳排放强度时，采用"消费量乘以碳折算系数"法：

$$W_c = \sum_{i=1}^{n} w_i \times r_i \tag{8.5}$$

$$r_i = c_{p_i} \times p_i + c_{f_i} \times f_i + c_{c_i} \times c_i \tag{8.6}$$

式中，W_c 为所有食物的总碳量；w_i 为食物 i 的消费量；r_i 为食物 i 的碳折算系数；n 为消费食物的种数；c_{p_i}、c_{f_i}、c_{c_i} 分别为食物 i 中蛋白质、脂肪和碳水化合物的含量；p_i、f_i 和 c_i 分别为食物 i 中蛋白质、脂肪和碳水化合物的含碳量。其中，含碳量是根据食物蛋白质、脂肪和碳水化合物的化学组成折算而得的，不同食物中蛋白质、脂肪和碳水化合物的含量来源于《食物成分表》。

本书所涵盖的食品项目及所采用的碳折算系数如表 8.3 所示。计算所需的食品消费量数据来自《2009 年厦门经济特区年鉴》中的"300 户城镇居民家庭主要食品消费量"和"210 户农民家庭人均主要食物消费量"。食品消费开支数据也来自《2009 年厦门经济特区年鉴》中"300 户城镇居民家庭消费支出"和"210 户农民家庭人均全年现金收支情况"的相关记录条目。

表 8.3　各类食品碳折算系数

食品类	碳折算系数 kg C/kg
大米	0.3268
食用植物油	0.7666
畜禽肉	0.2546
蛋类	0.151
水产品	0.1433
蔬菜	0.0274
水果	0.0498
酒饮类	0.0411
奶类	0.0629

4. 家庭生活垃圾处理间接碳排放

家庭日常生活产生的各种垃圾在其末端处理时会带来间接的温室气体排放，因此本章将居民生活垃圾作为家庭碳排放源之一。根据厦门市市容环境卫生管理处的数据，2009 年厦门市生活垃圾约有 80% 采用填埋处理，20% 采用焚烧处理。所以这里主要计算这两种生活垃圾处理方式所产生的温室气体排放量。据《IPCC 指南》，对垃圾填埋产生的温室气体需要计算 CH_4 和 CO_2 的排放量，其他气体如 O_2、N_2、H_2S、烷烃和芳烃等含量极少，因此本章主要计算厦门市居民生活垃圾填埋时产生的 CH_4 和 CO_2 排放量，具体计算公式如下[21]：

$$E_{CH_4} = \left[MSW \times \eta \times \sum_j (DOC_j \times W_j) \times r \times \frac{E_{CH_4}}{12} \times 50\% - R \right] \times (1-OX) \times GWP_{CH_4} \quad (8.7)$$

$$E_{CO_2} = MSW \times \eta \times \sum_J (DOC_j \times W_j) \times r \times 50\% \times \frac{44}{12} \quad (8.8)$$

式中，E_{CH_4} 为填埋产生的 CH_4 量；E_{CO_2} 为填埋产生的 CO_2 排放量；MSW 为城市生活垃圾总量；η 为垃圾填埋率（取 80%）；DOC_j 为可降解组分 j 中可降解有机碳的百分比；W_j 为可降解组分 j 的百分比；r 为垃圾中可降解有机碳的分解百分率（取 IPCC 缺省值 0.5）；12 为 C 的分子量；44 为 CO_2 的分子量；50% 为填埋气中 CH_4 和 CO_2 各自所占的比例；R 为 CH_4 的回收率，2009 年厦门市运行中的垃圾填埋场均未回收 CH_4，故取 0 值；OX 为 CH_4 的氧化比例，除了覆盖有氧化材料的填埋场，其他管理或未管理的填埋场的 OX 缺省值都是 0[22]；GWP_{CH_4} 为 CH_4 相对于 CO_2 的 100 年全球增温潜势，取 21[23]。

上式中可降解组分 j 中可降解有机碳的百分比 DOC_j 及其可降解组分 j 的百分比 W_j 如表 8.4 所示。

表 8.4 垃圾成分 j 的质量百分比及其可降解有机碳的含量（%）

成分 j	W_j	DOC_j
厨余	34.78	15
灰土	38.62	—
砖瓦陶瓷	0.83	—
贝壳	0.59	—
纸类	4.53	40
塑料	16.71	—
橡胶	0.35	39
金属	0.39	—
玻璃	1.34	—
纺织物	1.05	24
木竹	0.82	43
其他	0.00	—

由于生活垃圾焚烧产生的温室气体主要是 CO_2 和 N_2O，其中 N_2O 产生于温度 500~950℃ 的燃烧过程中[24]，本书主要计算焚烧中这两种温室气体的产生量，计算公式如下：

$$E_{CO_2} = MSW \times \eta \times \sum_j (W_j \times dm_j \times CF_j \times OF_j) \times r \times 50\% \times \frac{44}{12} \quad (8.9)$$

$$E_{N_2O} = MSW \times \eta \times EF_{N_2O} \times 10^{-3} \times GWP_{N_2O} \quad (8.10)$$

式中，E_{CO_2} 和 E_{N_2O} 分别为垃圾焚烧产生的 CO_2 和 N_2O 排放量；MSW 为城市生活垃圾总量；η 为垃圾焚烧率（这里取 20%）；W_j 为垃圾中可降解组分 j 的百分比；dm_j 为成分 j 中的干物质含量；CF_j 为成分 j 中总碳占干重的比例；OF_j 为 j 的氧化因子，假设各成分中的碳均完全氧化；EF_{N_2O} 为垃圾焚烧的 N_2O 排放因子（取 IPCC 推荐值 0.05gN_2O/kg 生活垃圾）；GWP_{N_2O}

为 N_2O 的全球增温潜势值，取 310。

采用的垃圾中可降解组分 j 的百分比 W_j；垃圾成分 j 中的干物质含量 dm_j；成分 j 中总碳占干重的比例 CF_j 值如表 8.5 所示。

表 8.5　垃圾成分 j 的可降解有机碳含量及干物质中总碳的比例

成分 j	W_j	dm_j	CF_j
厨余	34.78	40	38
灰土	38.62	90	3
砖瓦陶瓷	0.83	100	—
贝壳	0.59	100	11
纸类	4.53	90	46
塑料	16.71	100	75
橡胶	0.35	84	67
金属	0.39	100	
玻璃	1.34	100	—
纺织物	1.05	80	50
木竹	0.82	85	50
其他	0.00	90	3

5. 家庭生活废水处理间接碳排放

对于生活废水主要计算其经无氧处理时产生的 CH_4 排放量。计算式为

$$E_{CH_4}=W \times P_{COD} \times \eta \times EF_{CH_4} \times GWP_{CH_4} \qquad (8.11)$$

式中，E_{CH_4} 为污水处理产生的 CH_4 排放量；W 为处理的污水量；P_{COD} 为废水中的 COD 含量；η 为厌氧处理百分率；EF_{CH_4} 为 CH_4 排放系数，取 IPCC 缺省排放系数 0.25 kg CH_4/kgCOD；GWP_{CH_4} 为 CH_4 相对于 CO_2 的 100 年全球增温潜势，取 21。

同样，因本书的调查问卷所得数据为家庭每月水费，所以先按照厦门市物价局提供的 2009 年居民生活用水价格，折算出家庭每月用水量（假设生活所用净水全部转换为生活污水）。然后根据 2006 年厦门市城镇生活污水排放系数，以及城镇生活污水中 COD 产生系数[23]共同折算出废水中的 COD 含量。

6. 住房建筑材料碳排放

居民居住的房屋，在其整个生命周期中会产生各种直接或间接碳排放[25,26]。一般来说，建筑物的生命周期阶段包括建筑原材料的采掘加工、房屋的建造、房屋的使用和使用后处置 4 个主要过程。由于数据获取方面的限制，加之房屋使用过程中能耗和碳排放就是指居民生活用电和燃气等产生的能耗与碳排放，有重复计算的问题，所以对于居民住房消费产生的碳排放，本书只计算住宅建设时所使用的主要建筑材料生命周期过程中产生的间接碳排放，而不考虑建筑物的投入使用及拆毁过程中的能耗与碳排放。

对于住宅建设时所使用的主要建筑材料生命周期过程中产生的碳排放，本书主要参考刘

晶茹等[27]在研究北京两种家庭住宅类型部分生命周期过程中环境排放时所得的计算方法与结果。在他们的研究中，选取的对象是北京市两座典型的居民住宅楼：高层住宅楼（18 层）和低层住宅楼（6 层）；测算的范围主要是两座居民楼所使用建筑材料生命周期过程产生的环境排放与能源消耗；所采用的方法为生命周期分析法和 Boustead 模型。Boustead 模型由英国 Boustead 公司开发，是目前已经得到广泛认可的生命周期分析软件,它包括非常详细的工艺与产品清单分析数据库和系统连接模块，使用户可以自己建立所研究产品的工艺链，进而分析物流和能流。

刘晶茹等的计算结果表明，这两座典型居民住宅楼所消耗的主要建筑材料生命周期过程的大气排放物主要是 CO_2，其次是 CO、SO_x、NO_x 和粉尘。具体每平方米建筑面积所使用建筑材料生命周期的大气排放量如表 8.6 所示。

表 8.6　单位面积所耗建材全生命周期废弃物排放量

大气排放物	高层住宅楼/（kg/m²）	低层住宅楼/（kg/m²）	全球增温潜势 GWP_j
CO	20.1	7.5	2
CO_2	954.2	828.51	1
NO_x	6,2	2.68	310
SO_x	6.7	4.63	—
粉尘	2.27	2.63	—

由于本书的目的主要是探究家庭生活消费对温室气体排放和全球变暖的影响，因此这里仅选取对全球变暖产生贡献的几种大气排放物，包括 CO_2、CO、NO_x 3 种。根据各类温室气体的全球增温潜势，以及居民家庭住宅面积可以折算为每个家庭由住房建筑材料所产生的排放量，具体计算方法如下：

$$E_{住房} = \sum_j (EF_j \times GWP_j) \times Area \qquad (8.12)$$

式中，$E_{住房}$ 为家庭住房建筑材料生命周期中产生的碳排放；EF_j 为单位建筑面积所耗建材生命周期中产生的第 j 类温室气体排放量（这里主要测算 CO_2、CO、N_2O 三类温室气体）；GWP_j 为第 j 类温室气体的全球增温潜势；Area 为家庭住房建筑面积，该数据来源于问卷调查。而各个社区家庭住宅楼的层数数据由现场实地调研得来。

四、分析方法

本章的碳排放分析主要在住区尺度下，将各住区家庭数据进行整合，即平均化处理，以此代表整个社区的特征，在此基础上做以下分析：①通过单因素方差分析来检验不同住区类型下家庭碳排放是否存在差异性，从而识别出住区要素对家庭碳排放的影响因子；②通过逐步多元回归分析，找出住区尺度家庭碳排放的主要影响因素；③通过聚类分析总结出低碳社区应具有的社会经济、人口、住房等方面的特征。

因此，本书采用的统计分析方法主要有单因素方差分析、逐步多元回归分析和聚类分析 3 种，现对各方法介绍如下。

1. 单因素方差分析

单因素方差分析也称一维方差分析，用于检验由单一因素不同水平分组影响的若干相互独立的因变量均值差异是否具有统计意义，也可以对某因素的若干水平分组中哪一组与其他各组均值间是否存在显著性差异进行分析，即进行均值的多重比较。它要求因变量总体属于正态分布。如因变量的分布明显非正态，则不能使用该过程，而应使用非差数分析过程[28]。

2. 逐步多元回归分析

多元线性回归是研究因变量与两个或两个以上自变量之间的回归关系，以确定各个自变量对因变量的单独效应或综合效应的方法。常用的建立回归方程的方法有：强迫引入法（Enter）、强迫剔除法（Remove）、向前引入法（Forword）、向后剔除法（Backwod）、逐步引入剔除法（Stepwise）5 种[29]。而本书为了消除自变量之间的多重共线性，选择了逐步引入剔除法，即逐步多元回归法。

逐步多元回归是以一个自变量开始，对要引入自变量的方差贡献进行显著性检验，将检验结果显著的自变量按其对因变量作用的大小逐个引入方程。新的变量一经引入，由于各变量之间的相互关系，原有的变量可能变为不显著，再次对已引入的自变量逐个检验，进一步剔除不显著因子，保留显著因子。这个过程反复进行，直到既没有不显著的自变量选入回归方程，也没有显著自变量从回归方程中被剔除为止，从而保证了所建立的最优方程中自变量对因变量的贡献始终是显著的。

另外，为了从统计上检验回归结果是否真实可信，对回归方程进行了共线性诊断。共线性诊断基于对自变量的观测数据构成的矩阵进行分析，使用各种反映自变量相关性的指标来帮助诊断自变量之间是否具有共线性，常用指标有方差膨胀因子和条件指数。方差膨胀因子 VIF 是指回归系数的估计量，由于自变量的共线性使得其方差增加的一个相对度量。一般建议，若 VIF>10，表明模型中有很强的共线性问题。而条件指数是刻画自变量矩阵特征值之间比值的奇性的一个指标，一般认为，条件指数值 10~30 为弱相关，30~100 为中等相关，大于100 表示自变量之间有强相关性。

3. 聚类分析

聚类分析是根据事物本身的特性研究个体分类的方法，个体间有较大相似性的为一类。聚类方法一般可分为快速样本聚类和分层聚类。分层聚类可自动确定聚类类别，适宜于小样本分析，而快速聚类适用于大样本的聚类分析，且需在多次聚类后人工依据实际情况进行选择[28]。本书选用快速样本聚类，它能快速地把各观测量分到各类中去。其原理是，如果选择了 n 个变量参与聚类分析，最终要求聚类数为 K，那么由系统首先选择 K 个样本作为聚类种子（也称作初始类别中心），按照距这几个类中心距离最小的原则将其余样本分派到初始的 K 类中，至此第一次迭代完成，形成了初始的 K 类。然后，重新计算每一类中各样本变量的均值，将这些均值构成的 n 维空间点作为第二次迭代的类别中心，再按照其余样本距离类中心的距离重新将所有样本划分为 K 类，如此迭代下去，直至达到指定的迭代次数或达到类中心不再变化的迭代终止判据，迭代停止，聚类结束。可以看出，快速样本聚类是一种逐步聚类过程：被聚类对象首先被粗略分类，然后经过逐步迭代调整，最终得到比较合理的分类方案。

第三节　碳排放分析

一、数据处理

1. 定性数据转为虚拟变量

本书的问卷数据可分为两类：一类是连续的定量指标，如家庭人口数、家庭月水费、月电费、月燃气费、家庭每日垃圾产量等调查项；另一类是定性的指标，如居住类型、婚姻状况、年龄、受教育程度、家庭月收入、住房面积、住房数量、建筑年代等调查项。为方便后续的数据处理，将这些定性数据转化为序列变量，并给予一定的编码，具体编码值表示如下。

居住类型：本地居民=1；外地居民=2。

婚姻状况：未婚=1；已婚=2；离异=3。

年龄（岁）：≤24 =1；25~30 =2；31~40 =3；41~50 =4；51~59 =5；≥60=6。

受教育程度：小学=1；初中=2；高中或中专=3；大学=4；研究生=5；其他=6。

家庭月收入（元）：≤2000=1；2000 ~5000=2；5000~10000=3；10000~20000=4；≥20000=5。

住房面积（m^2）：≤40=1；40~70=2；70~90=3；90~120=4；120~150=5；≥150=6。

住房数量：0 套=1；1 套=2；2 套=3；3 套及以上=4。

住房建筑年代：20 世纪 80 年代以前为主=1；20 世纪 80~90 年代=2；20 世纪 90 年代~2000 年=3；2000 年以后为主=4。

2. 有效数据的选择

共收回问卷 1485 份，但考虑问卷质量和数据的有效性，在计算家庭碳排放之前对问卷数据进行了严格的筛选。对于信息不完整（缺填，填写无效均视为该项信息缺失）的调查问卷一律舍去，仅保留所有单项信息都完整的问卷。最终保留 714 份问卷作为有效样本进行后续的分析。

二、样本情况

1. 家庭样本基本情况分析

对 714 份有效样本进行描述性统计分析，得到的样本各项信息基本情况如表 8.7 所示。

表 8.7　样本基本情况

选项	频率/%
居住类型	本地，427（59.8%）；外地，287（40.2%）
婚姻状况	未婚，155（21.7%）；已婚，550（77.0%）；离异，9（1.3%）
家庭人口数	1，26（3.6%）；2，59（8.3%）；3，343（48%）；4，147（20.6%）； 5，99（13.9%）；6，27（3.8%）；7 口及以上，13（1.8%）

续表

选项	频率/%
平均年龄	≤24，90（12.6%）；25~30，175（24.5%）；31~40，247（34.6%）；41~50，111（15.5%）；51~59，51（7.1%）；≥60，40（5.6%）
受教育水平	小学，49（6.9%）；初中，155（21.7%）；高中/中专，239（33.5%）；大学，228（31.9%）；研究生，32（4.5%）；其他，11（1.5%）
月收入	1，110（15.4%）；2，309（43.3%）；3，186（26.1)；4，77（10.8%）；5，32（4.5%）
住房面积	1，72（10.1%）；2，144（20.2%）；3，197（27.6%）；4，179（25.1%）；5，84（11.8%）；6，38（5.3%）
住房数量	0 套，226（31.7%）；1 套，386（54.1%）；2 套，89（12.5%）；3 套及以上，13（1.8%）
住房建筑年代	1，52（7.3%）；2，147（20.6%）；3，347（48.6%）；4，168（23.5%）

2. 住区样本基本情况分析

原预计在所选 44 个社区里每个社区发放并回收大约 40 份问卷，但经过数据预处理，去掉信息不完整和信息有误的数据后，每个社区实际剩下的问卷数如图 8.1 所示。

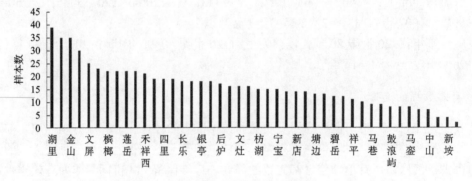

图 8.1　各社区有效样本情况

三、计算结果

将有效问卷计算所得家庭碳排放情况按照住区进行分类汇总，求出各社区家庭各项碳排放平均值，所得结果如图 8.2~图 8.5 所示。

1. 分社区户均碳排放情况

分社区户均碳排放计算结果如图 8.2 和图 8.3 所示。从行政区来看，厦门市下辖的 6 个行政区，其家庭户均碳排放从大到小依次（单位 kg C/月）为：同安区（1239.97），集美区（1208.55），翔安区（1095.69），思明区（1047.31），海沧区（970.09），湖里区（882.3）。从地理位置来看，岛内的湖里和思明区共有 28 个社区的数据有效，其户均碳排放为 991.78 kg C/月；岛外的四个区（海沧区、集美区、同安区、翔安区）共有 16 个社区的数据有效，其户均碳排放为 1098.32 kg C/月。岛内社区中，家庭户均碳排放排在前三的都来自思明区，分别是（单位 kg C/月）：上李（1585.05）、小学（1531.78）和禾祥西（1507.82），排在后三位的分别为长乐（721.23）、东渡（694.29）、枋湖（431.6）。岛外社区中，家庭户均碳排放排在前三位的分别为祥桥（1669.7）、宁宝（1582.27）、碧岳（1475.67），排在后三位的分别为城西（839.34）、新垵（673.67）、霞阳（577.68）。

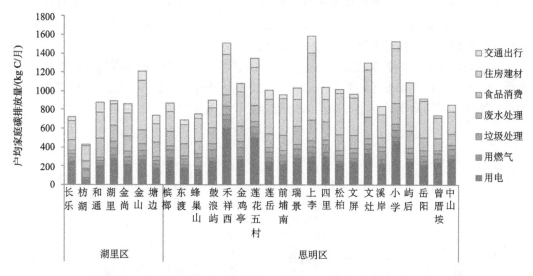

图 8.2　岛内 28 个社区家庭户均碳排放情况

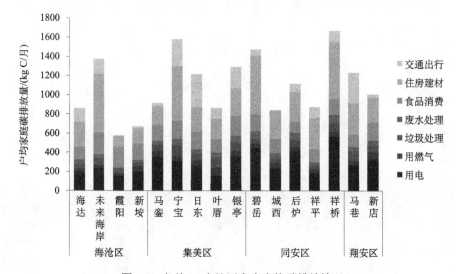

图 8.3　岛外 16 个社区家庭户均碳排放情况

2. 分社区人均碳排放情况

分社区的人均碳排放计算结果如图 8.4 和图 8.5 所示。从行政区来看，厦门市下辖的 6 个行政区，其家庭人均碳排放从大到小依次为（单位 kg C/月）：集美区（365.08），思明区（346.54），同安区（336.9），翔安区（310.29），海沧区（286.16），湖里区（250.14）。岛内 28 个社区的家庭人均碳排放为 321.21 kg C/月，其中，排前三位的分别为文灶（570.26）、上李（532.69）、小学（476.67），排后三位的分别为塘边（210.82）、东渡（205.49）、枋湖（172.73）；岛外16个社区的家庭人均碳排放为335.54 kg C/月，排前三位的分别为祥桥（475.71）、宁宝（449.66）、未来海岸（423.9），排后三位的分别为城西（217.6）、新垵（197.37）、霞阳（165.67）。

由以上结果可看出，岛外的家庭人均碳排放水平均高于岛内。另外，除了岛外的户均最低排放社区与人均最低水平能完全对应以外，在其他情况下，户均水平上最高和最低的社区，与人均水平上最高和最低的社区并不是一一对应的关系，这主要是不同社区平均家庭人口规模不同造成的。尤其值得重视的是，不论户均碳排放还是人均碳排放，祥桥社区都处于相对最高水平，而枋湖社区都处于相对最低水平。这是社区居民生活碳排放的两个极端案例，其呈现出的特征与规律对于居住小区节能减排措施的寻找具有重要的借鉴意义。

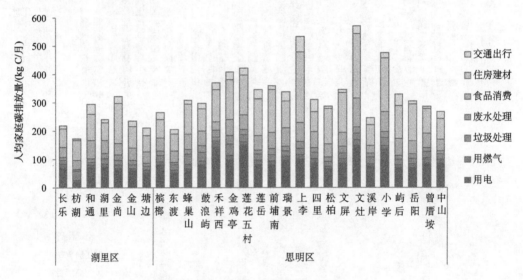

图 8.4　岛内 28 个社区家庭人均碳排放情况

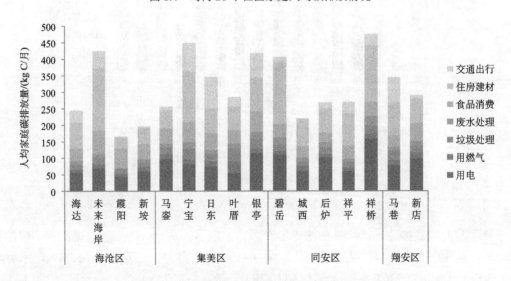

图 8.5　岛外 16 个社区家庭人均碳排放情况

第四节　住区间碳排放差异与影响因素

一、住区间碳排放差异分析

对住区家庭碳排放差异的分析，首先通过将家庭基本信息和碳排放计算结果分住区进行平均化处理，以此作为该住区的特征，然后按照不同的指标将住区分类，并采用单因素方差分析考察不同类型的住区家庭碳排放之间是否具有显著差异，如果差异显著，说明该分类指标可能是住区尺度上家庭碳排放的影响因素，如果差异不显著，则说明不是影响因素。最终选定的住区分类因子为：住区的家庭平均住房面积、住区主要的住房建筑年代、住区主要的住房建筑层数、家庭平均月收入（可反映住区的住户收入情况）、家庭平均人口数（可反映住区的家庭人口规模）。所选的这些指标能分别反映住区的主要户型、房屋的新旧程度、建筑高度及小区内居民的人口经济特征等状况。

在进行单因素方差分析前，首先以住区为划分单元，分别计算出各社区的家庭平均住房面积、家庭平均月收入、家庭平均人口数。然后按照以上 5 个指标，分别考察它们是否为住区的家庭碳排放影响因素。

1. 不同住房面积住区间碳排放差异分析

分社区计算家庭平均住房面积，然后根据这些住房面积平均值的分布情况，将 44 个社区划化分为三类，$\leqslant 80\ m^2$；$80 \sim 110\ m^2$；$110 \sim 150\ m^2$；每一类的社区数分别为 6、23、15。将三类平均住房面积的社区做单因子方差分析，其结果如表 8.8 所示。可以看出，对于总碳排放来说，不同平均住房面积的社区户均和人均总碳排放都存在显著差异，且住房面积越大，住区户均和人均总碳排放也越大。由此可知，住房面积可能是住区碳排放的影响因素之一。

分单项来看，无论是户均还是人均水平上，不同平均住房面积的住区户均和人均总碳排放差异都是由家庭用电、生活废水处理、住房建材和交通出行四类碳排放源引起的，而燃气使用、生活垃圾处理和食品消费三类碳排放源引起的住区户均和人均碳排放差异并不显著，且除了燃气和垃圾两类源外，其他各类碳排放源都呈现出了明显的随住房面积增大，碳排放

表 8.8　不同平均住房面积的社区单因子方差分析结果

家庭碳排放源	户均碳排放均值/（kg C/月）			方差检验	
	$\leqslant 80\ m^2$	$80 \sim 110\ m^2$	$110 \sim 150\ m^2$	F 值	显著性
总碳排放	675.49	968.88	1267.05	17.44	0.000
用电碳排放	202.32	266.29	325.00	3.34	0.045
燃气碳排放	37.35	44.32	44.72	0.65	**0.529**
垃圾碳排放	53.39	69.98	67.26	1.85	**0.170**
废水碳排放	26.67	51.54	61.10	11.40	0.000
食品碳排放	149.77	151.77	179.50	3.42	0.042
住房建材碳排放	172.91	296.99	454.21	16.67	0.000
交通出行碳排放	33.08	87.99	135.27	4.84	0.013

续表

家庭碳排放源	人均碳排放均值/（kg C/月）			方差检验	
	≤80 m²	80~110 m²	110~150 m²	F 值	显著性
总碳排放	203.37	305.11	387.23	14.08	0.000
用电碳排放	57.46	82.26	97.58	4.82	0.013
燃气碳排放	11.53	14.32	13.45	0.87	**0.427**
垃圾碳排放	17.92	22.59	20.87	0.92	**0.409**
废水碳排放	7.71	16.51	18.21	11.38	0.000
食品碳排放	44.62	47.58	55.31	2.04	**0.142**
住房建材碳排放	54.05	97.00	142.71	11.73	0.000
交通出行碳排放	10.08	24.84	39.10	4.87	

增多的趋势。由此可知，住房面积可能是住区碳排放的影响因素之一。进一步采用 LSD 多重比较发现（结果表略），无论在户均还是人均碳排放水平上，三类平均住房面积的社区两两之间都存在着统计意义上的显著差异。

2. 不同建筑年代住区间碳排放差异分析

住房建筑年代沿用前述分类方法分为 4 个类群。对 44 个社区进行描述性统计分析发现，以 20 世纪 80 年代以前住房为主的社区有 7 个（占 15.91%），以 1980~1990 年住房为主的社区有 6 个（占 13.64%），以 1990~2000 年住房为主的社区有 22 个（占 50%），以 2000 年以后住房为主的社区有 9 个（占 20.45%）。可见，以 1990~2000 年住房为主的社区占大多数。

进一步单因子方差分析的结果如表 8.9 所示。可以看出，对于总碳排放来说，不同建筑年代的社区户均和人均总碳排放都存在显著差异，且建筑年代越新，住区户均和人均总碳排放越大。由此可知，住房建筑年代可能是影响住区碳排放的因素之一。

表 8.9　不同建筑年代的社区单因子方差分析结果

家庭碳排放源	户均碳排放均值/（kg C/月）				方差检验	
	1980 年以前	1980~1990 年	1990~2000 年	2000 年以后	F 值	显著性
总碳排放	859.65	879.19	974.47	1401.35	10.92	0.000
用电碳排放	239.33	247.45	255.19	382.14	4.40	0.009
燃气碳排放	48.71	39.09	40.79	49.03	1.26	**0.302**
垃圾碳排放	74.33	64.27	66.50	63.33	0.48	**0.701**
废水碳排放	38.58	49.96	48.89	68.51	5.10	0.004
食品碳排放	156.75	165.08	151.30	185.05	2.11	**0.115**
住房建材碳排放	208.86	228.02	313.35	550.84	27.92	0.000
交通出行碳排放	93.08	85.33	98.45	102.45	0.07	**0.978**

家庭碳排放源	人均碳排放均值/（kg C/月）				方差检验	
	1980 年以前	1980~1990 年	1990~2000 年	2000 年以后	F 值	显著性
总碳排放	258.95	262.12	305.57	437.59	11.44	0.000
用电碳排放	71.67	74.29	78.72	113.47	4.96	0.005
燃气碳排放	16.46	11.64	12.84	14.75	1.69	**0.185**
垃圾碳排放	24.00	18.60	21.62	20.55	0.55	**0.649**
废水碳排放	11.46	14.55	15.36	21.50	6.23	0.001
食品碳排放	46.34	49.04	47.60	58.43	1.60	**0.204**
住房建材碳排放	65.02	68.54	100.56	179.69	26.26	0.000
交通出行碳排放	23.99	25.47	28.86	29.20	0.11	

分单项来看，不同建筑年代住区的户均和人均总碳排放差异都是由用电、生活废水处理、住房建材三类碳排放源引起的，而燃气使用、生活垃圾处理、食品消费、交通出行四类碳排放源引起的住区户均和人均碳排放差异并不显著。进一步采用 LSD 多重比较发现（结果表略），无论是户均还是人均碳排放水平上，建筑年代为 2000 年以后的社区与其他三类社区都存在显著差异；而其余建筑年代的住区两两间不存在显著差异。

3. 不同建筑层数住区间碳排放差异分析

以建筑层数将 44 个住区分为两类：以低层建筑（7 层及以下）为主的社区和以高层建筑（8 层及以上）为主的社区。经统计发现，共有 27 个社区属于前者，17 个社区属于后者。进一步对两类建筑层数的住区进行独立样本 T 检验，其结果如表 8.10 所示。可以看出，对于总碳排放来说，两类建筑层数的住区其户均和人均总碳排放间都存在显著差异（P=0.000），且高层建筑为主的社区其户均和人均家庭总碳排放明显多于低层建筑为主的社区，由此可知，住房层数可能是住区碳排放的影响因素之一。

表 8.10　不同建筑层数的社区独立样本 T 检验结果

家庭碳排放源	户均碳排放均值/（kg C/月）		Levene 方差齐性检验		均值方差 T 检验	
	低层建筑为主	高层建筑为主	F 值	显著性	T 值	P 值（双侧）
户均总碳排放	878.737	1271.600	5.238	0.027	−5.742	0.000
用电碳排放	241.492	334.899	8.475	0.006	−3.040	0.004
燃气碳排放	42.989	44.319	0.299	0.587	−0.298	**0.767**
垃圾碳排放	65.913	68.185	1.009	0.321	−0.389	**0.700**
废水碳排放	44.676	62.103	0.102	0.751	−3.474	0.001
食品碳排放	152.344	174.616	0.059	0.809	−2.107	0.042
住房建材碳排放	237.925	485.733	22.117	0.000	−10.171	0.000
交通出行碳排放	93.398	101.744	0.543	0.465	−0.370	**0.713**

续表

家庭碳排放源	人均碳排放均值/（kg C/月）		Levene 方差齐性检验		均值方差 T 检验	
	低层建筑为主	高层建筑为主	F 值	显著性	T 值	P 值（双侧）
人均总碳排放	266.842	402.439	2.734	0.106	−6.083	0.000
用电碳排放	72.815	102.034	7.651	0.008	−3.644	0.001
燃气碳排放	13.553	13.782	1.031	0.316	−0.176	**0.861**
垃圾碳排放	20.700	22.432	0.312	0.579	−0.733	**0.468**
废水碳排放	13.197	20.160	0.578	0.451	−4.862	0.000
食品碳排放	46.095	55.711	1.118	0.296	−2.190	0.038
住房建材碳排放	74.241	158.322	13.714	0.001	−9.945	0.000
交通出行碳排放	26.240	29.998	0.281	0.599	−0.568	

分单项来看，无论是户均还是人均水平上，不同住宅层数的住区户均和人均总碳排放差异都是由用电、生活废水处理、食品消费和住房建材四类碳排放源引起的，而燃气使用、家庭垃圾处理和交通出行三类碳排放源引起的住区户均和人均碳排放差异并不显著，且七类碳排放源都呈现出高层建筑为主的社区碳排放明显多于低层建筑为主的社区的趋势。

4. 不同收入水平住区间碳排放差异分析

分社区计算家庭平均月收入，然后根据这些月收入平均值的分布情况，将 44 个社区划化分为三类：≤5000 元；5000~7000 元；7000~15000 元；每一类的社区数分别为 10、18、16。将三类家庭平均月收入的社区做单因子方差分析，其结果如表 8.11 所示。可以看出，对于总碳排放来说，不同平均月收入的社区户均和人均总碳排放都存在显著差异，且月收入越高，住区户均和人均总碳排放越大。由此可知，家庭平均月收入可能是住区碳排放的影响因素之一。

分单项来看，无论是户均碳排放还是人均碳排放，都呈现出这样的规律：除用电、用燃气、生活垃圾处理和交通出行引起的碳排放在三类平均月收入的社区之间差异不显著外，其余三类碳排放源，在三类平均月收入的社区间都引起显著的差异，且对于用电、废水处理、食品消费、住房建材消耗、交通出行五类碳排放源，无论是户均水平还是人均水平，都表现

表 8.11　不同家庭月收入的社区单因子方差分析结果

家庭碳排放源	户均碳排放均值/（kg C/月）			方差检验	
	≤5000 元	5000~7000 元	7000~15000 元	F 值	显著性
总碳排放	882.55	982.25	1177.32	4.06	0.025
用电碳排放	260.13	262.94	304.95	0.80	**0.458**
燃气碳排放	44.03	43.38	43.31	0.01	**0.991**
垃圾碳排放	65.95	68.66	65.21	0.14	**0.867**
废水碳排放	44.00	47.50	60.44	3.61	0.036
食品碳排放	136.48	153.69	184.41	8.23	0.001
住房建材碳排放	249.56	317.10	404.88	4.32	0.020
交通出行碳排放	82.40	88.98	114.11	0.67	**0.519**

续表

家庭碳排放源	人均碳排放均值/（kg C/月）			方差检验	
	≤5000 元	5000~7000 元	7000~15000 元	F 值	显著性
总碳排放	263.10	304.30	371.12	5.35	0.009
用电碳排放	74.82	80.74	93.69	1.50	**0.234**
燃气碳排放	13.26	13.99	13.48	0.09	**0.914**
垃圾碳排放	20.80	21.84	21.19	0.06	**0.939**
废水碳排放	13.81	14.55	18.69	3.52	0.039
食品碳排放	41.57	47.63	57.41	5.44	0.008
住房建材碳排放	77.90	99.64	132.71	4.83	0.013
交通出行碳排放	20.94	25.89	33.94	1.18	

出月收入越高，碳排放越多的特征。进一步采用 LSD 多重比较发现（结果表略），无论是户均还是人均碳排放水平上，7000~15000 元的社区与其他两类平均月收入的社区之间都存在着显著差异，而其余的两两组合间并不存在显著差异。

5. 不同家庭规模住区间碳排放差异分析

分社区计算家庭平均人口数，然后根据这些人口数平均值的分布情况将 44 个社区划化分为四类：2.6~3.25 人（3）；3.25~3.5 人（3.4）；3.5~3.8 人（3.7）；3.8~4.4 人（4.2）。每一类的社区数分别为 11、14、8、11。将四类平均家庭人口数的社区做单因子方差分析（同样，因人口规模与户均碳排放有直接线性相关，因此不在户均碳排放水平上做分析），其结果如表 8.12 所示。可以看出，对于总碳排放来说，不同平均家庭人口数的社区人均碳排放并不存在显著差异，说明在社区尺度上，家庭人口数并不是社区碳排放的影响因素。分单项来看，仅有生活废水处理的人均碳排放在五类家庭平均人口数的社区中差异显著，其他六类源在五类社区中引起的碳排放差异均不显著。

表 8.12　不同家庭平均人口数的社区单因子方差分析结果

家庭碳排放源	人均碳排放均值/（kg C/月）				方差检验	
	2.6~3.25 人	3.25~3.5 人	3.5~3.8 人	3.8~4.4 人	F 值	显著性
总碳排放	353.62	324.95	279.16	306.70	0.03	**0.992**
用电碳排放	83.20	86.13	83.95	82.55	0.05	**0.987**
燃气碳排放	13.89	13.45	14.02	13.37	2.40	**0.082**
垃圾碳排放	25.71	22.08	18.55	18.17	1.72	**0.179**
废水碳排放	17.90	15.07	12.68	17.25	5.08	0.004
食品碳排放	57.91	54.20	43.59	40.66	1.91	**0.144**
住房建材碳排放	132.62	104.78	80.51	102.38	0.40	**0.755**
交通出行碳排放	22.39	29.25	25.88	32.33	1.06	**0.375**

二、主要影响因素分析

不同类型住区间的差异已表明：家庭人口数并不是社区碳排放的影响因素，而社区家庭平均住房面积、社区主要的住房建筑年代、社区主要的住房建筑层数、社区家庭平均月收入4个因子都是住区家庭碳排放的可能影响因素。但是，与家庭尺度的碳排放分析类似，在针对某一因素分析不同类型住区家庭碳排放量的差异时，其他因素并没有保持不变，这样，此因素在不同类型住区间的差异可能受到了其他因素的干扰，因此通过单因素方差分析得到的这些影响因子对于住区家庭碳排放的影响机制尚不是很明确。为了更好地探究上述4个变量对住区家庭碳排放的影响水平，将以上4个因素作为自变量，分别将住区户均和人均碳排放作为因变量，并采用逐步引入剔除法（Stepwise）进行多元线性回归，诊断出住区家庭碳排放的主要影响因素及其影响程度，并探寻是否存在其他显著影响家庭碳排放的因素。

多元线性回归结果如表8.13所示，对于户均碳排放来说，通过多元逐步回归，影响相对不大的"社区主要的住房建筑年代"和"社区家庭平均月收入"两个因子被排除，"社区家庭平均住房面积"和"社区主要的住房建筑层数"两个因子依次进入回归方程。最终所得回归方程（$F=43.855$；$P=0.000$）及各因素的回归系数均在99%置信度下显著。回归模型的判定系数 $R^2=0.681$，说明选入方程的两个因素对住区家庭碳排放变化的解释能力约为68%，模拟总体效果很好。

表 8.13　住区尺度户均碳排放多元线性回归结果

自变量	住区户均碳排放回归分析				共线性诊断		
	回归系数（B）	标准回归系数	T值	显著性	容差	方差膨胀因子	条件指数
常数项	122.132	—	1.213	0.232	—	—	1.00
住房面积	226.844	**0.519**	5.578	0	0.90	1.11	6.50
建筑层数	294.515	**0.497**	5.344	0	0.90	1.11	8.41
R^2值				0.681			
F值				43.855			
显著性				0.000			

由回归方程中各因素的标准回归系数可以看出，住房面积和建筑层数的回归系数分别为0.519和0.497，表明它们对住区家庭碳排放的影响较大，可以将它们看做住区户均碳排放的主要影响因素。又因二者与住区户均碳排放均呈正相关，由此可以得出这样的结论：在其他因素不变的情况下，住区平均住房面积越大，建筑层数越高，住区户均碳排放水平越高。

对于人均碳排放来说，通过多元逐步回归，影响相对不大的"社区主要的住房建筑年代"和"社区家庭平均月收入"这两个因子被排除，"社区主要的住房建筑层数"和"社区家庭平均住房面积"两个因子依次进入回归方程。最终所得回归方程（$F=45.954$；$P=0.000$）及各因素的回归系数均在95%置信度下显著。回归模型的判定系数 $R^2=0.692$，说明选入方程的3个因素对住区人均碳排放变化的解释能力约为69%，模拟总体效果很好。

容差均大于0.5，方差膨胀因子（VIF）均小于3；不满足存在共线性的常见特征，即小容差、大方差膨胀因子（即容差<0.2，VIF>5）[30]。对于共线性的另外一个指标：条件指数

（condition index），各自变量也均呈现出条件指数<20 的特征。因此，可以认为本章节所采用的多元线性回归不存在自变量之间的共线性问题，回归结果真实可信。

由回归方程中各因素的标准回归系数可以看出，建筑层数和住房面积的回归系数分别为0.565 和 0.455，表明它们对住区家庭人均碳排放的影响较大，可以将它们看做住区人均碳排放的主要影响因素（表 8.14）。又因二者与住区人均碳排放均呈正相关，由此可以得出这样的结论：在其他因素不变的情况下，住区建筑层数越高，平均住房面积越大，住区人均碳排放水平越高。

表 8.14 住区尺度人均碳排放多元线性回归结果

自变量	住区人均碳排放回归分析				共线性诊断		
	回归系数（B）	标准回归系数	T 值	显著性	容差	方差膨胀因子	条件指数
常数项	28.502	—	0.893	0.377	—	—	1.000
建筑层数	107.818	**0.565**	6.175	0.000	0.898	1.114	6.495
住房面积	64.074	**0.455**	4.973	0.000	0.898	1.114	8.405
R^2值				0.692			
F 值				45.954			
显著性				0.000			

三、低碳排放住区特征分析

为总结出具有低碳排放水平的住区拥有哪些特征，采取聚类分析将社区人口经济特征与碳排放水平的高低组合分为 n 类，从而总结得出低碳排放住区拥有的相应特征。结合前述的影响因素分析结果，挑选住区家庭平均住房面积和住区主要的住房建筑层数两个因素作为住区人口经济特征的代表变量，将它们与住区户均和人均碳排放一起作为分类变量在 SPSS 上进行聚类分析，最终将 44 个住区分为了三类。分类结果如表 8.15 和表 8.16 所示。

表 8.15 住区尺度户均和人均碳排放聚类分析结果

分类变量	聚类			F 值	显著性
	类别一（10）高碳排放水平社区	类别二（24）中等碳排放水平社区	类别三（10）低碳排放水平社区		
住区主要住房层数	1.90	1.33	1.00	13.81	0.000
住区平均住房面积	2.80	2.21	1.60	12.34	0.000
户均总碳排放	1466.79	986.03	701.04	99.60	0.000
人均总碳排放	454.69	302.78	223.27	59.37	0.000

对聚类结果的类别间距离进行方差分析表明，各变量的类别间距离差异都非常显著（$P \leqslant 0.001$），表明聚类效果很好。按照每类社区的户均和人均碳排放水平，将三类住区分别命名为高碳排放水平住区、中等碳排放水平住区、低碳排放水平住区。为总结三类碳排放住区的特征，根据聚类结果进行分类汇总，计算各自对应的人口经济特征（表 8.16）。

表 8.16   聚类后三类住区家庭人口经济特征分类汇总结果

住区类别	住房面积	建筑层数	户均碳排放	人均碳排放
高碳排放水平住区	4.00	1.90	1466.79	454.69
中等碳排放水平住区	3.18	1.33	986.03	302.78
低碳排放水平住区	2.44	1.00	701.04	223.27

由表 8.16 可以看出，在一个具有较高碳排放水平的住区，常常呈现出如下特征：平均住房面积在 120m² 左右，住房层数以 8 层及以上高层建筑为主。而一个具有较低碳排放水平的住区，常常呈现出以下特征：平均住房面积在 70~80m²，住房层数以 7 层及以下低层建筑为主。

第五节   结论与对策建议

本章首先通过单因素方差分析来检验不同人口经济类型、不同住区形态下居民生活碳排放间是否存在差异性，从而识别出居民生活碳排放可能的人口经济及住房影响因素。然后，通过多元线性回归分析寻找了居民生活碳排放的主要影响因素。最后，通过聚类分析分别总结出低碳社区应具有的社会经济、人口及住房等方面的特征。

1. 住区碳排放可能影响因素分析

通过单因素方差分析发现，"社区家庭平均住房面积""社区主要的住房建筑年代""社区主要的住房建筑层数""社区家庭平均月收入"4 个因子是住区家庭碳排放的可能影响因素。各因子的单因素方差分析结果如表 8.17 所示。

表 8.17   住区各因子单因素方差分析结果汇总

分类指标	类别间差异是否显著		呈现出的规律		差异由哪些源引起[*]	
	户均碳排放	人均碳排放	户均碳排放	人均碳排放	户均碳排放	人均碳排放
平均住房面积	是	是	住房面积越大，住区户均总碳排放越高	住房面积越大，住区人均总碳排放越高	A—2,3,5	A—2,3,5
建筑年代	是	是	建筑年代越新，住区户均总碳排放越高	建筑年代越新，住区人均总碳排放越高	1,4,6	1,4,6
建筑层数	是	是	高层建筑为主的社区户均总碳排放多于低层建筑为主的社区	高层建筑为主的社区人均总碳排放多于低层建筑为主的社区	1,4,5,6	1,4,5,6
平均家庭月收入	是	是	月收入越高，住区户均总碳排放越大	月收入越高，住区人均总碳排放越大	4,5,6	4,5,6
平均家庭人口数	—	否	—	无明显规律	—	4

　* A 代表全部 7 类排放源，1~7 分别代表用电、燃气、垃圾处理、废水处理、食品消费、住房建材消耗、交通出行七类碳排放源。

由表 8.17 可以看出,无论是户均还是人均水平上,社区家庭平均住房面积、社区主要的住房建筑年代、社区主要的住房建筑层数、社区家庭平均月收入 4 个因子都是住区家庭碳排放的可能影响因素,且住区户均和人均碳排放在这 4 个因子上都表现出了明显的规律。例如,住区户均和人均碳排放都呈现出随社区家庭平均住房面积的增大而增大,随社区家庭平均月收入的升高而升高,较新、住房层数较高的住区碳排放相对大等特点。这些规律对于住区节能减排给出了"控制社区住房面积、控制社区建筑层数、引导小区居民合理适度消费"等科学的思路提示。同样,进一步深入挖掘并科学运用住区尺度下的类似规律,对于构建低碳化社区具有重要的指导意义。

2. 主要影响因素分析结果总结

经多元线性逐步回归分析发现,在住区尺度上,"住房面积和建筑层数"是住区户均碳排放的主要影响因素。在其他因素不变的情况下,平均住房面积越大,建筑层数越高,住区户均碳排放水平越高。同样,"住房面积和建筑层数"也是住区人均碳排放的主要影响因素。在其他因素不变的情况下,建筑层数越高,平均住房面积越大,住区人均碳排放水平越高。

3. 低碳住区特征分析结果总结

通过聚类分析发现,在住区尺度上,一个具有较高碳排放水平的住区,常常呈现出如下特征:平均住房面积在 120 m²,住房层数以 8 层及以上高层建筑为主。而在一个具有较低碳排放水平的住区,常常呈现出以下特征:平均住房面积在 70~80 m²,住房层数以 7 层及以下低层建筑为主。

4. 低碳住区家庭碳排放管理对策

研究表明,"住房建筑年代和社区家庭平均月收入"并不是住区尺度居民生活碳排放的主要影响因素,而"住房面积和建筑层数"是住区户均和人均碳排放的主要影响因素。在其他因素不变的情况下,住区平均住房面积越大,建筑层数越高,住区的户均和人均碳排放水平越高。因此,应该从"住房面积"和"建筑层数"两方面来寻找住区低碳化的对策。

对于住房面积,据调查近年来我国商品房市场中 90 m² 以下套型住房的供应量占比不足 20%,在政府大力开展住房供应结构调整之后,70~90 m² 的住房比重显著提高,全国平均占比已达 55%,但仍然远低于政府提出的 70% 的要求。因此,需要进一步加大住房市场改革力度,积极引导开发商在建设住宅小区的时候,增加对节能减排方面的考虑,多推出一些户型和面积适中的单元房,控制并减少大面积住房在商品房中的比重。

对于建筑层数,近年来由于摩天大楼能耗过多、维护成本过高、环境影响过大等多种弊端,人们开始重新审视超高建筑的必要性和合理性。许多城市也开始对建设超高建筑持谨慎的态度,并积极采用严格的规划控制城市建筑高度,力求制定更为科学合理的城市规划,践行绿色宜居可持续城市的发展理念。本书分析结果也表明:高层建筑为主的社区其户均和人均家庭总碳排放明显多于低层建筑为主的社区,而目前高层住宅楼发展迅猛,新的居民住宅楼大多以高层为主。因此,一方面努力控制建筑层数趋高;另一方面从其他方面加强节能减排力度,以此抵消未来高层建筑不断增多带来的家庭碳排放。

参 考 文 献

[1] 叶红, 潘玲阳, 陈峰, 等. 城市家庭能耗直接碳排放影响因素. 生态学报, 2010, 30(14): 3802-3811.

[2] Department of Economic and Social Affairs of United Nations. World Urbanization Prospects: the 2009 Revision. New York: United Nations, 2010.

[3] 中国科学院可持续发展战略研究组. 2006 中国可持续发展战略报告. 北京: 科学出版社, 2006.

[4] Grimm N B, Faeth S H, Golubiewski N E, et al. Global change and the ecology of cities. Science, 2008, 319(756): 756-760.

[5] Anastasia S, Hans J S, Valeri L P. Urbanized territories as a specific component of the global carbon cycle. Ecological Modeling, 2004, 173(2-3): 295-312.

[6] Fung A S, Nowak D J, McPherson E G, et al. Human settlements and the North American carbon cycle, Chapter 14. The North American carbon budget and implications for the global carbon cycle. Washington D C: US Climate Change Science Program, 2006.

[7] Wang Y, Shi M J. CO_2 emission induced by urban household consumption in China. Chinese Journal of Population, Resources and Environment, 2009, 7(3): 11-19.

[8] Government H M. The UK Climate Change Programme 2006. London: the Stationery Office, 2006.

[9] Dietza T, Gardnerb G T, Gilliganc J, et al. Household actions can provide a behavioral wedge to rapidly reduce US carbon emissions. PNAS, 2009, 106(44): 18452-18456.

[10] Spangenberg J H, Lorek S. Environmentally sustainable household consumption: from aggregate environmental pressures to priority fields of action. Ecological Economics, 2002, 11(8): 923-926.

[11] Shorrock L D. Identifying the individual components of United Kingdom domestic sector carbon emission changes between 1990 and 2000. Energy Policy, 2000, 28(3): 193-200.

[12] Wei Y M, Liu L C, Ying F, et al. The impact of lifestyle on energy use and CO_2 emission: an empirical analysis of China's residents. Energy Policy, 2007, 35(1): 247-257.

[13] 王妍, 石敏俊. 中国城镇居民生活消费诱发的完全能源消耗. 资源科学, 2009, 31(12): 2093-2100.

[14] 杨莉, 刘宁, 戴明忠, 等. 哈尔滨市城乡居民生活消费的环境压力分析. 自然资源学报, 2007, 22(5): 756-765.

[15] 中央政府门户网站. 中华人民共和国国民经济和社会发展第十三个五年规划纲要. http: //www. gov. cn/xinwen/2016-03/17/content_5054992. htm [2016-06-01].

[16] 孙凤明. 发展绿色节能住区的尝试. 工业建筑, 2004, 34(2): 16-21.

[17] 李静华. 热议城市与住区低碳健康发展之道. 中国房地产报, 2010-09-13(031).

[18] National Development and Reform Commission of China. China grid baseline emission factors. http: //qhs. ndrc. gov. cn/qjfzjz/t20090703_289357. htm [2011-04-10].

[19] 厦门市统计局, 国家统计局厦门调查队. 2010. 厦门经济特区年鉴. http: //www. stats-xm. gov. cn/2010/[2011-04-10].

[20] 智静, 高吉喜. 中国城乡居民食品消费碳排放对比分析. 地理科学进展, 2009, 28(3): 429-434.

[21] Emmanuel N, Emile T, Patrick R. Evaluation of the potentialities to reduce greenhouse gases(GHG)emissions resulting from various treatments of municipal solid wastes(MSW)in moist tropical climates: application to Yaounde. Waste Management Research, 2002, 20(6): 501-513.

[22] IPCC. Chapter 3 solid waste disposal, Volume 5 waste, 2006 IPCC guidelines for national greenhouse gas inventories. Hayama, Japan: IPCC/IGES, 2006.

[23] EPA. Non-CO_2 greenhouse gas emissions from developed countries: 1990~2010. Washington DC: EPA, 2001.

[24] IPCC. Chapter 5 incineration and open burning of waste, Volume 5 waste, 2006 IPCC guidelines for national

greenhouse gas inventories. Hayama, Japan: IPCC/IGES, 2006.

[25] 刘天星, 胡聃. 北京住宅建设的环境影响: 1949~2003 年——从生命周期角度评价建筑材料的环境影响. 中国科学院研究生院学报, 2006, 23(2): 231-241.

[26] 武慧君. 基于生命周期评价的建筑物环境影响分析. 大连: 大连理工大学硕士学位论文, 2006.

[27] 刘晶茹, 王如松, 杨建新. 两种家庭住宅类型的环境影响比较. 城市环境与城市生态, 2003, 16(2): 24-36 .

[28] 余建英, 何旭宏. 数据统计分析与 SPSS 应用. 北京: 人民邮电出版社, 2003.

[29] 于秀林, 任雪松. 多元统计分析. 北京: 中国统计出版社, 1999.

[30] 刘润幸, 萧灿培, 宫齐, 等. 利用 SPSS 进行主成分回归分析. 数理医药学杂志, 2001, 14(2): 102-105.

第九章　低碳城市住区形态的时空模拟

随着城市化的迅速推进，城市生产与消费活动大大增强。人类活动产生的温室气体排放越来越受到研究者重视。全球 75%~80%与能源消耗有关的二氧化碳来自城市。其中，城市住区居民生活过程中产生的碳足迹所占比例高达 30%~40%。随着生活水平的提高，未来居民生活的能耗与碳足迹可能会进一步增长。不同的住区在规模、人口组成、发展阶段和所能提供的公共设施和基础设施等方面有很大的差别，由此表现出不同的形态特征。特别是在我国，随着 20 世纪 80 年代住房制度改革和 90 年代住房保障体系政策实施，住区形态的巨大变化使得住区碳足迹研究难度加大。

基于住区形态变迁的背景，本章选取我国福建东南沿海快速城市化的厦门岛区作为研究案例，从时间、空间、数量和序列变化上刻画住区形态格局演变过程，明晰研究区的住区形态变迁驱动因素特征、数量结构特征、空间分配特征、情景特征。

第一节　研　究　概　述

一、研究背景

过去 100 年全球平均增温 0.74℃[1]。国际社会已普遍接受 IPCC 第四次评估报告的结论，即有很大可能性，增温主要是由人类排放温室气体引起的[2]。2008 年是全球城市化发展史上具有里程碑意义的一年，城市人口首次超过了农村人口[3]。2011 年中国城镇人口占总人口的比重首次超过 50%[4]。随着城市化的迅速推进，城市生产与消费活动大大增强，由人类活动产生的温室气体排放越来越受到重视[5]。全球 75%~80%与能源消耗有关的二氧化碳来自城市[3,6]。大量的人为碳足迹不仅诱发全球变暖，还可能打破全球碳循环平衡状态，导致诸如富营养化、光化学污染、水体有机污染等多种生态环境问题。

此前的碳足迹研究多集中于生产活动的各个领域[7-10]；家庭作为社会消费终端单元，其生活消费是生产活动的原始驱动力，很大程度上为此前的研究所忽视[11,12]。近年来许多国家的研究表明，由家庭生活消费带来的能源消耗及温室气体排放比例不容忽视。Wang 和 Shi[13]研究指出，1995 年以来 10 年间中国家庭生活消费碳足迹占总碳足迹的比例上升了 11 个百分点（到 2004 年达到 30%）。而美国的这一比例在 2008 年达到 38%，已超过其工业部门碳足迹[14]。1999~2007 年，中国城镇居民人均生活总能耗和总碳足迹都呈现出逐年增加趋势[15]。Wei 等[16]使用消费方式分析的方法对终端能源消费进行了研究，中国 1999~2002 年每年有30%的碳足迹受到居民生活方式改变的影响。随着经济的发展，生活水平和消费水平的提高，未来居民生活的能耗与碳足迹可能会进一步增长。

住区是人居环境的重要组成部分，是指在一定范围内人们以一定生产关系为纽带组织起来进行共同生活的聚居点，是人类文化作用于自然世界所产生的最明显的标志之一[17]。住区碳足迹水平的高低将直接影响城市乃至国家的低碳化水平。Thomas 等研究指出，如果美国普通家庭能够采取切实的节能行动，10 年后美国 CO_2 排放量可望在目前基础上减少 7.4%[14]。

　　然而，目前有关住区碳足迹的研究多停留在探寻影响因素的定性研究层面上，明晰住区类型及家庭社会情况等人文因素的影响程度的定量研究还较少。Druckmend 等研究表明，面积较大的住房需要消耗更多的能源，以保持舒适的室温[18]。杨选梅等以"南京 1000 家庭碳足迹"调查的家庭活动数据为基础，探讨了家庭消费活动与碳足迹之间的关系，分析得出常住人口、交通出行、住宅面积是影响家庭碳足迹中的显著因子[19]。综上，影响住区碳足迹的因素可归纳两类：住区内部属性（如户均面积、家庭生活水平）和住区外部环境（如到达交通枢纽的距离）。

　　不同的住区在规模、人口组成、发展阶段和所能提供的公共设施及基础设施等方面有很大的差别，由此也表现出不同的住区形态特征。

　　随着城市化带来的城市人口剧增，作为城市形态在微观层面的体现，住区形态迈进了一个高速发展的阶段。在中国，伴随着改革开放后城镇住房制度改革在不同阶段的持续推进[20]，城市住区形态发生了巨大变化，表现在外在形态如住区密度和建筑样式的改变与内部形态如住区中居民生活方式、居住条件、生活观念的变化[21,22]。

　　住区在形态上的改变与内在过程的变化必然存在某种联系，这种形态与过程之间的关系将最终反映到整个城市。在城市尺度，住区形态变迁首先体现在景观格局的变化上。刘江等利用景观生态学的研究方法，选取不同的景观指数，分析住区的空间分布特征，结果表明，受城市化程度影响，不同形态的住区周边的景观格局呈现出城市化梯度特征[23]。除了景观格局的改变，住区形态变迁还体现在城市代谢过程的变化上。叶红等通过社会问卷调查，应用数理统计方法分析城市家庭能耗的影响因子，结果表明，建筑物环境和家庭社会情况是影响家庭能耗直接碳足迹的两个重要因素[24]。

　　在明晰住区形态变迁的影响因素及其数量变化特征的前提下，住区形态变迁研究可以深入到空间格局分布特征上。虽然从影响因素和数量特征研究发展到空间格局的研究思路尚未在住区形态变迁领域中出现，但这种思想早在土地利用变化模型中体现。Lambin 认为土地利用变化模型一般以回答以下问题为目的：①影响土地利用变化的环境与社会经济因子；②土地利用变化的数量特征、速率；③土地利用变化的具体地点[25]。城市住区作为土地利用类型之一，其形态变迁研究可以遵循土地利用变化模型的研究思路深入到空间格局分配上。

　　住区作为一个复杂巨系统，其类型及数量变化除了随着本身生命周期发展外，这一过程还受到政策因素、市场供需关系等社会经济因素影响。系统动力学简称 SD（system dynamics），是一种以反馈控制理论为基础，以计算机仿真技术为辅助手段分析研究复杂信息反馈系统的科学。尤其适用于住区这类复杂社会经济系统的定量分析研究。Han 等耦合系统动力学和元胞自动机（cellular automaton，CA）方法，刻画了中国上海在城市扩张过程中住区面积的变化轨迹[26]。Lauf 等通过动力学仿真模型（SD 模型）弥补元胞自动机模型在探究住区变迁影响因素上的不足，在 SD 模型部分，考虑关键宏观经济因素对住区供需关系的影响，从类型和数量上反映了住区需求发生的变化[27]。

　　SD 模型仅能从类型和数量上反映住区形态变迁，其对空间变化表述上的缺失使得住区形态变迁领域需要一个合适的模型刻画住区在空间分布格局上的转变过程。

　　CLUE（the conversion of land use and its effects）模型是由荷兰瓦赫宁根大学的 Verburg 等科学家组成的"土地利用变化和影响"研究小组于 2009 年最新研究发布的，是模拟土地利用空间变化的模型。该模型较其他土地利用变化模型优越之处在于：①它既包含自上而下的模拟方式，又兼有自下而上的计算模式；②同时考虑社会经济及地理环境方便的住区变迁影响因子，对于研究住区形态变迁这类同时受内部属性和外部环境作用的问题尤为适合；③可同时模拟多种土地利用类型的变化趋势。

通过文献调研发现，已有的相关研究仅将住区作为一类土地利用类型输入 CLUE 模型进行空间格局演变模拟，而根据住区的内部属性或外部环境将其细分为多种二级住区类型的研究并未出现。二级住区类型研究能够揭示住区形态变迁前后数量及格局的时空特征，因此对于指导住区碳足迹研究和低碳城市建设具有重要意义。

二、研究框架

根据上述背景，本章选取我国福建东南沿海快速城市化的厦门岛区作为研究案例，在对研究区典型住区的确定及各类住区碳足迹评估的研究基础上[28]，以明晰变量之间错综复杂的因果关系和常被忽视的反馈环为起点，建立基于住区形态变迁的厦门岛住区碳足迹系统动力学仿真模型（SD 模型），分基准情景、低碳情景、紧凑情景模拟未来住区需求变化并计算不同情景下的住区碳足迹。在厦门岛住区碳足迹 SD 模型构建及模拟研究的基础上，将 SD 模型模拟结果输入 CLUE 模型中的需求模块，进行厦门岛住区空间分配模拟研究，得到三种情景下 2020 年厦门岛土地利用分布格局，探讨未来主要住区——住区类型 II 和住区类型 III 的空间分配特点。分别从时间、空间、数量和序列变化上刻画出住区形态格局演变过程，明晰研究区的住区形态变迁驱动因素特征、数量结构特征、空间分配特征、情景特征。

研究主要内容包括：①构建厦门岛住区形态的时间变化模型，从时间上表征研究区住区形态变化特征；②根据模型模拟结果，评价不同情景下的住区形态及相应碳足迹；③构建厦门岛住区形态的空间变迁模型，从空间上表征研究区住区形态变迁特征；④综合厦门岛住区形态的时空格局特征，探究面向低碳城市的住区发展模式。

研究的技术路线如图 9.1 所示。

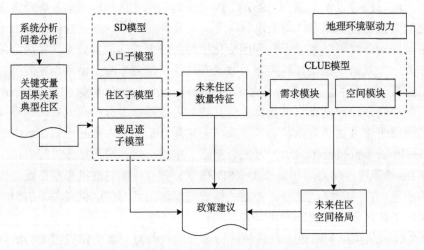

图 9.1　研究技术路线图

第二节　研　究　方　法

一、SD 模型基本原理

系统动力学是由美国麻省理工学院以福雷斯特（Forrester）为首的系统动力学小组于 20 世纪 50 年代中期创立和逐步发展起来的[29]。该方法是在总结运筹学的基础上，综合系统理论、控制论、信息反馈理论、决策理论、系统力学、仿真与计算机科学等形成的崭新的学科。系统动力学以现实存在的系统为前提，根据历史数据、实践经验和系统内在的机制关系建立起动态仿真模型，对各种影响因素可能引起的系统变化进行实验，是一种节省人力、物力、财力和时间的科学方法。

系统动力学模型是一种定性与定量相结合，综合与分析相集成的仿真模型，模型所考虑的是整个系统的最佳目标，强调大系统中各个子系统的协调和大系统的综合[30]。区别于其他系统建模方法，系统动力学建模时考虑每个子系统之间的信息反馈，可以较好地处理延迟现象，使模型更好地反映现实系统。从研究社会经济复杂系统和解决实际问题来看，系统动力学的理论和方法是比较成熟的，特别适合于解决社会经济这类非线性复杂巨系统[31]。

下面简单介绍系统动力学基本原理中的几个重要概念[32]。

1. 系统

系统是由两个以上有机联系、相互作用的要素所组成，具有特定功能、结构和环境的整体，要素是系统的功能单元。该定义有四个要点：①系统及其要素，系统是由两个以上要素组成的整体，构成这个整体的各个要素可以是单个事物（元素），也可以是一群事物组成的分系统、子系统等。系统与其构成要素是一组相对的概念，取决于所研究的具体对象及其范围。②系统和环境，任何一个系统又是它所从属的一个更大系统（环境超系统）的组成部分，并与其相互作用，保持较为密切的输入输出关系。系统连同其环境超系统一起构成系统总体。系统与环境也是两个相对的概念。③系统的结构，在构成系统的诸要素之间存在着一定的有机联系，这样在系统的内部形成一定的结构和秩序。结构即组成系统的诸要素之间相互关联的方式。④系统的功能，任何系统都应有其存在的作用与价值，有其运作的具体目的，即有其特定的功能。系统的功能受到其环境和结构的影响。

2. 系统仿真

系统仿真，就是根据系统分析的目的，在满载分析系统各要素性质及其相互关系的基础上，建立能描述系统结构或行为过程的，且具有一定逻辑关系或数量关系的仿真模型，据此进行实验或定量分析，以获得正确决策所需的各种信息。系统仿真的基本方法是建立系统的结构模型和量化分析模型，并选择适合在计算机上编程的仿真模型，然后对模型进行仿真实验。系统动力学方法是用于系统（特别是社会经济和管理系统）仿真的特殊而有效的方法之一，其方法论也充分体现了系统工程方法的本质特征。

3. 因果反馈图

信息是系统中各个要素相互作用、相互依赖的媒介，而反馈就是信息的传递和返回。反馈系统就是伴有反馈环境与其作用的系统，它要受系统本身的历史行为的影响，把历史行为的后果传递给系统本身，以影响未来的行为。在分析反馈系统的行为与其内部结构的关系时，按照反馈过程的特点，可自然地将反馈分为正反馈和负反馈两种。由于系统内部或环境施加于系统的各种干扰，系统往往会偏离自己的目标，反馈就是输入与输出互为因果关系的循环过程。正反馈能产生自身运动的加强过程，在此过程中运动或动作所引起的后果将使原来的趋势得到加强；负反馈能自动寻求给定的目标、削弱偏差，未达到（或趋近）目标时将不断做出响应。正反馈起主导作用的系统就是正反馈系统；负反馈起主导作用的系统就是负反馈系统。因果关系具有传递性，在图形中用带正（＋）号、负（－）号的因果箭头对具有递推性质的因果关系加以描述，即因果反馈图，如图 9.2 所示。

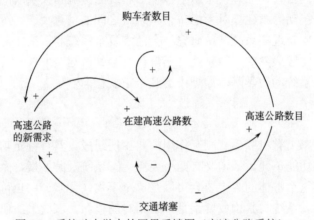

图 9.2　系统动力学中的因果反馈图（高速公路系统）

4. 流图模型

反馈系统中存在着积累效应，用流位变量表示变量积累的程度，等于原有值加上改变量，用速率变量表示积累效应变化快慢的变化速度。在计算过程中不随时间变化的量称为常量，从源（存量变量或其他变量）到速率变量之间的中间变量称为辅助变量。流图中的速率和存量分别用与阀门和水槽相似的记号表示，并以实线箭头表示流量，如图 9.3 所示。

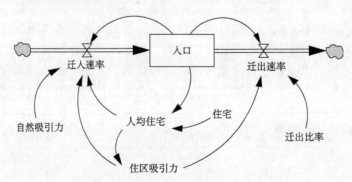

图 9.3　系统动力学中的流图（住宅系统）

二、CLUE 模型基本原理

CLUE 模型是由荷兰瓦赫宁根大学的 Verburg 等科学家组成的"土地利用变化和影响"研究小组研究发布的。CLUE 模型较其他土地利用变化模型的优越之处是它既包含自上而下的模拟方式，又兼有自下而上的计算模式，如图 9.4 所示。CLUE 模型通过把总体土地利用变化分配到每一个栅格单元来实现模型的自上而下的空间分配方式，又通过对特殊土地利用转化的决策分析完成自下而上的空间计算，最后把这两种方法密切的融合到一起。

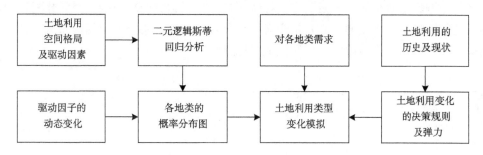

图 9.4　CLUE 模型空间分配示意图

CLUE 模型的主要理论基础包括土地利用的相对稳定性（stability）、土地利用变化的连接性（connectivity）、土地利用变化的竞争性（competition）、土地利用的恢复力（resilience）和土地利用变化的等级特征（hierarchical organization）等[33]。根据土地系统变化模拟的基本原理，CLUE 模型认为一个区域的土地利用变化及其分布格局，是基于该区域的自然环境和社会经济状况及不同土地利用类型的需求而处在动态的平衡之中。在此假设的基础上，CLUE 模型运用系统论的方法处理不同地类之间的竞争关系，从而实现对不同用地变化格局的同步模拟。

使用 CLUE 模型必须满足两个假设条件：一个地区的土地利用变化是受该地区的土地利用需求驱动的，并且一个地区的土地利用分布格局总是和土地需求，以及该地区的自然环境及社会经济状况处在动态的平衡之中。CLUE 模型将预测土地利用需求的非空间模块和基于 Logistic 模型预测土地利用格局演变的空间模块结合起来，研究土地利用变化及其空间效应，可以说是在土地利用变化研究领域的一项有益探索。

CLUE 模型分析首先把土地利用类型分成两个部分：第一部分是随着区域水平上的驱动因素变化而变化的土地利用类型，如水田、林地、茶园等；第二部分是对区域水平的驱动因素变化不敏感的土地利用类型，如公路、河流等。这种分类方法可以有效地提高模型的模拟精度。

CLUE 模型分为非空间土地需求模块和土地利用变化空间分配模块两部分（图 9.5）[33]。

1. 非空间土地需求模块

非空间土地需求模块独立于模型之外，是通过数学模型或经济模型计算出来的各种土地利用类型的需求量，或者是通过人为设定的情景模式下的土地利用类型需求量。

非空间需求模块中的土地利用需求规模通过对人口变化、社会经济状况及政策法规等影响土地利用变化的驱动因素的统计分析，采用趋势外推、经济学模型或系统动力学仿真等多种方法，计算和预测研究区在研究时间段内不同土地利用类型以年为步长的需求规模，并将这些序列数据直接输入空间模块中，作为空间模块各备选单元进行分配，从而实现基于栅格单元的土地利用时空动态变化模拟。

2. 土地利用变化空间分配模块

空间模块主要把各种土地利用需求合理地分配到研究区域的空间位置上，是综合对土地利用的经验分析、空间变异分析及动态模拟实现的。为了达到合理正确的空间分配目的，把一些参数输入模型中，主要的参数包括空间特征参数（土地利用类型空间分布适宜性）、土地利用类型转换规则、土地政策和限制区域（图9.5）。

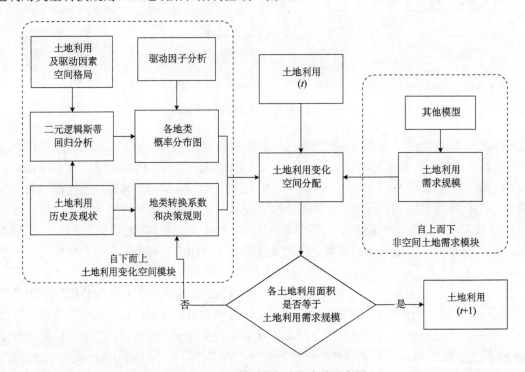

图 9.5 CLUE 模型空间分配步骤示意图

三、情景设置

使用 Vensim DSS（decision support system）中的政策优化模块确定情景中的参数选择，设定目标变量，设置几个控制变量的定义域，选择 Powell 寻优法[34]，通过反复迭代寻找模型最优集。例如低碳情景下，设置人均碳足迹为目标函数，使其最小，然后设置各控制变量的变化范围。控制变量的选取以选取决策者关注且可控的变量为依据。控制变量定义域的确定以不低于现有技术且未来可能达到的技术水平为依据。

使用 Powell 方法寻找目标函数在多个政策可控变量限制下的极值，以及目标函数在取得极值时各政策可控变量的取值。Powell 方法主要由基本搜索、加速搜索和调整搜索方向三个部分组成。基本搜索包括从基点出发沿着已知的 n 个搜索方向进行一维搜索，确定一个新基点。加速搜索是指沿着相邻的两个基点的连线方向进行一维搜索，使函数值下降更快。调整搜索方向是指用基点连线方向代替已知的 n 个搜索方向之一，构成新的搜索方向组，进行下一轮迭代。

预设多个情景以分别表示未来不同的发展情景，如按惯性的发展、人均住区碳排放降低的发展、容纳人口增多的发展、住区满意度增加的发展、住区空间紧凑度增加的发展，然后将相似的几个发展情景合并为一个情景，最终形成三个情景，各情景的参数设置见表9.1。

表 9.1 各情景的参数设置

情景名称	控制住区面积/hm²	Ⅲ比例/%	住区类型Ⅱ			住区类型Ⅲ		
			容积率	户均/m²	寿命/a	容积率	户均	寿命/a
基准情景	800	80	1.5	79	50	2.5	88	50
低碳情景	700	90	1.5	87	60	2.5	96	60
紧凑情景	900	90	1.8	87	60	3.5	96	60

基准情景（basic scenario）：基于目前人口、土地增长模式，模拟未来20年厦门岛人口、土地和碳足迹的惯性发展情景，即保持2010年相关因素间的系统动力学关系不变。

低碳情景（low carbon scenario）：在上述政策可控变量允许的变化范围内，实现2030年人均碳足迹最低。

紧凑情景（compact city scenario）：在上述政策可控变量允许的变化范围内，实现2030年厦门岛紧凑度最高。本书中紧凑度定义为建筑面积与占地面积的比值。

为了更好地研究厦门岛住区碳足迹模型，模型建立时设定了以下基本假设。

（1）住区子系统中不考虑住区类型之间的直接转变，其转变均视为住区拆除后移出系统外然后通过新开发土地重新进入系统内。

（2）各类住区的户型基本不改变，户均住房面积不变。

（3）各类住区的建筑全生命周期碳足迹不变，每年的碳足迹仅随使用寿命改变。

（4）住区居民的生活和交通消费方式随住区类型的转变而转变。

（5）各类住区的生活和交通碳足迹与平均家庭成员数呈简单线性关系。

（6）人均住房面积对住区满意度的影响与调查问卷中的社会地位满意度分布一致。

（7）住区满意度为"一般"时，迁入率、迁出率为历年统计数据的均值，其变化幅度不会超过历年数据的极值。

（8）非户籍人口已满足厦门岛劳动力需求，不再增加。

（9）未来人口增加后，将成比例影响住区新开发面积和入住率。

（10）住区新开发面积随着厦门岛剩余土地面积的减少而减少。

第三节 研 究 结 果

一、厦门岛住区碳足迹 SD 模型构建结果

人口增长与住宅建设之间存在着极其复杂的相互影响和相互作用关系。在有关城市住房

需求模型的研究中，常将模型划分为人口和住宅两个子系统，并通过住房的供需关系建立两个子系统间的反馈环[35, 36]。本书在总结以往研究的基础上，将模型划分为住区、人口和碳足迹三个子系统，并结合厦门岛住区形态变迁的特点细化住区子系统，同时考虑碳足迹变化对当前住宅建设政策的影响。

1. 住区子系统

根据 20 世纪 80 年代住房制度改革和 20 世纪 90 年代住房保障体系构建[37]，将厦门岛 28 个社区分为三类，如图 9.6 所示。

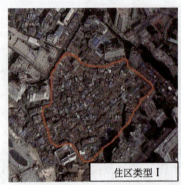

图 9.6　厦门岛三类典型住区示意图

住区类型 Ⅰ：1980 年前城镇住宅和城中村住宅，主要包括厦门老城区住区和城中村，属于被改造拆迁的对象，建筑特征是楼层一般为 1~3 层，建设密度较高，如中山路社区。

住区类型 Ⅱ：1980~2000 年建造的城镇住宅，主要包括商品化单位和安置小区，建筑特征是楼层一般为 5~8 层，建筑密度中等，如屿后里社区。

住区类型 Ⅲ：2000~2010 年建造的城镇住宅，主要包括一般商品房小区、高档商品房小区和保障性住房，建筑特征是楼层一般为 10~30 层，建筑密度较低，如瑞景社区。

根据房屋生命周期的变化，将三类住区细分为新开发（规划）、施工、竣工、在用和拆除五个状态，住区经过一定时间（规划时间、施工时间、使用寿命）后从前一状态转变为下一状态，因此在住区各状态转变过程中设置了物质延迟。三类住区形成具有延迟过程的平行物质流，如图 9.7 所示，以实现模型对现实世界最大程度的仿真。为了提出优化政策，又将三类住区分为 2010 年现存和 2010 年后新建两部分。

根据三类住区的划分原则及厦门市未来住区发展特点，设置住区类型 Ⅰ 在未来 20 年不再新建开发[38]；设置住区类型 Ⅱ 和 Ⅲ 在未来 20 年内成为新建开发的主体[39]。规划建设面积及其比例受到人口、土地和政策影响，人口与规划面积成正反馈，剩余土地面积比例与规划面积成负反馈，其中剩余土地面积比例通过总住区占地面积与设置的政策控制变量——厦门岛控制住区面积求得。政策调控因子为随机因子，以模拟实际情况下的波动。在子系统末端，通过三类住区的建筑容积率将占地面积转换成建筑面积，进入碳足迹子系统。

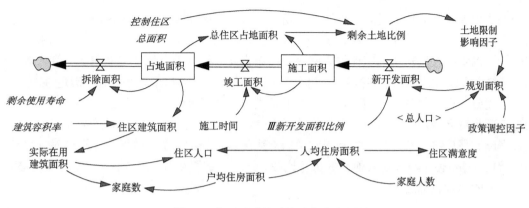

图9.7　住区子系统系统动力学流程图

2. 人口子系统

在人口子系统中，厦门岛人口分为户籍人口和非户籍人口两部分，如图9.8所示。对于户籍人口，依据统计年鉴数据模拟其自然增长和机械增长，其中，机械增长由人们迁入厦门岛的意愿决定，受人均住房面积影响，计算该变量时使用住区子系统的建筑面积指标。由于人们收集购房变化信息需要时间，且得到厦门岛房屋资源的信息后人们通常需要深思熟虑后再决定是否迁入，因此，在人均住房面积对迁入率的影响上设置信息延迟。非户籍人口，是由产业对劳动力的需求所决定的，通过统计2000~2009年人口资料发现，非户籍人口在75万附近波动（±4%）。由于户籍政策导向未来，厦门以人才引进为主，因此视厦门岛对暂住型外来劳动力的需求已满足，子系统中非户籍人口维持不变。总人口的变化以信息延迟的方式影响另外两个子系统。

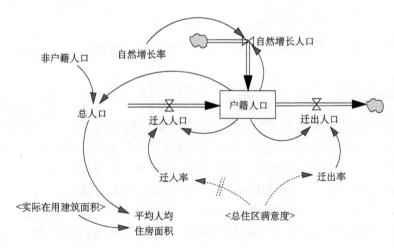

图9.8　人口子系统系统动力学流程图

3. 碳足迹子系统

碳足迹子系统中的重要变量是家庭数，通过住区子系统中的建筑面积和户均住房面积

（经调查问卷获得）计算得到，如图9.9所示。对于住区建筑面积，考虑所建住房在实际市场供需情况下并没有被充分使用，加之住区类型Ⅲ的部分楼层用于商业用途，因此引入入住率变量，以实际在用建筑面积计算家庭数。由调查问卷得到的户均住房面积、家庭人数等信息，计算出人均住房面积，并折算成住区满意度，从而连接人口子系统。对于碳足迹的计算，根据上述研究得到的各类户均碳足迹，考虑各类户均碳足迹随时间推移发生变化，具体为户均建筑碳足迹会受户均住房面积、住房使用寿命的影响，生活、交通碳足迹会受户均家庭人数的影响。最后将三类碳足迹加和得到厦门岛住区碳足迹。为了排除厦门岛人口对计算结果的影响，同时也便于与今后其他研究进行比较，分别计算了人均碳足迹、人均累计碳足迹[40]，作为本书的政策目标之一。

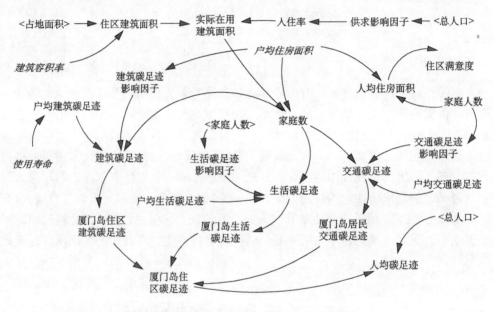

图9.9　碳足迹子系统系统动力学流程图

4. SD模型测试

由于现实系统的复杂性，模型中存在一定的不确定性，为了验证模型的可用性，对模型进行测试。应用Vensim软件所提供的量纲一致性测试和真实性测试验证了模型的表达正确性。所选用的人口模型为经典的指数增长模型[41]，为测试其合理性，以厦门岛2003~2009年户籍人口数据为基础建立结构相同的人口子系统进行仿真，仿真值与历史统计数据的相对误差为0.8%~3.4%，平均相对误差为2.28%，如表9.2和图9.10所示，模型拟合程度良好。通过变化模型参数值，仿真结果显示这种变化对模型行为的影响很小，且模型行为与现实世界一致。对于住区子系统的验证，由于数据获得率较低，采用模型初始年的仿真值与年鉴数据比较的方法，人均住房面积和平均家庭人数相对误差分别为4.64%和3.25%，如表9.3所示。

表 9.2　厦门岛 2003~2009 年户籍人口数据仿真值与历史值对比表

年份	人口历史值/人	自然增长率/‰	迁入率/‰	迁出率/‰	人口仿真值/人	相对误差/%
2003	607534	5.172	59.605	7.929	607534	0
2004	644089	5.858	57.678	9.395	638871.5	0.8101
2005	688365	5.769	66.654	9.675	671825.5	2.4027
2006	728302	5.982	62.666	11.674	706479.2	2.9964
2007	765691	7.669	56.109	12.785	742920.5	2.9739
2008	808724	9.13	89.45	45.369	781241.4	3.3983
2009	830444	7.699	75.756	57.301	821539	1.0723
平均值	—	6.754	66.845	22.018	710058.7	—

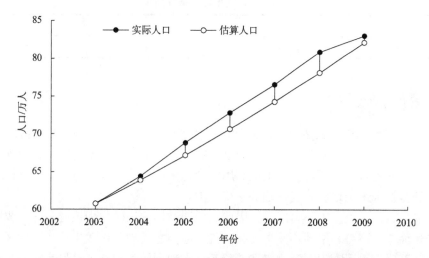

图 9.10　厦门岛 2003~2009 年户籍人口数据仿真值与历史值对比图

表 9.3　其他变量仿真值与历史值对比表

模型变量	仿真值	调查值	公布值	公布值来源	误差值
人均住房面积/m^2	24.15	26.59	23.08	2010 厦门经济特区年鉴	4.64%
平均家庭人数/人	3.18	3.43	3.08	2010 厦门经济特区年鉴	3.25%
2010 年人口/万人	195.6		186.1	厦门市 2010 年第六次全国人口普查主要数据公报	5.10%

二、厦门岛住区空间分配 CLUE 模型构建结果

CLUE 模型在进行空间分配之前首先要确定三项参数：土地利用转化弹性、土地利用转化次序、竞争优势和限制区域。其中，土地利用转化弹性、土地利用转化次序和竞争优势构成了模型运算的土地利用转换规则，限制区域决定了模型运算的空间范围。

1. 土地利用转化弹性

土地利用转化弹性的数值介于 0~1，其大小主要受土地利用类型转移强度的影响，土地利用类型越不易发生转化，其相应的土地利用转化弹性数值越大，越容易发生转化，此数值越小。本书中，非建成区在研究区的城市化过程中，发生土地利用类型转移强度较高，因此转化弹性系数取值应较其他建成区小；不可利用地不发生土地利用类型转移，取值为1；住区类型Ⅰ在研究时间范围内会因拆除发生土地利用类型转移；住区类型Ⅱ和Ⅲ在研究时间范围内基本未达到建筑使用寿命上限，因此发生土地利用类型转移的可能性极低。综上分析，设定土地利用转化弹性如表 9.4 所示，土地利用类型 0~5 分别表示其他建成区、住区类型Ⅰ、住区类型Ⅱ、住区类型Ⅲ、非建成区及不可利用地。

表 9.4　土地利用转化弹性列表

土地利用类型	0	1	2	3	4	5
弹性系数	0.7	0.8	0.9	0.9	0.5	1

2. 土地利用转化次序

土地利用类型转化次序表达方式有两种，0 代表两种土地利用类型间不能发生转化，1 代表两种土地利用间可以发生转化，模型通过设定各个土地利用类型间的转移矩阵来定义各个土地利用类型间是否能实现转化。土地利用类型转化次序的设置是通过实际分析现有土地利用现状图和分析未来土地利用变化趋势来确定的。

由于本书假设住区类型Ⅰ不再新建，因此其他地类均无法转化为该类。非建成区无法由其他地类转化而来。不可利用地不发生转化。其余地类之间均允许发生转化。住区形态变迁如图 9.11 所示，土地利用转化次序如表 9.5 所示，土地利用类型 0~5 分别表示其他建成区、住区类型Ⅰ、住区类型Ⅱ、住区类型Ⅲ、非建成区及不可利用地。

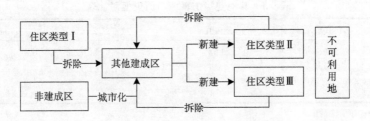

图 9.11　住区形态变迁示意图

3. 竞争优势

竞争优势用来确定各土地利用类型发生变化的权重值，实质上是制定土地利用类型转化的规则。采用二元 Logistics 回归方法建立不同土地利用类型空间分布和驱动力之间的关系。

表 9.5　土地利用类型转化次序

	0	1	2	3	4	5
0	1	0	1	1	0	0
1	1	1	1	1	0	0
2	1	0	1	1	0	0
3	1	0	1	1	0	0
4	1	0	1	1	1	0
5	0	0	0	0	0	1

1）驱动因子选取原则

土地利用空间格局变化是一个非常复杂的过程，结合 CLUE 模型原理和研究区特点，在选取驱动因子过程中考虑以下原则。

（1）资料可得性。因子的选取应该以数据资料的可获取性为前提，并以利用已有的历史统计资料为主，辅之以一定的实地调查。

（2）因子可量性。只有能进行定量化的因子才能进入模型中加以分析，虽然有些因子如土地、管理的法律制度，对土地利用变化的影响至关重要，但难以定量化，因此也无法选取。

（3）空间差异性。所选因子对土地利用变化的影响在研究区内部的各子区域间应该存在着空间上的差异，而不应该是一致的。

（4）变化相关性。所选因子应该与研究区土地利用变化的相关性较大，相关性很小甚至不相关的因子应通过统计分析方法将其排除。

（5）口径一致性。数据资料的一致性包括数据资料在时间上的一致性，也包括数据资料在空间上的一致性，如城镇化水平是影响土地利用变化的一个重要因子，但研究区内有一部分行政区属于乡，而不是建制镇，因此计算时统一以行政区内的非农业人口数据代替城镇人口数据。

（6）因子全面性。对于受自然环境因素限制较小的区域，主要通过土地利用类型对自然条件的适宜程度的竞争，最终确定未来土地利用空间格局。对于受社会经济因子影响的城市生态系统，土地利用/覆盖变化主要受自然因素和政策因素的双重作用，尤其在较短的时间维度上，土地利用空间格局深受社会经济因素的影响。

2）驱动因子的选取

按照上述的因子选取原则，结合厦门岛的实际情况，根据土地利用变化情况和数据资料的收集情况，共选取了 8 个土地利用变化驱动因子，如表 9.6 所示。

3）驱动因子图

驱动因子图可以根据已有的各个因子的矢量图，通过 ArcGIS 的空间分析模块计算得到。根据研究区现状，通过定性和定量相结合的方法，此次模拟共选取了 8 个土地利用驱动因子。驱动因子图可以根据已有的各个因子的矢量图，通过 ArcGIS 的空间分析模块计算得到。各驱动因子的空间量化图如图 9.12 所示。

表 9.6 驱动因子列表

编号	驱动因子	因子描述
0	高程	每一像元的高程值，由 DEM 获取
1	坡度	每一像元的坡度，由 DEM 计算获取
2	坡向	每一像元的坡向，由 DEM 计算获取
3	人口密度	每一像元的人口密度
4	到市中心距离	每一像元到市中心的欧氏距离
5	到公路距离	每一像元到最近公路的欧氏距离
6	到商服区距离	每一像元到最近商服用地的欧氏距离
7	到海岸线距离	每一像元到最近海岸线的欧氏距离

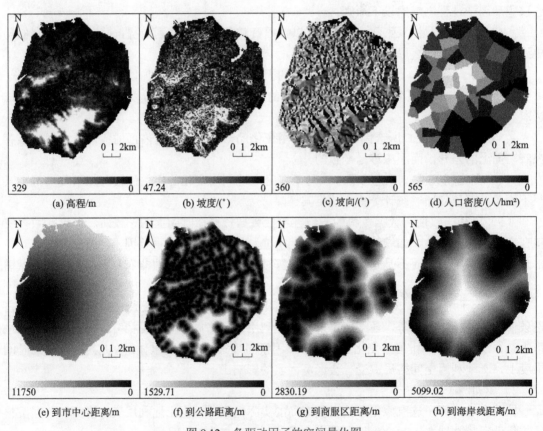

图 9.12 各驱动因子的空间量化图

4）Sclgr*.fil 文件的准备

由于 CLUE 模型中的驱动力文件以 Sclgr*.fil 文件表示，所以需要将驱动因子图转换为该文件格式。

在 ArcMap 中导入以上驱动力文件，并转化为具有统一空间边界、相同栅格大小和坐标系的栅格数据，再转成 ASCII 文件。文件中–9999 表示不属于研究区域。并依次重命名为 Sclgr0.fil、Sclgr1.fil……Sclgr7.fil。

5）Logistic 回归分析

在 CLUE 安装目录下建立 names.txt 文件，通过 CLUE 模型的 File Convert 模块生成 14 个单独文件，包括 6 个土地利用类型空间分布文件和 8 个驱动因子文件，转化为 SPSS 软件可以读取的单列显示的文本文件。读入 SPSS 软件中。在 SPSS 软件中，使用 Analyze 菜单 Regression 下的 Binary 命令，弹出 Logistic Regression 界面，分别把每一种地类放入 Dependent variables 框中，选择全部或部分与之关系较大的驱动力因素放入 Covariates 框中，选择 Forward Conditional 方法，在 Option 中分别设定 Entry 和 Removal 为 0.01 和 0.02，在 Save 中选中 Probabilities，点击【OK】，运行回归方程，计算出回归系数 β 值，结果见表 9.7。

表 9.7　Logistic 回归模型 β 系数

变量	住区类型 I	住区类型 II	住区类型 III	其他建成区	非建成区	不可利用地
常数项	−5.275937	−2.497742	−1.432491	0.002256	−2.269736	−0.028471
高程			−0.012000	−0.031771	0.038373	−0.031671
坡度					0.010889	
坡向	0.001505					
人口密度	71.516260	31.460437	−42.174832		−40.299119	
到市中心距离	0.000276	−0.000208	−0.000055		0.000058	−0.000043
到公路距离		−0.001967		0.000462		−0.000935
到商服区距离			−0.000543	−0.000522	0.000510	
到海岸线距离	−0.000260	0.000453	0.000099		0.000093	−0.000189

采用 Pontius 和 Scheider 提出的 ROC 方法对回归结果进行检验[42]。ROC（relative operating characteristic）是验证土地利用覆盖变化模型的方法。该方法来源于二值可能性表，每个可能性表对应一种未来土地利用类型的不同假设。每个可能性表的内容是实际变化和实际没有变化的细胞对模拟变化和模拟没有变化的情况。一个完整的随意模型确定的 ROC 值为 0.5，而完全适合结果的 ROC 值是 1.0。通过 SPSS 软件中 Graphs 菜单中的 ROC Curve 实现这一检验过程。在取得较为满意的回归结果后（ROC 值超过 0.75），计算出每个土地利用类型的概率，从而可以得到土地利用的空间分布概率适宜图。本书 Logistic 回归模型 ROC 值如表 9.8 所示。

表 9.8　Logistic 回归模型 ROC 值

编号	土地利用类型名称	ROC 值
0	其他建成区	0.693
1	住区类型 I	0.733
2	住区类型 II	0.818
3	住区类型 III	0.654
4	非建成区	0.790
5	不可利用地	0.700

结果显示，各土地利用类型的 ROC 值均达到 0.65 以上。各种土地类型的拟合度分别为

0.693、0.733、0.818、0.654、0.790、0.700。其中，对住区类型Ⅱ的解释效果最好，达到0.818。说明模型的拟合程度较好，能够进行模型模拟。

6）限制区域

考虑一些特殊区域土地不允许随便转化，可将其设置为限制区域。本书以厦门岛为研究区域，其中根据《厦门市国民经济和社会发展第十二个五年规划纲要》[43]设置营平片区、厦港片区为限制区域，不参与模型运算。

4. 需求模块

需求模块是CLUE模型中一个相对独立的模块，模型要求把不同需求方案的结果输入模型，以便进行空间分配和空间模拟[33]。不同需求方案的结果可利用各种土地需求量预测方法求取，并且模型要求输入研究期间各年度的各种土地利用类型的需求量。土地需求量预测根据与各类用地有关的当前或以往的资料和数据，通过科学方法进行逻辑推理，对一定地区、一定时期内未来各类用地规模的数量动态变化做出科学估计和测算。土地需求量预测的方法很多，但是主要分属于三组方法，即回归分析法、时间序列分析法和模型法。本书基于前述厦门岛住区碳足迹SD模型，模拟未来厦门岛各住区类型的需求状况，将模拟结果输入CLUE模型的需求模块。

5. 空间分配

完成空间模块和需求模块的计算后，进行空间分配。空间分配是CLUE模型的核心[33]，基本原理是：首先，确定允许转换的土地利用单元并计算每个栅格单元对于每种土地利用类型的转换可能性（总可能性＝可能性＋转换规则＋迭代系数），形成最初的土地利用分配图。然后，与土地利用需求比较，进行土地利用面积空间分配，直到满足土地利用需求为止，计算流程如图9.13所示。模拟结束后，如结果不理想，可进行校验，包括对数据质量、需求目标设置、驱动因子选择及相关参数的调整。

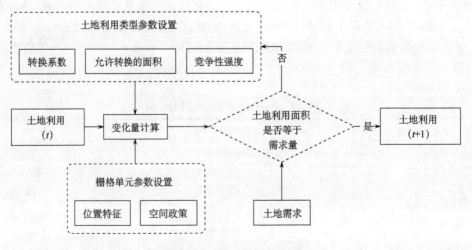

图9.13　空间分配参数设定图

三、SD 模型模拟结果

利用系统动力学原理仿真住区形态变迁下的厦门岛住区碳足迹变化是可行的，它可以动态地反映出各种社会、经济因素对住区碳足迹的影响，有利于决策者在管理厦门岛用地及住区设计时做出正确的决策。各变量仿真结果如图 9.14 所示。

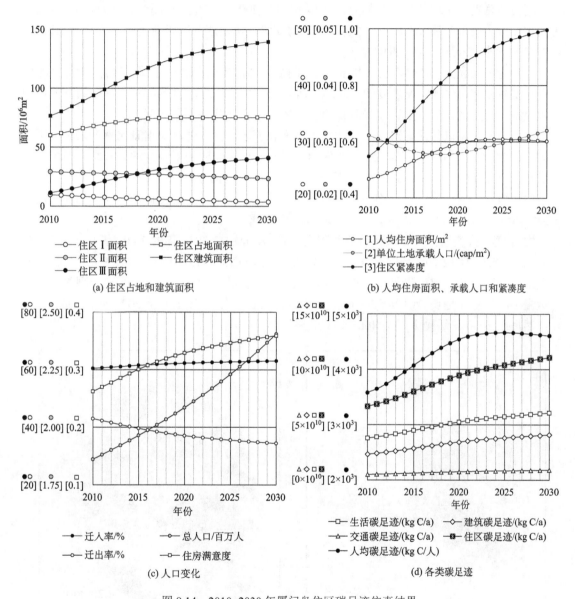

图 9.14 2010~2030 年厦门岛住区碳足迹仿真结果

（b）~（d）图中不同数据序列的坐标轴左侧方括号内表示不同数据序列图例对应的刻度

住区类型 Ⅰ 由于不再新建，每年以一定的比例拆除，2030 年剩余面积 3.486 万 m²，仅为 2010 年的 36.6%。每年新开发面积中有 20%住区为住区类型 Ⅱ，80%为住区类型 Ⅲ。住区类型 Ⅱ 新建速度赶不上其拆除速度，2030 年剩余面积 24.45 万 m²，占住区总面积的 34.5%。住区类型Ⅲ面积持续增加，2018 年首次超过住区类型Ⅱ面积，成为主要的住区类型，到 2030 年达到 42.84 万 m²，占住区总面积的 60.5%。

住区总面积的增加分为快速增长阶段和平台阶段，2016 年住区总面积超过 74 km²，之后由于厦门岛剩余土地面积的减少，新开发住区面积急剧减少，住区总面积增加缓慢，进入平台期，到 2030 年达到 77 km²，接近于厦门岛控制住区总面积的 80 km²。

厦门岛总人口呈现稳步上升趋势，2014 年超过 200 万，2022 年超过 250 万，到 2030 年达到 320 万。2018 年后增速加快，主要原因是前期的住房快速开发迅速提高了人均住房面积，对外来人口的迁入形成强大的拉力。

人均住房面积到 2018 年达到 28 m²/人，随后在该水平附近波动下降，其原因是 2018 年前土地资源充裕，住区开发速度快，人均住房面积呈增加趋势，2018 年后，住区新开发面积开始受限，前期涌入的外来人口导致住房资源紧张，人均住房面积下降。

厦门岛紧凑度以住区建筑面积与住区占地面积表示，由于住区类型Ⅲ比例的增大，厦门岛紧凑度 2018 年前快速增长，2018 年后由于新开发住区面积的限制，增速放缓。而单位土地承载人口在 0.03 人/m² 附近呈现先下降后上升的波动变化趋势。

住房满意度表示居民对人均住房面积的满意程度，仿真结果的变化趋势与人均住房面积一致。

生活、建筑、交通三部分碳足迹均呈现上升趋势，分别从 2010 年的 38.02 亿 kg C/a、23.48 亿 kg C/a、5.11 亿 kg C/a 上升至 2030 年的 60.67 亿 kg C/a、41.01 亿 kg C/a、9.07 亿 kg C/a。其中，生活碳足迹和建筑碳足迹所占比例较大，其改善潜力较大。人均碳足迹呈现先上升、后缓慢下降的变化趋势。2010 年人均碳足迹为 3578 kg C/人，持续上升至 2025 年的 4661 kg C/人，然后在 2030 年缓慢下降至 4605 kg C/人。

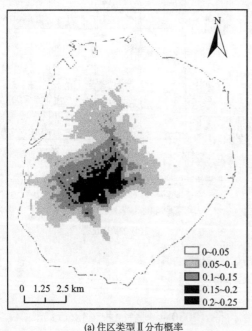

(a) 住区类型Ⅱ分布概率　　　　　　(b) 住区类型Ⅲ分布概率

图 9.15　住区类型Ⅱ和住区类型Ⅲ概率分布图

四、CLUE 模型模拟结果

由于住区类型Ⅰ不再新建，重点讨论影响未来住区形态的住区类型Ⅱ和住区类型Ⅲ的分布情况，如图 9.15 所示。

从图 9.15 可以看出，厦禾路沿线、国贸、莲坂、江头和筼筜湖周边为住区类型Ⅱ出现概率较高的地区；而湖滨北路、仙岳路、环岛南路、环岛东路、五缘湾、石鼓山、高崎等区域为住区类型Ⅲ出现概率较高的地区。结合 Logistic 回归分析结果，住区类型Ⅱ分布在人口密度大、交通便捷、离市中心近的地区，可归纳为征地成本较高的地区；住区类型Ⅲ分布在人口密度较低、离商服区近、高程低的海边地区，可归纳为征地成本较低的地区。

图 9.16 为基准情景下 2009 年、2015 年、2020 年厦门岛住区分布格局的模拟结果。

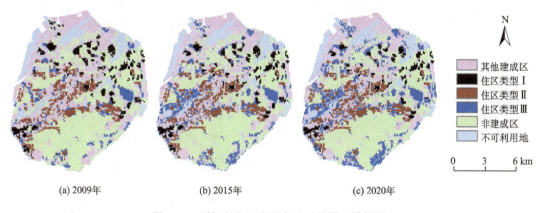

图 9.16　厦门岛住区类型变迁现状图及模拟图

五、SD 模型情景分析结果

分别设置基准情景、低碳情景、紧凑情景重新运行模型，三种情景下住区占地总面积、总人口、住区紧凑度、住区总满意度、人均碳足迹如图 9.17 所示。

在基准情景下，厦门岛住区总面积控制在 75.3 km^2，2018 年基本达到饱和，人口增长速度适中，2030 年厦门岛总人口达到 240 万，住区紧凑度适中。总住区满意度上升缓慢，2030年达到 0.35，即 35%居民对其住房面积表示满意。人均碳足迹 2022 年进入平台期，在 4605 kg C/人附近波动。

根据模拟的低碳情景，厦门岛住区总面积控制在 66.4 km^2，2014 年基本达到饱和，人口增长速度较慢，2030 年厦门岛总人口达到 244 万。该情景下容积率保持在较低水平，住区紧凑度上升缓慢。总住区满意度上升缓慢，2030 年接近 0.4，即接近 40%居民对其住房面积表示满意。人均碳足迹 2016 年进入平台期，达到 3771 kg C/人，之后缓慢下降。

根据模拟的紧凑情景，厦门岛住区总面积控制在 84.7 km^2，2024 年基本达到饱和，人口增长速度较快，2030 年厦门岛总人口达到 252 万。与新建住房的容积率增加有关，该情景下的住区紧凑度迅速上升，2030 年接近 1.5。总住区满意度上升速度适中，2030 年接近 0.45。人均碳足迹迅速持续上升，2028 年达到平台期，在 5759 kg C/人附近波动。

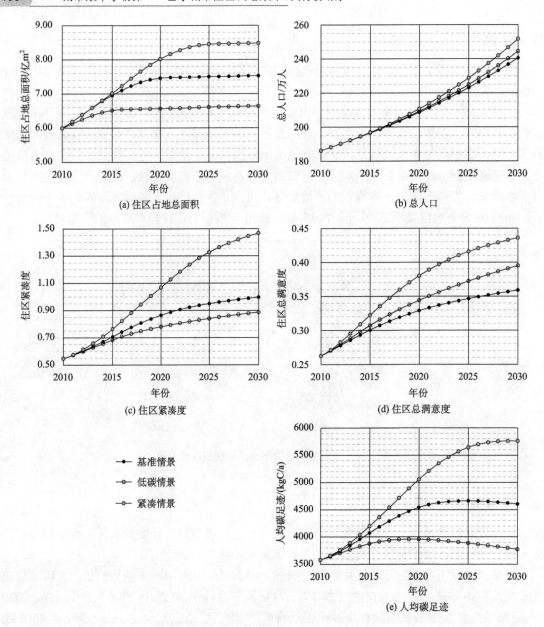

图 9.17　三种情景下模型关键变量变化情况

六、CLUE 模型情景分析结果

不同情景下住区分布格局的模拟结果如图 9.18 所示，图中分别表示 2009 年现状、2020 年基准情景模拟结果、2020 年低碳情景模拟结果、2020 年紧凑情景模拟结果。下面分情景进行详细分析。

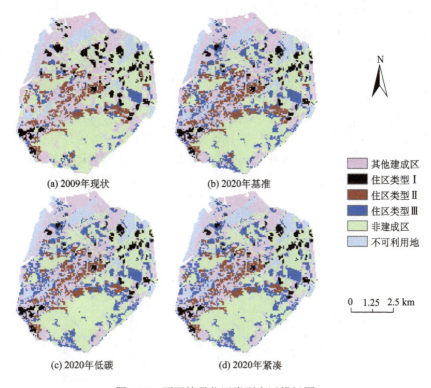

(a) 2009年现状   (b) 2020年基准

其他建成区
住区类型 I
住区类型 II
住区类型 III
非建成区
不可利用地

0   1.25   2.5 km

(c) 2020年低碳   (d) 2020年紧凑

图 9.18   不同情景住区类型变迁模拟图

1. 基准情景

基准情景模拟结果如图 9.19 所示，三类住区分布格局基本不变。原有的住区类型 I 拆除部分主要为蜂巢山、高殿社区、枋钟路、枋湖路、蔡塘一带，均为年代久远的城中村区域，但近年来该区域城市发展较快是其住区形态变化迅速的主要原因。新增的住区类型 II 主要分

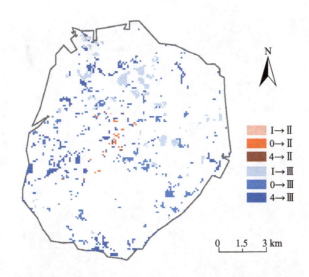

I→II
0→II
4→II
I→III
0→III
4→III

0   1.5   3 km

图 9.19   2009~2020 年基准情景下住区形态变迁示意图

布在莲坂区域，为原有住区的周边，可视为原有旧住区的扩建。新增的住区类型Ⅲ主要为住区类型Ⅰ拆除区域，柯厝、莲前、殿前等地区有小片的其他建成区转化为住区类型Ⅲ，曾厝垵、湖滨北路、湖里大道、殿前、高崎等地区有成片的非建成区转化为住区类型Ⅲ。

2. 低碳情景

低碳情景模拟结果如图9.20所示，新增的住区类型Ⅱ零星分布在莲坂区域，即分布于原有住区的周边，可视为原有旧住区的扩建。新增的住区类型Ⅲ主要为住区类型Ⅰ拆除区域，柯厝、莲前、殿前等地区有完整大片的其他建成区转化为住区类型Ⅲ，曾厝垵、湖滨北路、湖里大道、殿前、高崎等地区有成片的非建成区转化为住区类型Ⅲ。

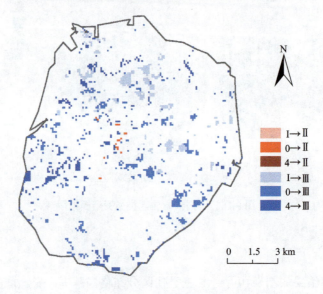

图9.20　2009~2020年低碳情景下住区形态变迁示意图

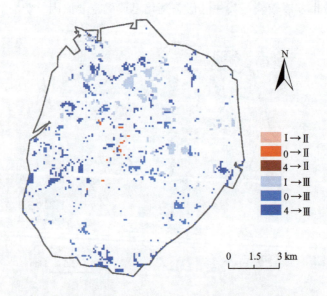

图9.21　2009~2020年紧凑情景下住区形态变迁示意图

3. 紧凑情景

紧凑情景模拟结果如图 9.21 所示,新增的住区类型Ⅱ零星分布在莲坂区域,为原有住区的周边,可视为原有旧住区的扩建。新增的住区类型Ⅲ主要为住区类型Ⅰ拆除区域,柯厝、莲前、殿前等地区有小片的其他建成区转化为住区类型Ⅲ,曾厝垵、湖滨北路、湖里大道、殿前、高崎、岭兜等地区有完整成片的非建成区转化为住区类型Ⅲ。

第四节　分析与讨论

一、厦门岛住区形态的时间变化特征

在今后 20 年内,厦门岛的总人口将持续增多,对土地资源的需求将继续加大,不同的住区发展模式对厦门岛的低碳发展有着显著影响。对人均住房面积、住区紧凑度、厦门岛家庭数、人均碳足迹的敏感性均较大的因素包括控制住房总面积、住区Ⅲ新开发面积比例、新建住区Ⅱ容积率、新建住区Ⅲ容积率。在决策过程中,应根据预期目标优先调整敏感性较高的控制变量。

住区类型Ⅰ由于不再新建,每年以一定的比例拆除,2030 年剩余面积 34860m²;住区类型Ⅱ新建速度小于其拆除速度,2030 年剩余面积 244500m²,占住区总面积的 34.5%;住区类型Ⅲ面积持续增加,2018 年首次超过住区类型Ⅱ面积,成为主要的住区类型,2030 年将达到 428400m²,占住区总面积的 60.5%;2010~2030 年,三类住区的占地面积比将从Ⅰ:Ⅱ:Ⅲ=24.7:39.3:27.7 转变为Ⅰ:Ⅱ:Ⅲ=5:34.5:60.5。

二、厦门岛住区形态的空间变迁特征

CLUE 模型多用于自然土地类型的模拟,鲜有将 CLUE 模型应用于城市代谢或者住区形态变迁的实例。本书应用 CLUE 模型对厦门岛进行 2030 年住区形态变迁模拟,经 ROC 检验显示,其他建成区、住区类型Ⅰ、住区类型Ⅱ、住区类型Ⅲ、非建成区及不可利用地的拟合度分别为 0.693、0.733、0.818、0.654、0.790 及 0.700,除其他建成区和住区类型Ⅲ,拟合优度均大于 0.75,模型拟合效果较好,说明 CLUE 模型可以用于住区形态变迁模拟。由于驱动其他建成区和住区类型Ⅲ发生土地利用类型转化的因子复杂,加上本书的数据有限,未能将土地价格等重要因子输入模型,以致 ROC 检验值较低。

三类典型住区受驱动因子影响的程度不同,构成不同的分布特征。由于住区类型Ⅰ未来不再新建,本书不讨论其分布特征;住区类型Ⅱ趋于分布在人口密度大、交通便捷、离市中心近的地区,可归纳为住区类型Ⅱ遵循现状继续发展的惯性较大;住区类型Ⅲ趋于分布在人口密度较低、离商服区近、高程低的海边地区,可归纳为住区类型Ⅲ分布在征地成本相对较低的区域。

住区类型Ⅱ遵循现状继续发展的惯性较大,未来该住区类型主要分布在厦禾路沿线、国贸、莲坂、江头和筼筜湖等地区;住区类型Ⅲ有分布在海边的趋势,包括蜂巢山、柯厝、曾厝垵、高崎等地区;未来可能出现高密度住区的区域主要集中在高殿、枋钟路、枋湖路、蔡塘、柯厝、莲前、殿前、曾厝垵、湖里大道、殿前、高崎等地区。

三、厦门岛住区形态的发展情景及建议

在基准情景下，2030 年厦门岛住区总面积控制在 75.3 km^2，厦门岛总人口达到 240 万，人均住区碳足迹为 4605 kg C/人，住区紧凑度为 1，人均住房面积为 30.1 m^2/人；在低碳情景下，2030 年厦门岛住区总面积控制在 66.4 km^2，厦门岛总人口达到 244 万，人均住区碳足迹为 3771 kg C/人，住区紧凑度为 0.85，人均住房面积为 26.2 m^2/人；在紧凑情景下，2030 年厦门岛住区总面积控制在 84.7 km^2，厦门岛总人口达到 252 万，人均住区碳足迹为 5759 kg C/人，住区紧凑度为 1.45，人均住房面积为 41.0 m^2/人。由此可见，低碳发展和紧凑发展是惯性发展的两种极端情况，体现在总住区面积、人均住宅面积和人均碳足迹大小的变化上，但是对厦门岛总人口数量的影响并不大。根据目前厦门的发展趋势，低碳的发展情景可能更接近现实。

住区类型Ⅲ成为厦门岛未来主要住区类型，今后的节能减排工作应该重点针对住区类型Ⅲ开展。在决策过程中，应根据预期达到的目标优先调整敏感性较高的控制变量（厦门岛住区规划用地、住区类型Ⅲ所占比例及其容积率），旨在以相同决策成本下实现调控效果最大化；住区类型Ⅲ选取合适的建筑外墙材料，减少用于采暖保温的建筑碳足迹。未来可能出现高密度住区的区域，加强公共交通设施建设，减少交通碳足迹。部分地区由原来的其他建成区转化为此类住区，居民到达特定功能区的交通碳足迹将增大，应尽量保证该地区各功能区完善以减少交通碳足迹。在决策过程中应根据城市人口和用地的实际情况，在低碳城市建设与有效节约用地之间寻找一个平衡点。

第五节　研究小结

在建立厦门岛住区碳足迹 SD 模型和厦门岛住区空间分配 CLUE 模型的基础上，进行敏感性分析和情景模拟，分别从驱动因素、数量结构、空间分配、情景特征多角度、全方位地刻画厦门岛住区形态的时空格局特征。

SD 模型与 CLUE 模型的耦合可以发挥两者分别在时间动态模拟和空间分配模拟上的优势。SD 模型中的子系统的使用，可以在模型主体基本不变的基础上，整合相关研究的成果。本书在住区子系统和人口子系统的基础上，构建并整合碳足迹子系统，使住区形态变迁这一过程反映到碳足迹的时间序列变化上。CLUE 模型中的空间模块参数的设置可以干预研究区适宜或完全不发生转换的土地利用类型。例如，设置营平片区、厦港片区为限制区域，从而保证土地利用格局模拟更准确，区域变化更可控。SD 模型与 CLUE 模型耦合，使得模型在横向整合和纵向深入上具有非常强的适应性和可操作性。

国内外有关城市住区形态变迁及其引起的碳足迹变化的时空模拟研究尚处于起步阶段。本书是该领域研究的有益尝试与探索，总结起来，本书的创新之处主要有以下几点。

（1）使用系统动力学方法构建 CLUE 模型中的需求模块，从而发挥了系统动力学动态模拟的优势，遵循关键变量间的因果关系和多重反馈特点构建模型，符合住区形态变迁这一复杂过程的需要。

（2）使用 CLUE 模型模拟住区形态变迁空间分配过程，其"自上而下"与"自下而上"建模思路与同时模拟多种土地利用变化特征的优势能够弥补过往住区形态变迁研究中的不足。

（3）从驱动因素、数量结构、空间分配、情景特征上，多角度全方位地刻画研究区的住区形态变迁的时空动态特征，在此基础上提出面向低碳城市的住区发展建议，与以往研究相比更具科学性与现实意义。

尽管取得了一定的研究成果，但也存在一些局限性。这些不足之处也构成了将来的研究方向。

（1）在 SD 建模过程中，一部分数据难以获得（如商用住宅的比例），在研究中只能采取估算的方式获得；另一部分数据因变量间定量关系未明确（如人口对入住率的影响），在研究中采取表函数赋值的方法。因此，SD 建模过程中如果能获得这些数据并明晰其间的相互关系，则能够获得更好的仿真结果。

（2）由于 CLUE 模型本身的局限，其模型假设土地利用转变的驱动因子和其影响之间是单向作用过程，没有考虑反馈机制。因此，CLUE 模型无法反映住区形态变迁发生后对人口密度、到公路距离等驱动因子的反馈作用。

（3）模型对于人口住区和碳足迹的表达是基于家庭为单位的生活和通勤调查获得的，总人口、消费特征与住宅面积的未来变化是通过三类住区现有家庭在未来的比例变化来表征的，因此对某些社会经济特征变化，如家庭人口规模、整个社会的消费特征变化等机制还缺乏深入的阐述。

参 考 文 献

[1] IPCC. 气候变化 2007: 综合报告. 日内瓦, 2007.

[2] 秦大河, 罗勇, 陈振林, 等. 气候变化科学的最新进展: IPCC 第四次评估综合报告解析. 气候变化研究进展, 2007, 3(6): 311-314.

[3] Grimm N B, Faeth S H, Golubiewski N E, et al. Global Change and the Ecology of Cities. Science, 2008, 319(5864): 756-760.

[4] 汝信, 陆学艺, 李培林. 社会蓝皮书: 2012 年中国社会形势分析与预测. 北京: 社会科学文献出版社, 2011.

[5] Lin J, Cao B, Cui S, et al. Evaluating the effectiveness of urban energy conservation and GHG mitigation measures: the case of Xiamen city, China. Energy Policy, 2010, 38(9): 5123-5132.

[6] Satterthwaite D. Cities' contribution to global warming: notes on the allocation of greenhouse gas emissions. Environment and Urbanization, 2008, 20(2): 539-549.

[7] Sundarakani B, De Souza R, Goh M, et al. Modeling carbon footprints across the supply chain. International Journal of Production Economics, 2010, 128(1): 43-50.

[8] 朱勤, 彭希哲, 陆志明, 等. 人口与消费对碳排放影响的分析模型与实证. 中国人口·资源与环境, 2010(2): 98-102.

[9] Perry S, Klemeš J, Bulatov I. Integrating waste and renewable energy to reduce the carbon footprint of locally integrated energy sectors. Energy, 2008, 33(10): 1489-1497.

[10] Herrmann I T, Hauschild M Z. Effects of globalization on carbon footprints of products. CIRP Annals-Manufacturing Technology, 2009, 58(1): 13-16.

[11] 王雪娜, 顾凯平. 中国碳源排碳量估算办法研究现状. 环境科学与管理, 2006, (4): 78-80.

[12] Jones C M, Kammen D M. Quantifying carbon footprint reduction opportunities for US households and communities. Environmental Science and Technology, 2011, 45(9): 4088-4095.

[13] Wang Y, Shi M J. CO_2 emission induced by urban household consumption in China. Chinese Journal of

Population Resources and Environment, 2009, 7(3): 11-19.

[14] Dietz T, Gardner G T, Gilligan J, et al. Household actions can provide a behavioral wedge to rapidly reduce US carbon emissions. Proceedings of the National Academy of Sciences, 2009, 106(44): 18452-18456.

[15] 冯玲, 吝涛, 赵千钧. 城镇居民生活能耗与碳排放动态特征分析. 中国人口·资源与环境, 2011, 21(5): 93-100.

[16] Wei Y, Liu L, Fan Y, et al. The impact of lifestyle on energy use and CO_2 emission: an empirical analysis of China's residents. Energy policy, 2007, 35(1): 247-257.

[17] Ahmed Y A. Settlements pattern and functional distribution in an emerging communities: a case of a local government area of Kwara State, Nigeria. The Social Sciences, 2009, 4(3): 256-263.

[18] Druckman A, Jackson T. Household energy consumption in the UK: a highly geographically and socio-economically disaggregated model. Energy policy, 2008, 36(8): 3177-3192.

[19] 杨选梅, 葛幼松, 曾红鹰. 基于个体消费行为的家庭碳排放研究. 中国人口·资源与环境, 2010, 20(5): 35-40.

[20] 邵磊. 社会转型与中国城市居住形态的变迁. 时代建筑, 2004, (5): 19-23.

[21] 欧曼. 低碳理念下的城市住区密度研究——以上海曹杨新村为例. 第七届国际绿色建筑与建筑节能会议论文集, 2011, 440-444.

[22] 吴嫣. 从住宅设计看居住形态的变迁——以北京市为例. 建筑, 2003, 2: 29.

[23] 刘江, 崔胜辉, 唐立娜, 等. 半城市化地区住区形态及空间分布特征——以厦门市集美区为例. 地理科学进展, 2010, 29(5): 579-585.

[24] 叶红, 潘玲阳, 陈峰, 等. 城市家庭能耗直接碳排放影响因素. 生态学报, 2010, 30(14): 3802-3811.

[25] Lambin E F. Modelling and monitoring land-cover change processes in tropical regions. Progress in Physical Geography, 1997, 21(3): 375-393.

[26] Han J, Hayashi Y, Cao X, et al. Application of an integrated system dynamics and cellular automata model for urban growth assessment: a case study of Shanghai, China. Landscape and Urban Planning, 2009, 91(3): 133-141.

[27] Lauf S, Haase D, Hostert P, et al. Uncovering land-use dynamics driven by human decision-making—a combined model approach using cellular automata and system dynamics. Environmental Modelling and Software, 2012, 27: 71-82.

[28] 冯玲. 家庭和住区尺度下的居民生活消费碳排放研究——以厦门市为例. 北京: 中国科学院研究生院硕士学位论文, 2011.

[29] Forrester J W. Principles of Systems. Cambridge: Wright-Allen Press, 1971.

[30] 张波, 虞朝晖, 孙强, 等. 系统动力学简介及其相关软件综述. 环境与可持续发展, 2010, (2): 1-4.

[31] 王其藩, 李旭. 从系统动力学观点看社会经济系统的政策作用机制与优化. 科技导报, 2004, 22(0405): 34-36.

[32] 钟永光, 贾晓菁, 钱颖等. 系统动力学(第2版). 北京: 科学出版社, 2013.

[33] Verburg P H, Soepboer W, Veldkamp A, et al. Modeling the spatial dynamics of regional land use: the CLUE-S model. Environmental Management, 2002, 30(3): 391-405.

[34] Powell M J D. An efficient method for finding the minimum of a function of several variables without calculating derivatives. The Computer Journal, 1964, 7(2): 155.

[35] 王洪义, 郑艳清. 人口增长与住宅建设的动态仿真分析. 哈尔滨师范大学自然科学学报, 1999, 15(6): 64-68.

[36] 胡雨村, 沈岐平. 香港住宅产业发展的系统动力学研究. 系统工程理论与实践, 2001, 7(32): l.

[37] 周凌, 赵民. 构建多层次的城镇住房供应体系——基于厦门市实证分析的讨论. 城市规划, 2008, (9): 28-37.

[38] 郑开雄. 厦门"城中村"改造研究. 现代城市研究, 2005, (11): 32-36.

[39] 魏丽艳, 陈林. 政府主导梯级住房保障的理论与实践——以厦门市保障性住房新政为例. 中共福建省委党校学报, 2010, (4): 64-69.

[40] 丁仲礼, 段晓男, 葛全胜, 等. 2050 年大气 CO_2 浓度控制: 各国排放权计算. 中国科学: 地球科学(中文版), 2009, 39(8): 1009-1027.

[41] 杨丽霞, 杨桂山, 苑韶峰. 数学模型在人口预测中的应用——以江苏省为例. 长江流域资源与环境, 2006, 15(3): 287-291.

[42] Pontius R G, Schneider L C. Land-cover change model validation by an ROC method for the Ipswich watershed, Massachusetts, USA. Agriculture, Ecosystems and Environment, 2001, 85(1): 239-248.

[43] 厦门市人民政府. 厦门市国民经济和社会发展第十二个五年规划纲要. 2011.

第十章 城市住区形态变迁的通勤效应

第一节 研究概述

土地利用对交通的影响体现在其密度、开发规模、设计、布局等方面，影响交通需求、交通流和出行方式及出行距离；而交通对土地利用的影响主要表现在对家庭、企业的区位选择上，影响土地利用性质、强度和价格。通过对两者相互作用过程的分析，许多科研工作者进行了一系列理论研究。国际上关于城市交通和土地利用互作用模型的理论研究主要从三个角度进行。

第一种是以城市地理学家和社会学家为主的城市"社会-生态"系统理论。他们基于达尔文的进化论，在城市和邻里尺度上分析社会探讨城市社会的变化过程，认为城市是由各种经济、社会团体组成的复杂的生态系统，这些经济、社会团体通过竞争争夺属于自己的"生态位"[1, 2]。

第二种是从经济学的角度探讨城市的动态过程。这一研究方向最具影响力的成果是Alonso于1964年提出的城市土地市场（urban land market）微观经济模型[3]。通过建立城市系统的微观经济模型，分析城市交通和土地利用之间的交互作用。但是，该模型中的完全竞争市场及单中心城市的强约束性假设致使该模型在实际应用中精度不高。

第三种是城市交通模型系统（urban transportation modeling system, UTMS），是为应对日益增多的城市化交通需求而提出的[4]。城市交通模型系统的发展经历了三个阶段，分别是传统四阶段法（four step model）阶段、离散选择模型（discrete choice model, DCM）阶段和交通土地互作用模型（land use and transport mode, LUTM）阶段[5]。四阶段法定义了交通行为的经典决策过程，包括出行行为的需求（交通生成）、出行目的地的决定（交通分布）、出行方式的决定（交通方式划分）和出行路线的决定（流量分配）。离散选择模型是在离散选择理论基础上发展而来的，离散选择理论的使用成功地弥补了四阶段法难以对出行者决策行为进行表达的缺陷，并且能够在较小的时间跨度下分析和预测出行行为过程。交通土地互作用模型基于城市人口、就业和土地利用需求向量所产生的交通流分析城市交通过程，模型中强调城市交通和其他系统之间的互动关系。模型不仅能够在较小时间跨度下预测出行主体的出行行为，还可以通过对人口、就业和土地利用的预测，实现长时间跨度的城市交通模拟。目前，约有20个城市模型可用于城市"交通-土地利用"互作用关系的研究[6]，按研究机理主要有空间互作用模型、数学规划模型、多部门联合空间建模法、城市经济学模型和微观模拟五大类[7-10]。

传统"交通-土地利用"耦合模型的研究尺度较大，通常更注重根据城市产业经济、土地利用空间布局、就业空间可达性等概要信息来分析居民通勤出行行为。新的研究思路在2000年以后的一些文献中[11-15]见诸报道，这些文献中研究人员对城市建筑环境对居民出行的影响进行了讨论，在人性化尺度分析局部建筑环境对出行决策的影响，将研究带入一个更小尺度[16]。Ewing采用"7D"属性（density；diversity；design；destination accessibility；distance to transit；demand management；demographics）定量分析了居民出行决策与建筑环境之间的关系，研究结果表明，通达性在诸属性中对出行影响最大[17]。本章通过住区形态的演变分析通勤交通行为的研究尺度介于上述城市尺度与建筑环境尺度之间。

第二节 研究方法

一、阶段设定

根据中国住房制度改革的重要文件及时间节点，结合厦门城市化发展的特点及数据的可获取性，将厦门岛住区形态发展划分为三个阶段，分析城市的不同住区形态发展阶段对居民通勤行为的影响。这三个阶段分别对应的特征年份为 1992 年、2008 年和 2020 年，具体特征如表 10.1 所示。

表 10.1 厦门岛住区发展的三个阶段及具体特征

发展阶段	代表年份	阶段特征	具体特征
福利 分房 阶段	1992 年	住房制度改革前，计划经济体制，福利分房制度	住区形态：老城区、统建房、城中村、自然村 居住条件：拥挤，人均住房面积 10m²以下 经济水平：中低收入为主，住区内居民经济水平有差异 交通设施：道路面积不足 5%，道路规格低，支路少 公共交通：公交、小巴、出租车，运营车辆少 对外联系：海堤、厦门大桥两条通道，就业岛内外交流少 城市功能：居住功能和生产功能相当 产业构成：第二、三产业占主导，比重相当，第一产业少 空间布局：居住空间集中，产业空间分散 职住分离：较少职住分离现象，就业距离较近
过度 阶段	2008 年	住房制度改革后，向住房市场化过渡，两种制度影响共存	住区形态：老城区、统建房、商品房、保障房、城中村 居住条件：人均住房面积超过 30m²，空间差异大 经济水平：住区内居民经济水平相当 交通设施：道路面积达到 10%，道路基础设施条件较好 公共交通：公交、小巴、出租车、BRT，线路多，趋合理 对外联系：5 条对外通道，就业岛内外交流增多 城市功能：居住功能为主，兼顾生产 产业构成：第三产业为主，第二产业约占 16% 空间布局：居住空间有分散趋势，第二产业集中布局 职住分离：存在职住分离现象，出现长距离通勤人群
完全 市场化 阶段	2020 年	住房全面市场化制度的稳定阶段，真实反映此阶段住区形态对居民通勤出行的影响	住区形态：老城区、商品房、保障房 居住条件：人均住房面积超过 40m²，空间差异大 经济水平：住区内居民经济水平相当，住区间差异增大 交通设施：道路面积超过 15%，道路基础设施条件很好 公共交通：采用大运力轨道交通，公共交通配置更合理 对外联系：8 条对外通道，就业岛内外交流比重较高 城市功能：居住功能为主 产业构成：第三产业占大多数，少量第二产业为高端制造业 空间布局：居住空间分散，第二产业布局集中 职住分离：存在职住分离现象，长距离通勤比重升高

　　1994 年 7 月颁布的《关于深化城镇住房制度改革的决定》，明确了住房"商品化和社会化"的发展道路，正式开启了城镇住房制度改革之路。1994 年以前是住房制度改革前期的代表性阶段，居民住房沿袭旧有计划经济体制的福利性分房制度，虽然期间已有试点售房和提租补贴等方式的加入，但仅限极少数的试点住区。1992 年是厦门经济特区第二个 10 年的开端，这一年厦门人均 GDP 跨过 1000 美元大关，经济发展进入高速腾飞阶段。经过 10 年发展，全岛城市建成区覆盖率达到 30.11%（遥感解译结果），城市公共设施发展达到一个新的高度，城市道路、交通设施的发展为居民出行提供了自主选择的余地。经济方面，第二、三产业占国内生产总值的比重接近 92%，这种产业格局激发了居民通勤出行的需求。此阶段城市居住区的主要特征是：住宅严重短缺，人均住房面积小。老城区住房、统建房、公有住房是这一时期的主要住房形式，还包含城中村和自然村。福利房建房制促使同类型住区的空间分布比较集中。住区内居民构成比较均质，收入水平、受教育程度及社会地位等基本相当。城市道路里程数相对较低，路网密度低，城市公共交通不发达。

　　1998 年 7 月颁布的《国务院关于进一步深化住房制度改革加快住房建设的通知》，彻底宣告了旧有的福利住房分配体制的结束，市场干预代替了国家行政干预。经过 10 年的发展，截至 2008 年年末，厦门岛已经形成了以商品住房为主，旧有统建房、老城区，以及城中村和社会保障性住房并存的格局。住房开发，尤其是商品房开发强度较高，但存在空间上开发强度不均匀的现象，少数区域住宅用地密度很高，人均住房水平提高明显，2008 年年末已达人均 31.92 m²的水平。住区内部居民的社会属性差距增大，住区居民经济属性在住区间的空间分异逐渐加大。城市基础设施建设进一步完善，2009 年年末厦门岛城市道路长度已经达 521.80km，道路面积为 1897.91hm²，占土地利用总面积比例约为 10%，路网密度进一步提高，城市快速路、快速公交、跨海大桥及海底隧道等交通设施的建设，增强了厦门岛与岛外四区的联系。产业格局进一步优化，第一产业比重下降至零，第二产业和第三产业比重分别为 16.49%和 83.51%，第二产业逐渐向岛外迁移，导致长距离通勤人口增加。由于居民具备了自主选择定居地的自由和客观条件，住区的空间形态及内部居民的社会经济属性，对居民通勤出行产生较大影响。

　　2020 年是实现厦门岛住区全面城市化、公共服务设施完备、产业进一步向第三产业倾斜的阶段。此阶段中，厦门岛城市功能主要以居住为主，城市常住人口控制在 130 万左右，城市住区建设接近饱和，人均居住面积很高。住区类型减少，主要以商品房住区为主，老城区住区和统建房住区通过住房市场的调节和重新分配，主要由外来居民租住，通常此类住区居民经济水平较低，通勤距离很短。虽然住区类型减少，但由住房市场化导致的住区间的居民分异现象加大，商品房住区由于区位、配套设施等条件的差异，内部居民的经济水平相差很大。保障性住房的建设达到一个新水平，数量更多，覆盖面更广。道路交通设施方面，道路网进一步完善，尤其次干道、支路的建设，道路规格适当提高，全岛道路面积百分比超过 15%。新建连接翔安区和海沧区的两条海底隧道和一座跨海大桥，进一步提高了岛内外的交通联系。公共交通结构进一步优化，公交线路设置更加科学，出现轨道交通的大运力城市交通形式。大力发展现代服务业和高端制造业，基本淘汰低技术、低附加值的劳动密集型企业，厦门岛内吸纳就业人口的数量较 2008 年有所下降。由于产业向岛外转移及城市交通设施发展、交通形式多样化，岛内外就业人口交流比重提高，职住分离程度加重，平均通勤距离增大。

二、数据来源

以 2008 年为研究基准年，数据包括土地利用数据、交通数据和社会经济数据。土地利用数据由 2009 年 1 月的 IKONOS 高分辨率遥感影像解译得到。在土地利用数据基础上提取居住用地和具有吸纳就业人口功能的土地利用作为交通模型的基本单元。居住用地在遥感影像和实地调研的基础上，按照住区类型将居住用地斑块进一步细分为 8 类。具有吸纳就业人口的用地类型则包括工矿仓储用地、商服用地、商住用地、公共设施用地（部分）、港口码头用地和机场。交通数据中的道路网络根据遥感影像数字化获得，并划分道路等级。道路通行能力、设计车速、车速削减比例等交通参数则根据《2008 厦门交通邮电发展报告》等资料获取、推算或借鉴相关研究成果。社会经济数据根据《厦门经济特区年鉴 2009》和《社会经济调查公报》整理得出。

1992 年和 2020 年用于模型中的数据主要在 2008 年数据的基础上根据相关资料调整得到的。土地利用信息主要参考城市总体规划及规划修编中的土地利用现状图和规划图。交通路网数据同样来源于城市总体规划信息，道路通行能力等具体参数在 2008 年基础上适度修改得到。社会经济数据根据《厦门经济特区年鉴》和《社会经济调查公报》整理得出，2020 年的主要社会经济数据则主要参考《厦门市城市总体规划（2010~2020）》中的规划指标或通过 2008 年数据推算得到。

其中，1992 年的交通路网数据根据《厦门市交通旅游地图（1992）》对 2008 年的数据进行删减，并结合实际情况对道路参数进行适当调整（道路等级、通行能力等）。2020 年交通路网数据则参考《厦门市土地利用总体规划（2006~2020）》，在 2008 年路网数据基础上加工获得。2008 年厦门岛常住人口接近 130 万，在业人口为 91.47 万人，就业适龄人口为 96.21 万人。根据《厦门市城市总体规划（2010~2020）》中对厦门岛常住人口的控制，2020 年厦门岛的常住人口仍控制在 130 万，结合近年厦门市约为 10‰的人口自然增长率，按照 2008 年常住人口计算，在不考虑人口迁移的情况下 2020 年厦门岛将达到 143.6 万人。按照控制标准将约有 13.6 万的人口迁出厦门岛，这部分迁出人口主要是随产业转移而定居岛外，岛内就业适龄人口对应下降，将 13.6 万的 70%即 9.52 万人定为迁出人口中的就业适龄人口，则 2020 年厦门岛内就业适龄人口为 86.69 万人。在业人口由于第三产业的发展和第二产业的迁出，在此认为 2020 年以 2008 年为基础上涨 10%达到 100.62 万人，岛内外就业人口的输入和输出的比重提高。1992 年在业人口和就业适龄人口数据根据 1990 年"第四次人口普查"数据推算得出，在业人口为 27.48 万人（根据 1990 年和 2001 年数据计算得到在业人口平均年增长率为 2.2%），就业适龄人口为 28.12 万人。交通分析小区的划定主要参考城市规划中的土地利用现状图和规划图，在 2008 年数据的基础上修改得到。其中，1992 年参考《厦门市城市总体规划（1995~2010）》用地现状图，共获得交通小区 475 个。2020 年参考《厦门市城市总体规划（2010~2020）》土地利用规划图，共获得交通小区 771 个。三个阶段人均住房面积分别按照三个特征年人均住房面积加减 20%作为模型参数的低值和高值。

三、TRANUS 模型

TRANUS 模型是 de la Barra 和 Perez 于 1982 年共同开发的 "交通-土地利用" 一体化模型[18]，该模型基于城市交通和土地利用之间动态平衡关系模拟城市的演变过程，通过对不同城市的模拟表明该模型具有较好的适用性和稳健性，可以取得与实际观测比较一致的模拟结果。TRANUS 模型主要由交通子模型和土地利用子模型两部分构成。其中，土地利用子模型中土地利用的概念比较宽泛，既包括了土地利用形式的转化，也包括不动产市场（地产、房产）的供需平衡。其中，土地利用子模型模拟了城市的土地和不动产市场，通过评估土地的可供给量和通达性来估算成本和效用，预测生产和生活对生产空间和居住空间的选择，并将由职住空间分异而产生的交通需求反馈给交通子模型。交通子模型根据不同活动空间的区位关系，计算不同目的出行的需求量，然后将生成的交通流量分配到交通网络中，得到交通出行的成本和效用，反馈给土地利用子模型。通过两个子模型之间的反馈机制和内部的供需关系，经过迭代运算，最终达到子系统的内外平衡，模型达到稳态，输出模拟结果。TRANUS模型结构如图 10.1[19]所示。

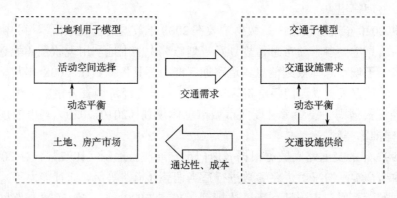

图 10.1　TRANUS 模型结构图

　　行为选择机制和平衡机制是 TRANUS 模型的核心。选择机制方面，de la Barra（2004）认为 TRANUS 是由一系列离散选择"链"组成的模型系统[20]。Domencich 和 McFadden（1975）提出的离散选择和随机效用理论在 TRANUS 模型中得到了广泛的应用，是 TRANUS 模型选择、决策过程的基础，模型中几乎所有的选择、决策过程，包括土地利用形式的选择、交通需求生成、交通方式选择、路线选择等，都是通过这两种方法解决的[21]。TRANUS 所采用的用于决策分析的具体模型是逻辑斯谛回归模型，同时也是离散选择理论最常用的方法。平衡机制方面，TRANUS 土地利用子模型的经济系统遵循"投入-产出"模型框架[22]，该模型框架要求系统中各种经济部门的总需求（投入）和经济部门所能提供的总供给（产出）必须达到平衡，并采用价格机制作为平衡经济系统中供给和需求的指标。交通子模型中由于交通基础设施和运力在一定情景下是固定的，因此在初始状态下交通需求必然无法与交通供给相匹配，模型以价格和时间作为成本（模型中表示为可达性）衡量出行效用，反馈到土地利用子系统中，根据经济系统中有关居住、工作、出行成本总效用最大化的要求，调整活动空间的选择和交通出行需求，最终实现交通需求和交通供给之间的平衡。

　　除了离散选择理论、随机效用理论和"投入-产出"模型，TRANUS 还集成了四阶段交通模型中采用的图论、排队论、重力和熵理论[23-25]及空间微观经济学[26, 27]等理论方法，具体参见 TRANUS 帮助文档[28, 29]。

　　本章中的交通模拟采用的软件包括 TUS11.0.0 和 TRANUS11.0.0（11.0.0 为版本号），其中 TUS11.0.0 是用于土地利用、交通网络数据库构建的交互式数据处理平台，TRANUS 11.0.0

则集成了各种分析模型。TRANUS 软件的数据处理方法和分析过程可参见"TRANUS: Integrated Land Use and Transport Modeling System" 和软件参考案例[30]。

四、人口空间化

人口空间化是将分街道或分区人口统计数据在住区尺度上进行分配,是交通模型设计中的一个关键过程。在此根据住区建筑面积及住区类型推算住区所能容纳的人口,根据街区或城区中各住区人口容纳能力占总容纳能力的比例进行人口分配。其中,住区建筑面积根据住区斑块面积、住区类型、建筑高度、容积率推算得出,斑块面积由遥感影像解译得出,住区类型参考交通分析小区的设定,建筑高度依据实地调查所得楼层数计,容积率根据住区类型确定,高档商品房住区、普通商品房住区、单位/政策性住区、保障性住区、老城区住区和城中村分别设为 0.5、1.5、1.2、2.2、2.7 和 3。

五、考虑住区形态特征的模型参数初始化

本章以研究城市居民通勤出行特征为目的进行 TRANUS 交通模型的设计。首先,根据应用需求对模型的参数进行初始化。模型的初始化不仅提供了研究区最基本的土地利用、交通和社会经济信息,还将住区形态指标以参数的形式融合到 TRANUS 模型的构建。通过厦门岛居民通勤出行特征分析及住区形态指标提取的研究,证明住区形态指标对居民出行行为具有显著影响,在此将这些指标考虑到 TRANUS 模型的构建当中。模型模拟的时间为正常工作日早晨 7~9 点两个小时内的通勤高峰时间(下文如无特别说明,均默认为此时间段)。下面根据 TRANUS 中的参数类别对各参数的设定进行详细介绍。

1. 分析单元

交通分析小区(traffic analysis zone, TAZ)是交通分析的基本单元,也是城市交通行为主体(城市居民)的各种社会活动的载体,交通模型中的各种数据通常根据交通小区进行统计。TRANUS 模型广泛地应用于区域和城市尺度的交通模拟分析,其交通分析的基本单元通常对应城区或街道尺度的区域(尺度相当,但范围可根据数据统计情况来定)。TRANUS 模型具备了表现复杂城市交通系统的能力,在数据充足的情况下,也能够将分析尺度扩展到更小的范围。本书的目的是分析在城市住区形态变迁影响下的居民通勤的变化特征,以城市住区作为研究对象,所以选择住区尺度的土地利用斑块作为交通分析小区。这一交通分析小区主要是在空间上由城市主干道和次干道围合而成的,具有相同土地利用类型的斑块。厦门岛交通分析小区空间分布如图 10.2 所示。

图 10.2 中的斑块主要由两类土地利用构成:一是居住用地,反映居民的居住空间(通勤出发地),根据住区的类型进一步划分为七小类;二是生产活动空间,即具有就业人口吸纳能力的土地利用类型(通勤目的地),包括七类用地类型。厦门岛内共有交通分析小区 794 块,其中居住空间斑块 513 块,生产活动空间斑块 281 块。另外,还包含 4 个外部小区(厦门岛外的海沧区、集美区、同安区和翔安区),具有向厦门岛内输送和吸纳就业人口的功能,4 个外部小区通过 5 个连接通道(海沧大桥、杏林大桥、厦门大桥、高集海堤、集美大桥)与厦门岛相连接。这种交通分析小区的划分方式,充分考虑了住区形态特征指标的住区类型和土地利用对居民通勤出行行为的影响。具体划分和说明见表 10.2。

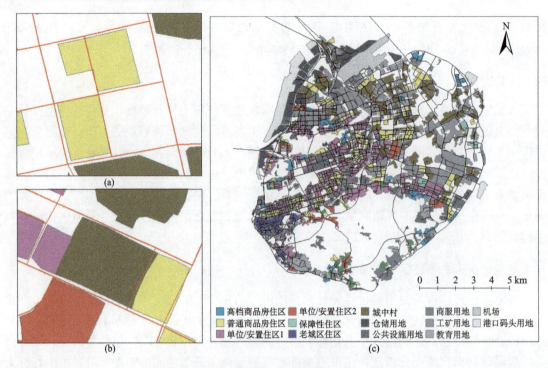

图 10.2　厦门岛交通分析小区空间分布（2009 年）

表 10.2　厦门岛交通分析小区类型划分

功能	二级类别	类别描述
居住	高档商品房住区	高档商品房住区、别墅，独立小区，配套条件较好
	普通商品房住区	普通商品房住区，独立小区，配套条件较好
	单位/政策性住区 1	原单位居住小区和政策性住房小区，开放式，区位差，租赁少
	单位/政策性住区 2	原单位居住小区和政策性住房小区，开放式，区位好，租赁多
	保障性住区	租房制度改革后，独立小区，区位一般较差
	老城区住区	20 世纪 20~30 年代建设老城区，低层为主，厦门岛西南角
	城中村	过渡形态，离工业用地近，区位差，密度高，租赁极多
生产	仓储用地	第二产业，吸纳大量就业人口
	工矿用地	第二产业，吸纳大量就业人口
	公共设施用地	第三产业，含科技、文化、卫生等设施，吸纳就业人口
	商服用地	第三产业，吸纳大量就业人口
	教育用地	第三产业，吸纳就业人口
	港口码头用地	第三产业，吸纳大量就业人口
	机场	第三产业，吸纳大量就业人口，含部分仓储用地

2. 经济部门

根据前面讨论可知，TRANUS 通过维持模型的输入和输出平衡实现系统稳定。输入和输出平衡，实际上是指经济系统内部各种要素之间的需求和供给关系的平衡。TRANUS 模型中，"经济部门"（sector）作为专有名词用于表征经济系统构成要素。TRANUS 模型中的经济系统是一个泛化的概念，经济部门的数量、类型和采用的单位均可根据应用需求进行定义，如根据产业性质可以将经济部门划分为第一产业、第二产业、第三产业，而根据土地供应类型可分为工业用地、居住用地等，另外根据收入差异划分的不同经济水平的人群也可以作为模型的经济部门。

根据研究目的，在与居民通勤出行相关的生产、生活活动中选择相关经济部门。出发地和目的地（orient and destination, O-D）的选择及关系，是产生出行需求的关键。出发地在多数情况下对应居民的居住地，通勤行为的目的地则对应居民工作的场所。出行需求对应两类活动主体，即生产部门和居民，生产部门需要居民为其提供一定数量的适龄工人，而居民则需要生产部门提供的就业岗位作为谋生手段，两者之间的互动构成了模型经济系统的一对供需关系。除了人员的供需，土地也是"交通-土地"模型中必需的一类经济部门，在土地和房产市场开放的情况下，生产部门和居民都拥有自主选择生产场所和居住场所的自由。选择的依据是成本效用的最大化，主要包括土地成本、居住成本和交通成本，其中的交通成本（通达性）根据交通模型计算得出，而土地成本和居住成本则由土地经济部门决定，具体反映在可供应土地量和土地价格两方面，由此又构成了模型经济系统的另一对供需关系。

经济部门具体设置为三类。第一类是反映生产活动的经济部门，可进一步细分为第二产业和第三产业，与厦门岛内主要的两种产业形式相对应（根据《厦门经济特区年鉴2009》，2008 年厦门岛内的第二、三产业所占比例分别为 16.49%、83.51%）。第二类是反映居民人群特征的经济部门，不同人群具有不同的行为模式，以收入水平作为衡量居民经济水平的指标划分了三个不同人群，分别是高收入人群、中等收入人群和低收入人群，对应家庭月收入水平的不同等级（表 10.3）。第三类是反映居住和生产空间供给的经济部门，对应生产部门和人群的土地需求，分为第二产业用地、第三产业用地及高档商品住区、普通商品房住区、单位/政策性住区、保障性住区、城中村、老城区住区。单位/政策性住区细分为两类，分别对应区位条件好的住区和区位条件较差的住区，其中，区位条件差的住区所对应的通行成本相对较高。三类经济部门之间的关系如图 10.3 所示，经济部门的划分如表 10.3 所示。

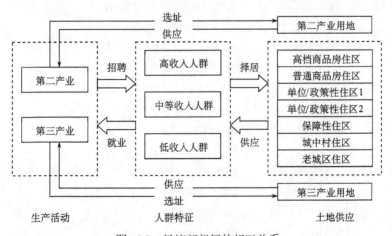

图 10.3　经济部门间的相互关系

表 10.3　厦门岛 TRANUS 模型经济部门划分

类别	经济部门	划分标准
产业	第二产业	工矿、仓储等行业，产业就业人口来源于社会经济调查数据
	第三产业	商服、公共管理、科技文教等行业，就业人口源于社会经济调查数据
人群	高收入人群	家庭月收入 10000 元以上
	中等收入人群	家庭月收入 5000～10000 元
	低收入人群	家庭月收入 5000 元以下
土地	高档商品房住区	以销售获利为目的而开发建设，销售均价 15000 元以上，别墅
	普通商品房住区	以销售获利为目的而开发建设，销售均价 15000 元以下
	单位/政策性住区 1	包括单位居住小区和政策性住区，区位条件好
	单位/政策性住区 2	包括单位居住小区和政策性住区，区位条件差
	保障性住区	主要指 2000 年以后建设的保障性住房
	老城区住区	主要指厦门岛西南部的老城区，以 20 世纪 20~30 年代建设的骑楼建筑为主
	城中村	城中村
	第二产业用地	工矿仓储用地，为第二产业提供活动空间
	第三产业用地	交通、公共设施、教育用地等，为第三产业提供活动空间

3. 交通数据

交通参数是 TRANUS 模型的基础，影响交通流量、交通出行方式，包含三方面内容，分别是交通主体、交通网络和交通模式。交通主体，也就是交通出行的行为人，在此特指具有通勤需求和实际行为的城市居民。为充分体现住区形态特征，将住区类型和居民经济水平纳入交通主体的设置，划分 12 类交通主体，如表 10.4 所示。

表 10.4　交通主体划分

编号	交通主体代码	说明
1	HGCP-HI	高档商品房住区中的高收入人群
2	NGCP-HI	普通商品房住区中的高收入人群
3	NGCP-MI	普通商品房住区中的中等收入人群
4	CU/RC1-MI	单位/政策性住区 1 中的中等收入人群
5	CU/RC1-LI	单位/政策性住区 1 中的低收入人群
6	CU/RC2-MI	单位/政策性住区 2 中的中等收入人群
7	CU/RC2-LI	单位/政策性住区 2 中的低收入人群
8	IC-LI	保障性住区中的低收入人群
9	OC-MI	老城区中的中等收入人群
10	OC-LI	老城区中的低收入人群
11	CiU-MI	城中村中的中等收入人群
12	CiU-LI	城中村中的低收入人群

交通网络（即道路网络）是通过数字化高分辨率遥感影像而获取的。根据道路类型、主要功能和设计流量，将交通网络内部的路段（link）划分为 6 个类型，分别是快速通道、主干道、次干道、支路、外联通道和 BRT 专用道。其中，快速通道包括高速公路、快速路及隧道，外联通道特指连接厦门岛和岛外区域的桥梁、海堤等，BRT 专用道则是仅供快速公交运行的专属道路。交通方式包括公共交通方式和私家车两种，其中，公共交通方式包括 5 种具体类型：普通公交车、中巴车、快速公交、出租车和步行（含自行车等非机动车方式），而私家车方式则对应个人或家庭拥有的各种机动车辆（以小轿车为主）。各种类型路段具有各自对应的属性信息，其中，各类型路段的通行速度依据真实道路限速而定，满负荷车速削减率则参考模型建议设定值，而交通模式惩罚系数（penalize）、道路占用系数（overlap factor）等参数则通过综合相关标准和现实情况推算得到。

4. 经济数据

模型中的经济数据主要指以交通分析小区为统计单元的各经济部门的具体数据。产业部门经济数据主要是第二产业、第三产业提供的就业岗位数量，经济部门数据主要是人口数据，土地部门数据则主要与土地供给量和土地价格有关。

第二、第三产业提供岗位数量信息来源于 2008 年《厦门市第二次全国经济普查主要数据公报》[31]。截至 2008 年年底，厦门岛内思明区和湖里区有产业活动单位 21.69 万个和 9.3 万个，个体经营户 8.78 万个和 2.83 万个，第二产业从业人数为 33.85 万和 14.62 万，第三产业从业人数为 32.61 万和 10.4 万。另外，区内各街道对应统计量也可从分区经济统计数据中获取。由于经济普查数据主要来自各企业、产业经济部门的汇总，因此就业人数等同于模型所需的二、三产业提供就业岗位数量。各交通分析小区对应就业岗位数据根据分街道数据按对应土地利用面积比例和用地类型分配得到。

人口数据来源于《厦门经济特区年鉴 2009》，根据应用需要，以常住人口中 18~60 岁就业适龄人口作为通勤出行的行为主体，按照占常住人口 75%的比重计算两区就业适龄人口（参考 2005 年 15~64 岁人口比重为 80.6%），分别约为 59.49 万人和 36.72 万人（2005 年思明区常住人口为 76.8 万，湖里区为 47.4 万）。各交通分析小区对应就业适龄人口采用前述人口空间化方法计算获得。就业适龄人口数高于思明和湖里两区提供的就业岗位，就业适龄人口数与产业提供岗位数之间总差值为 4.73 万人，占就业适龄人口的 4.92%，扣除当年 4.18%的失业率后，则就业适龄人口与岗位数基本相当。调查问卷统计结果中约 4.9%的受调查者的工作地在厦门岛外，因此以这 4.9%的人口作为岛内外通勤交流的人口，则进入模型中的由岛外向岛内的输入劳力和由岛内向岛外的输出劳力均为 4.49 万人。另外，根据经济收入水平（家庭月收入 5000 元以下、5000~10000 元和 10000 元以上）将各交通分析小区的就业适龄人口划分为高收入、中等收入和低收入人群。

资源消耗量，包括每个就业岗位需要不同类型的出行主体数量和每个出行主体需要的土地数量两方面。参考文献中有关第二产业（主要是制造业）[32]和第三产业（主要是服务业）人力资源状况，将高收入人群、中等收入人群和低收入人群的比例设置为 1∶8∶41，则每个就业岗位对应上述各收入群体的人数分别为 0.02、0.16 和 0.82。单位出行主体土地需求则取交通分析小区面积除以该小区需求或提供的居民数的平均值，上下浮动 30%分别作为最低和最高需求量。每个交通分析小区的土地供给量根据土地利用空间数据对应的斑块面积设置。

地价数据以 2007 年厦门岛的基准地价为准，数据来源于厦门市国土资源与房产管理局信息公开网站[33]。

第三节   研 究 结 果

一、基准年厦门岛居民通勤模拟结果

TRANUS 模型 2008 年数据模拟结果显示，在普通工作日早晨 7~9 点两个小时的通勤高峰时间段内，厦门岛内所有住区共产生通勤出行 1005233 人次，其中采用公共交通方式出行的为 789059 人次，采用私家车出行的为 216173 人次，两种交通方式分别占通勤出行总次数的 78.5%和 21.5%。

在不同住区类型居民出行中，政策性住区、商品房住区和城中村产生了超过 87%的通勤出行量。其中，以政策性住区为最多，说明计划经济时代的政策性住房仍是多数厦门岛城市居民的主要居住形式。虽然经过住房制度改革，此类住房的产权已经转变为私人所有，可以进入市场流通，但由于其存量很大，而且商品房、保障房等其他住房形式还没有得到充分发展，所以此类住区仍集中了大量的城市居民。普通商品房和城中村分别产生了 25 万左右的通勤出行量，占据了全岛通勤出行量的 50%左右，从长远角度看，两者发展趋势相反，普通商品房住区所承载的通勤出行量在未来一段时间内将持续上升，而城中村在未来的一段时间内将逐渐消失。高档商品房住区所产生的通勤交通量占全岛总量的 5%左右，根据厦门岛未来的发展趋势，此类住区的数量将会有一定的提高。保障性住区专指 2000 年以后以政府主导开发建设的保障性住房小区，有别于 2000 年以前的政策性住区，此类住区不具备市场流通的性质。虽然，此时的保障性住区产生的通勤交通量不足总量的 2%，但随着新建保障性住房小区的完工，其产生的通勤交通量将会有显著的提升。老城区住区的面积在很长一段时间内将稳定在一定水平之内，因而其通勤交通量的产生水平也将基本保持不变。

平均通勤距离主要反映住区区位条件的好坏。保障性住区居民的通勤距离最远，达 9.37 km，普通商品房住区居民通勤距离最近，为 4.12 km，说明新建保障性住房的地点相对偏僻，远离市中心、工业区等就业机会较多的地方。而普通商品房住区居民的通勤距离最近，这与此类住区的区位通常较好有关，而且职住距离通常也是居民选择购买商品房的一个重要考虑因素。

通勤时间是通勤距离和采用交通方式的综合结果。保障性住区居民的平均通勤时间最长，达 0.732 h，接近 45 min。高档商品房住区居民的平均通勤时间最短，为 0.126 h，约为 7 min。保障性住区居民的通勤时间长除了与通勤距离较远有关外，公共交通作为其主要的交通方式也影响了该类住区居民的通勤时间（此类居民通勤全部采用公共交通方式）。高档商品房住区居民的平均通勤距离并非最低，但平均通勤时间最短，主要与该类居民通勤私家车使用率最高有关。可以看出，厦门岛内各种住区居民的平均通勤时间都在一个小时以内，且平均通勤距离都不超过 10 km，可以认为厦门岛城市居民整体上不存在严重职住分离的情况。

从不同经济水平人群通勤出行特征上看，高收入人群的通勤出行中超过 90%采用私家车方式，其平均通勤距离和平均通勤时间均为最低，其中，通勤时间大大低于中等收入和低收入人群。中等收入人群的平均通勤距离与低收入人群比较接近，但平均通勤时间却相差了近

0.12 h，同样是由交通方式的差异造成的；中等收入人群中约有 19.09%采用私家车方式出行，而低收入人群则全部采用公共交通方式出行。

2008 年，厦门岛居民平均每次通勤出行产生 2.6 次通行，从每次通行所采用的具体交通方式上看，采用步行、自行车等非机动车方式的通行超过了 50%的比重，其次是普通公交方式的通行，约占 24%，快速公交通行人次最少，仅占 1.86%。总通行时间方面，非机动车方式所花费的时间最长，约为总通行时间的 65%，其次仍是普通公交方式，约占 20%，最低仍为 BRT，仅占 1.11%。总通行距离方面，普通公交的通行距离最远，占全岛总距离的 40.93%，非机动车方式的通勤距离所占比重下降至 23.50%，说明该类交通方式主要用于短途通行。

平均通行距离和平均通行时间能更好地反映不同交通方式的使用情况。BRT 的平均通行距离最长，为 4.07 km，私家车其次，也达到 3.88 km，步行、自行车等非机动车方式的平均通行距离最短，仅为 0.9 km。平均通行时间方面，BRT 的平均通行时间最短，为 0.14 h；其次是私家车，为 0.15 h；非机动车方式的平均通行时间最长，达 0.26 h。BRT 方式运行距离长，时间短的结果是与此类交通形式的特点相符合的，即快速、长距离、大运力。私家车平均通行时间短则充分反映了该交通工具的便捷性，而步行、自行车等非机动车方式由于其成本低廉，得到许多低收入人群及通勤距离较近的人群的青睐，其缺点是速度慢，通行花费时间长。普通公交和中巴车的平均出行时间和平均出行距离基本相当，是厦门岛比较重要的交通形式，承担了厦门岛居民通勤的大部分出行里程。而出租车的平均通行时间短，平均通行距离短，通常作为短距离通勤的代步工具。

从 TRANUS 模型产生的交通流量的空间格局上看，2008 年厦门岛内由居民通勤行为而产生的机动车交通流量主要集中在厦门岛的中心位置，且以东西向的城市主干道上的车流量为最多。东西向交通流向趋势明显，说明厦门岛的多数交通流量是通过东西向的交通干线来承担的，通勤的方向以东西向为主。南北向交通流量密集区主要集中在嘉禾路沿线，从莲坂径直延伸至厦门岛的北出岛口，即杏林大桥、厦门大桥、高集海堤的南端；说明厦门岛内外通勤交流的通道以这三个连接通道为主（图 10.4）。

厦门岛西部通勤交通流量相对比较分散，一方面说明厦门岛西部区域的居住、就业空间比较分散，而东部区域的居住、就业空间则相对集中，用地规模相对较大。另一方面，交通流量过多地集中于某些城市主干道上，可以从一个侧面说明该区域城市道路基础设施建设的不足。从厦门岛城市道路机动车流量空间分布图可知，在厦门岛东部的大部分地区，虽然人口密度、住区数量与西部相比均有较大差距，但位于东部的几条城市主干道，包括莲前东路、吕岭路、仙岳路、金尚路等都承载了超过 1500PCU/h 的通勤车流量，说明厦门岛东部地区的城市道路基础设施建设还存在不足，特别是次干道、支路等次级道路的建设尤其缺乏，严重阻碍了车流量的分流。

二、1992 年厦门岛居民通勤模拟结果

1992 年模拟结果显示（道路机动车流量空间分布图 10.5），普通工作日通勤高峰时间段内（早晨 7~9 点两个小时），厦门岛内所有住区共产生通勤出行 298007 人次，其中采用公共交通方式出行的为 288791 人次，私家车出行的为 9216 人次，两种交通方式分别占通勤出行总次数的 96.91%和 3.09%。

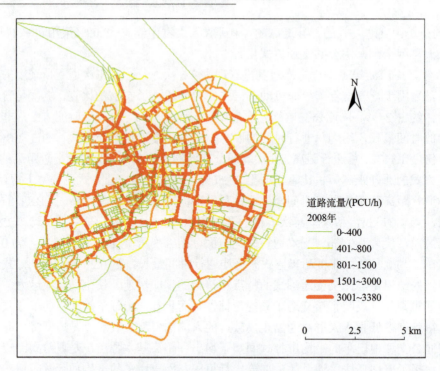

图 10.4   2008 年厦门岛通勤高峰时间城市道路机动车流量空间分布

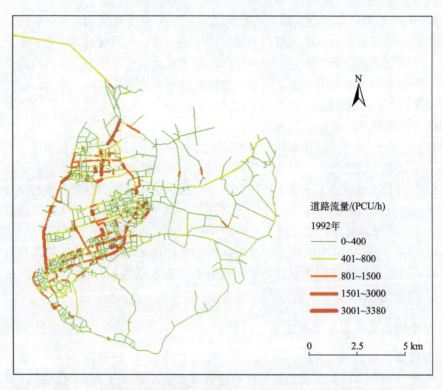

图 10.5   1992 年厦门岛通勤高峰时间城市道路机动车流量空间分布

按住区类型统计居民通勤出行特征。其中，高档商品房住区居民通勤所采用的交通方式以私家车居多，采用私家车的通勤达 17632 人次，占该类住区居民通勤出行总次数的 56.71%。政策性住房小区居民的通勤出行方式中，公共交通方式占大多数，达到 121188 人次，占总次数的 96.57%，步行和自行车等非机动车方式是主要的通勤交通方式。老城区住区居民通勤出行方式中，公共交通方式达到 53837 人次，占总次数的 94.47%，步行和自行车等非机动车同样是该类住区居民的主要通勤交通方式。城中村居民通勤出行方式中，公共交通方式也达到了 75027 人次，占总次数的 100%，是城中村住区居民采用的主要通勤交通方式。农村居民通勤出行比重比较低，通勤主要以公共交通方式为主，100%的通勤采用公共交通方式。

通勤距离方面，1992 年在厦门岛空间范围内，高档商品房住区居民的总通勤距离达 13959 km，占总通勤距离的 0.96%，人均 4.49 km。政策性住区居民的总通勤距离达到 481882 km，占总通勤距离的 32.97%，人均 8.15 km。老城区住区居民的总通勤距离达 464394 km，占总通勤距离的 31.78%，人均 4.07 km。城中村居民的总通勤距离达到 279457 km，占总通勤距离的 19.12%，人均 3.72 km。农村居民的总通勤距离达 221748 km，占总通勤距离的 15.17%，人均 5.93 km。

通勤时间上看，高档商品房住区居民的总通勤时间达 1455 h，人均 0.47 h。政策性住区居民的总通勤时间达 58781 h，人均 0.47 h。老城区居民的总通勤时间达 43139 h，人均 0.76 h。城中村居民的总通勤时间达到 18786 h，人均 0.25 h。农村居民的总通勤时间达 11099 h，人均 0.30 h。

按收入水平划分，高收入群体、中等收入群体和低收入群体的出行人次分别为 7973、166611 和 119542。其中，高收入群体以私家车作为通勤方式的出行占通勤总人次的 76.04%，达到 6063 人次。中等收入群体和低收入群体的通勤出行则均采用公共交通方式，通勤次数分别达到 166611 人次和 119542 人次。通勤距离方面，高收入群体总通勤距离为 38679 km，人均通勤距离为 4.85 km。中等收入群体总通勤距离为 788773 km，人均通勤距离为 4.73 km。低收入群体通勤距离为 600716 km，人均通勤距离为 5.03 km。通勤时间方面，高收入群体总通勤时间为 2128 h，人均 0.27 h。中等收入群体总通勤时间为 73708 h，人均 0.44 h。低收入群体总通勤时间为 56650 h，人均 0.47 h。

按交通方式统计，在所有的 298007 次通勤出行行为中，共形成了 508761 次通行，即平均每次出行包含约 1.71 次具体的通行。在所有的通行中，普通公交方式的通行人次为 106966，占总通行人次的 21.02%，出租车通行人次为 10228，占总通行次数的 2.01%，私家车通行人次为 9216，占 1.81%，非机动车方式的通行人次为 382351，占 75.15%。

按通行距离统计，采用普通公交车的通行距离为 513789 km，占所有交通方式总通行距离的 30.95%，每次通行的平均距离为 4.8 km。采用出租车方式通勤的通行距离为 23832 km，占总通行距离的 1.44%，平均通行距离为 2.33 km。采用私家车通勤的通行距离为 45094 km，占总通行距离的 2.72%，平均通行距离为 4.89 km。采用步行、自行车等非机动车方式通勤的通行距离为 1077510 km，占总通行距离的 64.90%，平均通行距离为 2.82 km。

按通行时间统计，采用普通公交方式通勤的通行时间为 34835 h，占所有交通方式总通行时间的 13.64%，平均每人次通行时间为 0.33 h。采用私家车通勤的通行时间为 3124 h，占总通行时间的 1.22%，平均通行时间为 0.34 h。采用步行、自行车等非机动车方式通勤的通行时间为 214567 h，占总通行时间的 84.01%，平均通行时间为 0.56 h。采用出租车作为通勤交通方式的通行时间为 2875 h，占总通行时间的 1.13%，平均通行时间为 0.28 h。

按道路机动车流量统计，1992 年模拟结果中，由通勤出行所引起的交通流量中，城市快速通道（主要是隧道）的平均道路流量为 1478 PCU/h，即每小时约有 1478 辆标准车通过。城市主干道的平均道路流量为 1074 PCU/h，城市次干道平均道路流量为 482 PCU/h，支路平均道路流量为 62 PCU/h，外联通道的平均道路流量为 182 PCU/h。根据路段实际流量与道路通行能力的比较，由于通勤需求所产生的交通流量约使厦门岛内 8.57%路段达到或超过 70%的设计道路容量；这些相对比较拥挤的路段总长度约为 79.36 km，占厦门岛六类道路总长度的 11.22%。其中，城市快速通道中，拥挤路段数约为总路段数的 25%，拥挤路段长度约为总长度的 25%。城市主干道中，拥挤路段数占总路段数的 7.56%，长度约为总长度的 10.21%。城市次干道中，拥挤路段数占总路段数的 12.5%，长度约为总长度的 14.52%。支路中，拥挤路段数占总路段数的 4.96%，长度约为总路段长度的 6.32%。外联通道和农村道路不存在道路拥堵的情况。

空间格局上看（图 10.5），1992 年厦门岛通勤高峰时段内，仅有少数车流交汇的路口车流量超过 1500 PCU/h，其余路段的车流量基本都在 800 PCU/h 以下。车流量超过 1500 PCU/h 的拥堵路段分散在厦门岛西部城市建成区的各处，是一些主要道路汇集的隧道口、路口和路段，道路机动车流量在空间上并没有表现出明显的集中态势。

三、2020 年厦门岛居民通勤模拟结果

2020 年模拟结果显示，普通工作日通勤高峰时间段内（早晨 7~9 时两个小时），厦门岛内所有住区共产生通勤出行 1284004 人次，其中采用公共交通方式出行的为 851511 人次，私家车出行的为 432493 人次，两种交通方式分别占通勤出行总次数的 66.32%和 33.68%。

按住区类型统计居民通勤出行特征。其中，高档商品房住区居民通勤所采用的交通方式以私家车为主，达到 96539 人次，占该类住区居民通勤出行总次数的 89.73%。普通商品房住区居民通勤所采用的交通方式基本相当，采用私家车的通勤达到 234704 人次，占该类住区居民通勤出行总次数的 49.52%。政策性住房小区居民的通勤出行方式中，公共交通方式占大多数，达到 475596 人次，占总次数的 83.92%，步行和自行车是政策性住区居民采用的主要交通方式。保障性住房居民的通勤出行方式则全部为公共交通方式，达 33126 人次。老城区住区居民的通勤出行方式中，采用公共交通方式的出行达到 92502 人次，占总次数的 90.17%，步行、自行车等非机动车方式是老城区住区居民采用的主要交通方式。

通勤距离方面，2020 年在厦门岛空间范围内，高档商品房住区居民的总通勤距离达 474706 km，人均 4.41 km。商品房住区居民的总通勤距离达 1548267 km，人均 3.27 km。政策性住房小区居民的总通勤距离达到 2292392 km，人均 4.04 km。保障性住区居民的总通勤距离达 269898 km，人均 8.15 km。老城区住区居民的总通勤距离达 942286 km，人均 9.19 km。

通勤时间上看，高档商品房住区居民的总通勤时间达 9805 h，人均 0.09 h。普通商品房住区居民的总通勤时间达 85217 h，人均 0.18 h。政策性住区居民的总通勤时间达 160058 h，人均 0.28 h。保障性住区居民的总通勤时间达 17340 h，人均 0.52 h。老城区住区居民的总通勤时间达 44883 h，人均 0.44 h。

按收入水平划分，高收入群体、中等收入群体和低收入群体的出行人次分别为 279742、705222 和 299036。其中，高收入群体通勤出行方式以私家车为主，达到 253276 人次，占通

勤总次数的 90.54%。中等收入群体的通勤出行则以公共交通方式居多，采用公共交通方式出行的达到 526005 人次，占该群体出行总次数的 74.59%。低收入群体的通勤出行同样全部采用公共交通方式。通勤距离方面，高收入群体总通勤距离为 1023722 km，人均通勤距离为 3.66 km。中等收入群体总通勤距离为 2848353 km，人均通勤距离为 4.04 km。低收入群体通勤距离为 1655476 km，人均通勤距离为 1.09 km。通勤时间方面，高收入群体总通勤时间为 22039 h，人均 0.08 h。中等收入群体总通勤时间为 178795 h，人均 0.25 h。低收入群体总通勤时间为 116469 h，人均 0.39 h。

按交通方式统计，在所有的 1284004 次通勤出行行为中，共形成了 2681111 次通行，即平均每次出行包含约 2.09 次具体的通行。在所有的通行中，普通公交方式的通行人次为 473994，占总通行人次的 17.68%。中巴车通行人次为 189340，占总通行次数的 7.06%。轻轨等大运力公交通行人次为 76688，占 2.86%，非机动车方式通行人次为 1420865，占 53.0%。私家车通行人次为 432508，占 16.13%。出租车通勤人次为 87718，占 3.27%。

按通行距离计算，采用普通公交车方式通勤的总通行距离为 1751856 km，占所有交通方式总通行距离的 30.35%，每次通行平均距离为 3.70 km。采用中巴车方式通勤的总通行距离为 751744 km，占总通行距离的 13.02%，平均通行距离为 3.97 km。采用私家车方式通勤的总通行距离为 1684458 km，占总通行距离的 29.19%，平均通行距离为 3.89 km。采用步行、自行车等非机动车方式通勤的总通行距离为 1052659 km，占总通行距离的 18.24%，平均通行距离为 0.74 km。采用轻轨等大运力公交方式作为通勤交通方式的总通行距离为 315255 km，占总通行距离的 5.46%，平均通行距离为 4.11 km。采用出租车作为通勤交通方式的总通行距离为 215579 km，占总通行距离的 3.74%，平均通行距离为 2.46 km。

按通行时间算，采用普通公交车方式通勤的通行时间为 126128 h，占所有交通方式总通行时间的 22.42%，平均每人次通行时间为 0.27 h。采用中巴车方式通勤的通行时间为 60296 h，占总通行时间的 10.72%，平均每人次通行时间为 0.32 h。采用私家车方式通勤的通行时间为 43390 h，占总通行时间的 7.71%，平均每人次通行时间为 0.1 h。采用步行、自行车等非机动车方式通勤的通行时间为 310531 h，占总通行时间的 55.19%，平均每人次通行时间为 0.22 h。采用轻轨等大运力公交方式通勤的通行时间为 9152 h，占总通行时间的 1.63%，平均每人次通行时间为 0.12 h。采用出租车作为通勤交通方式的通行时间为 13131 h，占总通行时间的 2.33%，平均每人次通行时间为 0.15 h。

按道路机动车流量统计，2020 年模拟结果中，城市快速通道（主要是隧道）的平均道路流量为 1750PCU/h，即每小时约有 1750 辆标准车通过。城市主干道的平均道路流量为 2421 PCU/h，城市次干道平均道路流量为 992 PCU/h，支路平均道路流量为 334 PCU/h，外联通道平均道路流量为 396 PCU/h。通勤需求所产生的交通流量约使厦门岛内 40.61% 路段达到或超过 70% 的设计道路容量。这些相对比较拥挤的路段总长度约为 492.72 km，占厦门岛六类道路总长度的 33.84%。其中，城市快速通道中，拥挤路段数约为总路段数的 11.72%，拥挤路段长度约为总长度的 9.32%。城市主干道中，拥挤路段数占总路段数的 57.64%，长度约为总长度的 46.77%。城市次干道中，拥挤路段数占总路段数的 1.24%，长度约为总长度的 5.77%。支路中，拥挤路段数占总路段数的 39.62%，长度约为总路段长度的 37.54%。外联通道中，拥挤路段数占总路段数的 29.63%，长度约为总路段长度的 25.5%。轻轨等大运力公交系统使用专用高架车道，不存在拥堵路段。

2020 年厦门岛城市道路机动车流量空间分布如图 10.6 所示。可以看出，2020 年厦门岛城市道路的车流量整体上较 2008 年有所升高，车流量在空间上的分布更加均匀。拥堵路段在空间上呈分散态势，且主要集中在道路交叉口等车流集中的地方。

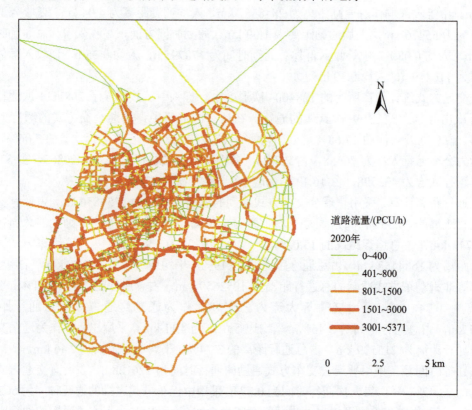

图 10.6　2020 年厦门岛通勤高峰时间城市道路机动车流量空间分布

四、三个阶段居民通勤出行模拟结果对比

1. 通勤出行总体特征

1992 年、2008 年和 2020 年三个情景下，在普通工作日的通勤高峰时间内，居民通勤出行的总人次分别为 298007、1004705 和 1284004，分别产生通行 508761 次、2645741 次和 2681111 次，平均每次通勤行为产生 1.71 次、2.63 次和 2.09 次通行。三个阶段居民通勤的主要方式基本一致，1992 年公共交通方式占据了绝大多数，比重高达 96.91%，2008 年公共交通方式的出行仍然占据多数，比重下降至 78.5%，2020 年公共交通方式持续下降，采用该交通方式的出行所占比重为 66.32%。三个情景居民的总通勤距离分别为 1461440 km、5512449 km 和 5527550 km，平均每次通勤的出行距离分别为 4.9 km、5.49 km 和 4.3 km。总通勤时间分别为 533041 h、368473 h 和 317303 h，平均每次通勤的出行时间分别为 0.45 h、0.37 h 和 0.25 h。

2. 不同住区类型通勤特征对比

从交通方式上看，三个阶段的高档商品房住区居民通勤出行均以私家车为主要交通方式。住房制度改革前建成的政策性住区中居民的通勤均以公共交通方式为主，在三个阶段中的比重持续下降，分别占总通勤出行人次的 96.57%、87.22% 和 74.59%。老城区住区居民的通勤交通方式则基本保持不变，公共交通方式的比重分别为 94.47%、94.11% 和 90.19%。2008年城中村居民通勤所采用的主要交通方式在 1992 年以非机动车和普通公交为主的基础上增加了小巴车和 BRT 等公共交通方式。普通公交和中巴车是保障性住区居民在 2008 年和 2020年两个阶段所采用的主要通勤方式，但所占比重略有下降，从 2008 年的 37.96% 降至 2020年的 32.96%，而在此期间该住区居民通勤采用大运力公交系统的比重则略有上升。

从通勤距离上看，高档商品房住区居民的平均通勤距离在所有交通方式中都比较短，而且三个阶段的平均通勤距离基本相当，1992 年、2008 年和 2020 年，该类住区居民的平均通勤距离分别为 4.49 km、4.4 km 和 4.41 km。政策性住区居民的平均通勤距离在所有住区中处于中间位置，三个阶段的波动化比较明显，分别为 3.84 km、5.57 km 和 4.04 km。老城区住区居民的平均通勤距离在所有方式中是最远的，但在三个阶段中的差别较大，分别为 8.15 km、10.68 km 和 9.19 km。城中村居民的平均通勤距离由 1992 年的 3.72 km 上升至 2008 年的 5.52 km。保障性住区居民的通勤距离也比较远，平均通勤距离由 2008 年的 9.34 km 下降至 2020年的 8.15 km。

从通勤时间上看，高档商品房住区居民的平均通勤时间在所有交通方式中都比较短，三个阶段中平均通勤时间基本相当，分别为 0.47 h、0.09 h 和 0.09 h。三个阶段的政策性住区居民平均通勤时间在所有方式中处于中间位置，但平均通勤时间略有不同，1992 年、2008 年和 2020 年分别为 0.47 h、0.39 h 和 0.28 h。老城区住区居民的通勤出行所花费的时间在所有方式中偏长，三个阶段中的差别较大，分别为 0.76 h、0.57 h 和 0.44 h。城中村居民的平均通勤时间由 1992 年的 0.25 h 上升至 2008 年的 0.44 h；普通商品房居民平均通勤时间从 2008 年的 0.24 h 下降至 2020 年的 0.18 h；保障性住区的平均通勤时间由 2008 年的 0.6 h 下降至 2020年的 0.52 h。

3. 不同经济水平人群通勤特征对比

高收入、中收入和低收入人群在三个阶段中的通勤人次比例分别为 3∶56∶40、14∶47∶39 和 22∶55∶23。

高收入人群通勤出行所采用的交通方式在三个阶段中基本以私家车为主，采用私家车通勤的人次在该类人群总通勤人次中所占比重除了 1992 年为 56.71% 外，2008 年和 2020 年都在 90% 左右，采用私家车的通行距离在总通勤距离中的比重分别为 62.26%、85.62% 和 86.81%。中等收入人群通勤出行方式以公共交通方式居多，1992 年由于交通基础设施不完善，交通方式的选择受到限制，所以主要交通方式为步行、自行车等非机动车方式，2008 年和 2020 年随着交通基础设施的完善，交通出行方式逐渐丰富，普通公交、中巴车及 BRT/轻轨等机动类公共交通方式的通行数量比重均超过 35.0%，通行距离比重则分别为 38.23%、61.73% 和52.97%。低收入人群的通勤交通方式以公共交通方式为主，该人群通勤出行所通过的大部分空间距离是由普通公交和中巴车来完成的，在三个阶段两种交通方式的比例分别为 35%、

65.55%和63.36%。

高收入人群的平均通勤距离在 1992 年为 4.85 km，而 2008 年和 2020 年分别下降为 3.79 km 和 3.84 km。中等收入人群的平均通勤距离在三个阶段中分别为 4.73 km、5.61 km 和 4.3 km。低收入人群为 5.03 km、6.19 km 和 5.57 km。高收入人群的平均每次通勤所花费的时间在 1992 年为 0.27 h，而 2008 年和 2020 年分别下降至 0.08 h。中等收入人群的平均通勤时间在三个阶段中分别为 0.44 h、0.36 h 和 0.25 h。低收入人群为 0.47 h、0.47 h 和 0.39 h。

4. 不同阶段通勤交通方式对比

在三个阶段中，采用公共交通方式作为通勤的交通方式的比重分别为 96.91%、78.50% 和 66.32%。1992 年居民通勤的主要交通方式是步行、自行车等非机动车方式，它承担了 75.15%的总通行次数和 64.9%的总通行距离。2008 年居民通勤的主要交通工具为普通公交，采用普通公交的通勤出行占据了 24.16%的总通行次数和 40.93%的总通勤距离。2020 年，普通公交仍然是厦门岛城市居民通勤出行的最主要交通方式，采用该方式的通行占据了总通行次数的 17.68%，占据了总通行距离的 30.35%。出租车是三个阶段中承担通勤距离最少的交通方式。

5. 不同阶段道路机动车流量对比

道路拥堵情况在三个阶段是有所不同的，虽然 1992 年的城市道路基础设施建设比较落后，但其与当时社会经济发展水平是比较适应的，因此道路交通基本没有出现车流量大的情况，该阶段道路机动车流量基本在 1500 PCU/h 的水平以下，车流顺畅。2008 年厦门岛内 33.41%路段达到或超过 70%的设计道路容量，这些相对比较拥挤的路段总长度约为 439.65 km，占厦门岛六类道路总长度的 33.36%。其中，城市主干道拥堵情况比较严重，在通勤高峰时间段，拥挤路段占总路段数的 54.15%，长度约占 45.03%。2020 年城市道路基础设施建设进一步完善，但由于城市社会经济的发展进一步提高了厦门岛的交通需求，在通勤高峰时间段，拥挤路段占总路段数的 40.61%，长度约占 33.84%，拥挤路段数量和长度均有不同程度的上升。

从空间格局上看（图 10.4~图 10.6），1992 年厦门岛通勤高峰时段内，仅有少数车流交汇的路口车流量超过 1500 PCU/h，其余路段的车流量基本在 800 PCU/h 以下。2008 年厦门岛通勤高峰时间段内，车流量较大的路段主要集中在厦门岛的中部，以东西向的城市主干道居多。2020 年道路上运行的机动车数量较 2008 年有所增多，城市道路车流量整体上要高于 2008 年，但车流量的空间分布更为均匀，流量较大的路段从数量及强度上都较 2008 年有所下降。由道路拥堵导致的机动车运行的平均车速与非拥挤状况下的平均车速的削减率，由 2008 年的 15.93%降至 2020 年的 4.19%。

五、误差分析

以 2009 年交警部门调研所获得的厦门岛主要道路、路口交通流量监测数据为验证数据，随机抽取 11 个监测点（点位如图 10.7 所示），选择 5 个普通工作日早上 8 点所获取的交通流量和车速的平均值作为真实值（5 个工作日分别对应 2009 年 6 月 15 日、6 月 17 日，以及 2009 年 12 月 14~16 日），与 TRANUS 模型模拟结果比较，结果见表 10.5。

从表 10.5 中路段的监测值和模拟值的对比可以看出，机动车流量监测和模拟结果平均值之间相差约 400 PCU/h，平均车速相差约 1.73 km/h，车流量和车速的模拟结果均比实际监测结果大，其中的车流量监测和模拟结果差距相对较大。以系统误差（system error，SE）、相对误差（relative error，RE）和均方根误差（root mean square error，RMSE）衡量两组数据的误差水平。车流量模拟结果的系统误差为 24.07%，平均相对误差为 30.91%，均方根误差为 652.58，剔除 1 号、18 号和 21 号模拟结果与实际监测结果差距较大的异常监测点后，车流量模拟结果的系统误差降至 6.56%，平均相对误差降至 18.43%，均方根误差降至 434.78。平均车速模拟结果的系统误差为 5.95%，相对平均误差为 13.3%，均方根误差为 6.34，剔除 10 号、14 号和 36 号模拟结果与实际监测结果差距较大的异常监测点后，平均车速模拟结果的系统误差降至 0.39%，平均相对误差降至 10.65%，均方根误差为 6.73。

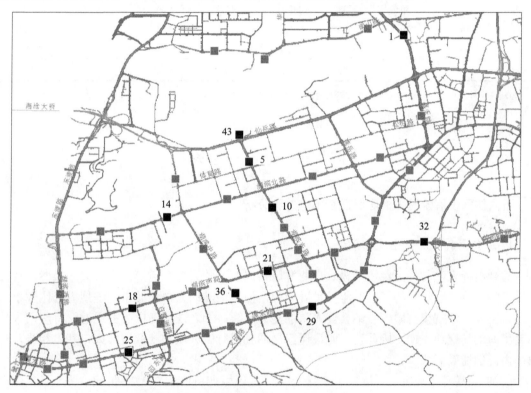

图 10.7　厦门岛道路、路口交通流量监测点

表 10.5　交通模拟结果与监测数据对比

编号	监测数据		模拟结果		绝对误差		相对误差	
	流量* / (PCU/h)	车速 / (km/h)	流量 / (PCU/h)	车速 / (km/h)	流量 / (PCU/h)	车速 / (km/h)	流量 / (PCU/h)	车速 / (km/h)
1	3209	43	4910	27.13	1702	−15.87	53.01%	36.91%
5	2134	41	3020	43.5	887	2.5	41.52%	6.10%

续表

编号	监测数据		模拟结果		绝对误差		相对误差	
	流量[*]/（PCU/h）	车速/（km/h）	流量/（PCU/h）	车速/（km/h）	流量/（PCU/h）	车速/（km/h）	流量/（PCU/h）	车速/（km/h）
10	3327	36	3092	44.59	−235	9.09	7.06%	23.86%
14	2783	35	3207	42.67	425	7.67	15.24%	21.91%
18	1192	45	2194	43.41	1003	−1.59	84.06%	3.53%
21	1954	36	3039	40.52	1086	5.02	55.53%	12.56%
25	1840	45	1474	46.67	−366	1.67	19.89%	3.71%
29	3969	40	3971	40.52	3	0.52	0.05%	1.30%
32	4186	36	3739	40.94	−447	5.44	10.68%	13.72%
36	1019	40	1505	46.15	486	6.15	47.69%	15.38%
43	3006	40	3166	42.94	161	2.94	5.32%	7.35%
均值	2601	40	3029	41.73				

*监测流量剔除小货、中货、大货和拖挂车等与通勤出行无关的机动车流量。

第四节　分析与讨论

一、不同住区发展阶段下的居民通勤出行过程分析

1. 通勤出行人次变化过程分析

通勤出行人次与城市经济规模、产业发展格局及适龄人口数量等因素有关。虽然，1992年厦门经济特区已经经历了 10 年的发展历程，但厦门岛的人口和城市经济规模仍比较小，第二、第三产业规模有限，吸纳就业人口的能力有限，加之连接岛内外的通道仅有厦门大桥和高集海堤，交通不便，因此这一阶段厦门岛通勤出行的人次与就业适龄人口基本相当，进出岛内外的通勤者极少。

2008 年厦门岛常住人口达到 128.28 万人，地区生产总值达 903.24 亿元，第二、第三产业规模不断扩大，产生了约 91.49 万个就业需求。另外，根据 TRANUS "交通-土地利用"耦合模型分析，约有 8.98 万人为在厦门岛内外之间的通勤者，因此形成了约 100.47 万的通勤人次。2020 年，根据规划要求厦门岛常住人口控制在 130 万，城市经济进一步发展，产业格局同时进行了调整，第二产业外迁导致其比重不断下降，加之由劳动密集型向知识密集型转化，第二产业吸纳就业的能力急剧下降，但随着第三产业的发展及岛内外通勤交流的增多，2020 年厦门岛的通勤人次上升至 128.4 万人次。

1992~2020 年三个阶段中由通勤出行所产生的通行次数也产生了变化，平均每次通勤所产生的通行分别为 1.71 次、2.63 次和 2.09 次。平均通行次数变化的原因很多，道路、交通设施、公共交通使用比例的变化等都会引起通行次数的变化。1992~2008 年平均通行次数由1.71 次跃升至 2.63 次，增幅高达 53.8%。通勤交通方式的改变是造成这一期间平均通勤次数

增高的主要原因。1992 年厦门岛城市居民通勤出行主要采用步行、自行车等非机动车方式，所占比重高达 75.15%。步行和自行车的通勤方式直接连接通勤者的居住场所和工作场所，期间不会形成额外的通行，一次通勤出行仅产生一次通行，所以整体上 1992 年的平均通行次数较低。

2008~2020 年，每次通勤的通行次数由 2.63 次下降至 2.09 次，降幅为 20.53%。平均通行次数的下降同样是由主要通勤交通方式的改变而引起的。2008 年厦门岛城市居民在通勤出行中采用普通公交、中巴车和 BRT 公共交通方式的比重超过 34%，由于这些公共交通方式是按照固定线路行进的，所以在居住地与站点之间或站点与工作地之间往往需要额外的步行进行接驳，有时甚至需要换乘，每次通勤出行形成三次或更多的通行，大大增加了平均通行次数。2020 年采用此类交通方式的比重下降至 27% 左右，而采用不需要额外接驳的私家车和出租车方式的通行在 2008 年 10.02% 的基础上增加了近 10% 的比重。因此，在该阶段中居民每一次通勤出行产生三次或更多次通行的情况相应减少，平均通行次数相应降低。

2. 通勤方式变化过程分析

1992~2020 年，厦门岛居民通勤所采用的交通方式呈多样化发展的趋势，交通手段的丰富是居民通勤方式变化的主要原因。1992 年居民通勤的主要交通方式包括普通公交、出租车、私家车等机动车方式及步行、自行车等非机动车方式。此阶段，城市道路基础设施及公共交通系统的发展还不完善，公共交通运营车辆线路及班次少，运载能力有限，普通公交线路仅有 13 条，出租车辆不足 2000 辆，使用较不方便。采用普通公交和出租车两种公共交通方式通勤出行的比重仅为 24% 左右，采用两种公共交通方式的通勤距离所占总通勤距离的比重仅为 32% 左右。私家车拥有率极低，采用私家车作为通勤出行交通方式的比重仅为 2.01%。因此，以步行和自行车为主的非机动车方式成为此阶段居民通勤的主要交通方式，所占比重高达 75.15%，虽然此类方式的平均通行距离仅为 2.82 km，但由于基数大，采用该方式的通勤距离占总通勤距离的比重仍高达 64.9%。

2008 年居民通勤出行采用公共交通方式的比重为 78.5%。可供居民选择的公共交通方式在 1992 年的基础上新增了中巴车和快速公交等新形式。公交线路和营运车辆数有了大幅度提升，截至 2008 年年底，厦门市在营公交车辆 3011 台，共有公交线路 218 条，其中包括公交线路 125 条、普通中巴线路 30 条、快速公交线路 3 条、快速公交连接线 18 条、农客线路 42 条，形成了覆盖较为完善的公交网络。全市共有出租汽车企业 10 家，出租汽车 4209 辆。这些公交服务车辆中约有 75% 以上的线路在厦门岛内运营或途经厦门岛。

由于公交服务能力和服务质量有了显著提高，2008 年选择普通公交、中巴车、快速公交和出租车三种公交方式作为通勤出行方式的通行次数比重超过了 36%，而采用上述四种交通方式所完成的通勤距离则更是超过了 60%。可以说，城市公共交通系统已经成为城市居民通勤的主要交通方式，居民通勤出行的公交分担率已经超过 50%（前述 36% 的比例以通行次数为基数，而公交分担率以通勤人次为基数，所以比率更高），达到发达国家水平。另外，由于居民经济水平的提升及汽车销售价格的下降，居民家庭拥有私家车的比率同步提高，私家车在通勤出行中的分担率也达到了 21.5%。

2020 年，私家车通勤比率增高是该阶段一个明显的特点。家庭私家车拥有率进一步提高，居民采用私家车通勤的比例上升至 33.68%，私家车的通勤距离在总通勤距离中的比重也由

2008 年的 14.94%上升至 29.19%。各公共交通工具在居民通勤出行中的承担率发生一定变化，采用普通公交和中巴车出行的比例均有不同程度的下降，其中普通公交车由 2008 年的 24.16%下降至 17.68%，降幅达到 26.83%。而大运力公交系统（BRT、轻轨）和出租车则均有上升，承担率分别为 2.86%和 3.27%。

2008 年采用 BRT 和普通公交的通勤人次的比例约为 20∶1（根据 2008 年厦门交通邮电年度发展报告统计，2008 年普通公交年客运量为 41180.9 万人次，BRT 为 2375.27 万人次），2020 年轻轨等服务能力更强的大运力公共交通系统的采用，使得这个比例降至 7∶1，下降幅度明显；采用大运力公共交通工具的通勤距离也由2008年的3.56%上升至2020年的5.46%。由于大运力公共交通系统的优势在于长距离通行的快速性和大运载能力，而模型对于外部小区（岛外四区）的处理无法体现这种优势，因此采用该交通方式的通勤人次可能被低估。

3. 通勤交通流空间格局变化分析

城市土地利用的空间格局所引起的城市居民居住和就业空间的分离是影响居民通勤交通空间格局的主要因素之一。自 20 世纪 90 年代起，厦门岛内的第一产业日渐式微，第二产业和第三产业逐渐成为城市经济的主导。第二产业和第三产业自身的特点决定了两个产业对居民通勤出行具有不同的影响。第二产业（厦门岛内主要指制造业）的发展日趋规模化、集中化和专门化，空间上的集中是其发展过程中的一个显著特征。

伴随第二产业的集中化发展产生了两个对居民通勤出行具有重要影响的现象：一是工业集中区周围形成产业工人的聚居场所，此类居民居住地和工作地的空间距离较近，其通勤出行常采用步行、自行车等短距离非机动车交通方式，对道路车流量的影响较小，在厦门岛具有此类功能的住区主要由城中村来承担。二是产业在空间上的集中布局引起部分产业工人的居住地与工作地的空间隔离，此类居民的通勤出行常采用机动车方式，产生由居住地向工作地的交通流，形成对道路交通的压力。

第三产业（包括商服、公共管理与公共服务等行业）是在再生产过程中为生产和消费提供各种服务的产业部门，能否通过合理的空间布局实现辐射、服务更多的人群与该产业的效益直接相关，空间上的分散是其布局的主要特点。因此，第三产业发展不会形成居住空间和就业空间的隔离，能够在一定程度上减少居民长距离通勤出行需求，使城市通勤交通的空间格局更为分散。

1992 年，厦门岛城市建成区规模较小，除湖里工业区与城市主要居住区在空间上相距较远外，其他工业集中区（如后埭西工业区、厦禾路工业区）与居住区在空间上并没有十分明显的隔离，居民的通勤距离较近。在此期间，由通勤出行所引起的道路交通流量几乎都集中在厦门岛的西部，并以连接南部主要居住区和北部湖里工业区的南北向主干道上的车流量为最多。

2008 年，伴随城市产业格局的调整，城市土地利用专门化的趋势加剧，第二产业用地的集中化布局（形成各种工业集中区、开发区等）使厦门岛出现了比较明显的城市功能分区特征，形成居住和就业空间的分离。由于厦门岛空间尺度不大，而且 2008 年第二产业所占比重不高，所以并没有造成严重的职住分离现象。另外，城市房地产市场的逐渐成熟，为居民提供了自由选择居住地的客观条件，居民对居住地的选择所形成职住空间关系成为影响城市通勤出行格局的主要因素。在此期间，居民通勤产生的交通流量主要集中在城市主干道上，空间分布较为均匀。道路流量较大的路段主要集中在东西向的主干道上,主要是由大量居住在厦门岛东部的居民在通勤中向西部通行所引起的。另外,由于承担了厦门岛南部主要居住地向北部工业区及岛外城区的通勤交通流量,南北向部分主干道的路段也出现车流量较大的情况。

2020 年情境下,厦门岛城市产业结构进一步调整,第二产业继续向岛外转移,引起大量产业工人向岛外迁居,同时使得跨越岛内外的长距离通勤者的数量较 2008 年有所增加。第三产业在城市经济中所占比重超过 90%,成为岛内吸纳就业人口的主要产业。由于服务业的空间布局比较分散,厦门岛内居住地和就业地的空间隔离有所缓解。在此期间,厦门岛的通勤车流量整体上较 2008 年有所增加,但在空间上的分配却更加均匀,绝大多数城市主干道的车流量都超过 1000 PCU/h,超过 3000 PCU/h 的拥堵路段主要集中在交通繁忙的道路交叉口,拥堵路段比率较 2008 年有所下降。

二、住区形态变迁与居民通勤过程的关系分析

居住和就业的空间分离是产生通勤交通流的直接原因。在不同城市发展阶段,职住空间分离程度及规模决定了通勤交通流的强度和空间分布。根据前面讨论可知,住区类型、城市功能用地空间格局、城市交通基础设施条件及居民经济水平是影响职住空间分离程度及规模的主要因素。首先,人口规模决定了潜在通勤者的数量。1992~2020 年,厦门岛人口规模不断扩大,居民通勤出行人次也随之增加。

其次,城市内部居住功能用地和产业功能用地的布局及分离程度,决定了通勤交通流的空间格局及通勤出行对交通方式的需求。伴随着厦门岛城市经济结构的调整,第二产业向岛外转移,第三产业规模进一步扩大,岛内外劳动力的输入和输出规模逐渐扩大,通勤人次的增加幅度高于在业人口数的增加幅度。1992 年,厦门岛城市用地功能混合程度较高,居民通勤交通流在空间上并没有表现出明显的趋向特征,交通方式也主要以短距离通行的非机动车方式为主。2008 年,第二产业在厦门岛北部集中布局,而第三产业更多地集中在厦门岛的西部和中部,伴随这种功能用地格局的变化,居民的通勤交通流也表现出了明显的由东向西、由南到北的趋向,主要通勤交通方式也随之转变为普通公交、中巴车等公共交通方式。2020 年,第三产业在厦门岛中所占比重超过 90%,由于第三产业在空间上趋于分散,居民通勤交通流也表现出空间分散的特征,并没有产生明显的空间趋向性,普通公交、中巴车的公共交通方式所占比重随之下降,而由于长距离通勤需求(跨岛通勤)的增加,采用轻轨等大运力交通方式的通勤人次有所增加。

然后,城市交通基础设施的建设现状及公共交通系统的发展程度决定了居民通勤出行中可供选择的交通方式及出行成本,影响了通勤出行的可达性,进而影响居民对居住地区位及通勤方式的选择。1992 年,厦门岛城市道路基础设施建设尚不完善,公共交通系统发展滞后,全岛仅有 13 条公交线路,可供选择的交通方式有限,居民通勤出行较不方便,时间成本较高,所以步行、自行车等非机动车方式在通勤中所占比重最高。2008 年,厦门岛城市道路面积所占比重达到 10%,公共交通网络基本覆盖全岛,居民通勤出行十分方便,普通公交、中巴车等公共交通方式是居民通勤所采用的主要交通方式。2020 年,城市道路,尤其是次干道网络进一步完善,使居民出行更加便利,大运力公共交通系统的发展为长距离的通勤者节省了大量的时间成本。

最后，具有不同经济水平的人群对居住成本和交通成本有着不同的承受能力，他们在居住地区位及交通方式的选择具有明显的倾向性。高收入人群通勤所采用的交通方式以私家车为主，而且在三个阶段基本都占据了主导地位。由于中等收入人群和低收入人群的时间成本相对较低，因此他们更倾向于采用公共交通方式，尤其是普通公交、中巴车和 BRT 等公共交通工具。

第五节　研　究　小　结

（1）根据模拟结果，1992~2020 年，厦门岛居民通勤出行人次逐次增加，而且通勤人次增幅高于在业人口的增幅。

（2）1992~2020 年，厦门岛居民平均每次通勤出行所产生的通行次数分别为 1.71、2.63 和 2.09，平均通行次数的变化反映了通勤交通方式的转变。1992 年居民通勤出行以步行、自行车等非机动车方式为主，2008 年普通公交、中巴车等公共交通工具成为主导，2020 年私家车使用比重增高，削弱了普通公交和中巴车在通勤中的主导地位。

（3）城市道路通勤交通流量大小及空间格局是城市人口规模、城市功能用地布局、交通基础设施发展水平及居民经济水平等因素综合作用的结果。1992 年，厦门岛城市道路交通流量大体较低，空间分配较为均匀；2008 年的道路交通流量主要集中在城市主干道上，空间上呈由东向西和由南向北的迁移格局；2020 年，城市道路通勤交通流量整体较高，但空间分配比较均匀，拥堵路段较 2008 年有所下降。

参 考 文 献

[1] Park R E. Human ecology. The American Journal of Ecology, 1936, 42: 3-49.

[2] Park R E, Burgess F W, MacKenzie R D. The City. Chicago：Chicago University Press, 1925.

[3] Alonso W. Location and Land Use. Massachusetts: Harvard University Press, 1964

[4] Harris C D, Ullman E L. The nature of cities. Annals of the American Academy of Political and Social Science, 1945, 242: 7-17.

[5] Clement L, Peyrton D, Frenois M. Review of existing land-use transport models. Lyon: Centre d'Etude sur les Réseaux, les Transports, I'Urbanisme(CERTU), 1996.

[6] Handy S L, Boarnet M G, Ewing R, et al. How the built environment affects physical activity: views from urban planning. American Journal of Preventive Medicine, 2002, 23(2): 64-73.

[7] Cevero R. Mixed land-use and commuting: evidences from the American housing survey. Transportation Research Part A: General, 1996, 30(5): 361-377.

[8] Ewing R, Schmid T, Killingsworth R, et al. Relationship between urban sprawl and physical activity, obesity, and morbidity. American Journal of Health Promotion, 2003, 18(1): 47-57.

[9] Office of Research and Development. Projecting land-use change: a summary of models for assessing the effects of community growth and change on land-use patterns. Washington: U. S. Environmental Protection Agency(EPA), 2000.

[10] Wilson A G. Land use/transport interaction models-past and future. Journal of Transport Economics and Policy, 1997, 32: 3-23.

[11] Cervero R, Duncan M. Walking, Bicycling, and urban landscapes: evidence from the San Francisco bay area. American Journal of Public Health, 2003, 93(9): 1478-1483.

[12] Cervero R. Built environments and mode choice: toward a normative framework. Transportation Research Part D, 2002, 7(4): 265-284.

[13] Alfonzo M, Boarnet M G, Day K, et al. The relationship of neighbourhood built environment features and adult parents walking. Journal of Urban Design, 2008, 13(1): 29-51.

[14] Bento A M, Cropper M L, Mobarak A M, et al. The effects of urban spatial structure on travel demand in the United States. Review of Economics and Statistics, 2005, 87(3): 466-478.

[15] Bhat C R, Sen S, Eluru N. The impact of demographics, built environment attributes, vehicle characteristics, and gasoline prices on household vehicle holdings and use. Transportation Research B, 2009, 43(1): 1-18.

[16] Gibb J. Incorporating built environment "Smart-Growth" effects into travel demand models. DKS Associates, Oakland, CA, 2008.

[17] Ewing R, Cervero R. Travel and the built environment: a meta-analysis. Journal of the American Planning Association, 2010, 76(3): 265-294.

[18] Wilson A G. Catastrophe Theory and Bifurcation: applications to Urban and Regional Systems. Los Angeles: University of California Press, 1981.

[19] Modelistica. TRANUS: integrated Land Use and Transport Modeling System. Venezuela: Modelistica Company, 2007.

[20] de la Barra T. Mobility, Location and Land Markets. Venezuela: Modelistica Company, 2004.

[21] Domencich T A, McFadden D L. Urban Travel Demand: a Behavioral Analysis. Amsterdam: North Holland Press, 1975.

[22] Boyce D E, Tatineni M, Zhang Y. Scenario analyses of the Chicago region with a sketch planning model of origin-destination mode and route choice. Chicago: Urban Transportation Center, University of Illinois, 1992.

[23] Wegner M, Fürst F. Land use transport interaction: state of the art. Berichte, No. 46, Institut für Raumplanung, University of Dortmund, 1999.

[24] Hansen W. How accessibility shapes land-use. Journal of the American Institute of Planners, 1959, 25: 72-77.

[25] Wilson A G. Entropy in Urban and Regional Modelling. London: Pion Limited, 1970.

[26] Caindec E K, Prastacos P. A Description of POLIS. Oakland: Association of Bay Area Governments, 1995.

[27] Mills E S, deFerranti D M. Market choices and optimum city size. American Economic Review, 1971, 61(2): 340-345.

[28] 刘灿齐. 现代交通规划学. 北京: 人民交通出版社, 2001.

[29] Modelistica. Models and Report-generating Programs of TRANUS. Venezuela:Modelistica Company, 2007.

[30] Modelistica. TRANUS: integrated Land Use and Transport Modeling System. Venezuela: Modelistica Company, 2007.

[31] 厦门市第二次全国经济普查领导小组办公室. 厦门市第二次全国经济普查主要数据公报. 2010.

[32] 刘广珠, 李立, 于红成, 等. 青岛市建设制造业基地的人力资源问题——青岛市制造业人力资源现状调查. 青岛科技大学学报(社会科学版), 2004, 20(3): 69-75.

[33] Vandersmissen M H, Villeneuve P, Thériault M. Analyzing changes in urban form and commuting time. The Professional Geographer, 2003, 55(4): 446-463.

第十一章　城市住区形态变迁的碳排放效应

第一节　研究概述

交通运输是温室气体（greenhouse gas，GHG）的最快速的增长来源之一。相比较温室气体排放的全球性问题而言，许多发展中国家更关心经济发展。这些国家的温室气体排放量的增加往往快于其国内生产总值的增加。随着全球变暖新证据的不断见诸报道及相关国际会议的举办（"斯德哥尔摩会议""联合国环境与发展大会""哥本哈根会议""坎昆会议等"）、跨国协议的签署（《联合国人类环境会议宣言》《京都议定书》等），人们对温室气体排放的危害达成初步共识，并制定了有关温室气体减排的碳交易制度。由于交通运输在温室气体排放中的重要作用，《2006 年 IPCC 国家温室气体清单指南》（简称《2006 年 IPCC 指南》）[1]中将交通温室气体排放在该指南第二卷中并进行了重点介绍。目前，削减交通碳排放已被各国政府、组织等广泛倡导并在实际中积极推行，抑制温室气体排放量的诸多措施纷纷被提出并提升到全球性战略高度。相关研究人员认为，制定有力的约束措施、推广新的低排放强度的车辆燃料和征收碳税有利于实现真正低碳交通，但即使是基于这些假设，要实现交通运输碳排放量的稳定甚至减少也可能要等到下一个世纪[2]。目前，有关交通碳排放的计算多基于能源消耗总量推算得出，虽然能够得到一定区域中交通碳排放的总量，为低碳规划提供一定的参考，但该方法无法表现出这些碳排放量的空间格局，难以反映碳排放与道路规格、人群、产业格局等因素的关系，难以为低碳交通规划提供更为具体、更具有针对性的建议。

第二节　研究方法

一、交通碳排放计算方法

根据《2006 年 IPCC 指南》（*IPCC Guideline*, 2006）制定的全球温室气体排放计算统一框架，人类活动排放的温室气体可根据以下公式计算得到[3, 4]：

$$\text{Emission} = [\text{Emission Factor}] \times [\text{Activity Data}] \tag{11.1}$$

对于机动车交通行为的直接碳排放，式（11.1）可改写为

$$\text{碳排放量} = \text{排放因子} \times \text{车辆行驶里程} \times \text{车辆保有量} \tag{11.2}$$

IPCC 在其"全球变暖潜能值"（global warming potential，GWP）中提出了将温室气体折算成 CO_2 当量的计算方法，通过引入折算系数 GWP 值，将碳排放计算主要涵盖的 N_xO、CH_4 和 CO_2 三种温室气体以 CO_2 为标准当量计量。

式（11.2）中的排放因子计算公式如下：

$$\text{排放因子} = \text{车辆单位燃料消耗} \times \text{燃料碳排放因子} \tag{11.3}$$

式中，燃料碳排放因子为单位燃料消耗排放的 N_xO、CH_4 和 CO_2 三种温室气体折算成 CO_2 当

量后的碳排放量。

通勤交通出行的碳排放计算中，普通公交、中巴车、BRT、出租车及私家车等机动车辆的单位燃料消耗以实际消耗汽油或柴油消耗量计，单位为 L/km。城市轻轨由于采用电力作为动力源，式（11.1）并不适用，因此其运营碳排放计算需采用其他方法。有关研究[5, 6]认为轨道交通与其他城市机动交通方式相比，交通污染极低，氮氧化合物、碳氢化合物、一氧化碳等有害物质的排放几乎为零，而二氧化碳的排放也很低，单位客运量二氧化碳排放仅为私家车的 1/10。在此，以私家车单位客运量碳排放的 1/10 作为轻轨单位客运量碳排放量，计算轻轨在通勤出行中的碳排放总量，计算公式如下：

$$碳排放总量_{轻轨}=单位客运量碳排放_{私家车}×通勤人次_{轻轨}×平均出行距离÷10 \qquad (11.4)$$

根据式（11.1）和式（11.2）可知，计算居民通勤交通碳排放需要交通活动的具体数据及燃料碳排放因子，下面分两部分进行介绍。

二、车辆单位能耗计算

车辆行驶里程、车辆保有量等数据可以通过 TRANUS 模拟得到，交通活动的具体数据主要是计算车辆的单位能耗。

根据 2008 年厦门市交通委员会统计资料，并参考厦门公交、BRT 用车的油耗参数，得到厦门市公共交通所采用的典型车辆的油耗情况（表 11.1）[7]。

从表 11.1 可以看出，普通公交车辆的实际油耗和标定油耗的差距还是比较大的。这主要是因为普通公交行驶的混合车道车辆密度较高，车速普遍较低，加之公交站点、道路红绿灯较多，造成车辆频繁启动、加速和减速，增添了许多额外能耗，因此普通公交运行阶段的实际油耗要超出标定油耗许多。BRT 由于行驶在快速公交专用道上，享有 100% 的路权，没有红绿灯造成的频繁加速和减速，加之站点相对较少且乘客接驳时间较短，所以其标定油耗和实际油耗比较接近。

表 11.1　居民通勤主要交通车辆百公里能耗

交通方式	典型车型	燃油类型	标定油耗/（L/100km）	实际油耗/（L/100km）
普通公交	金龙公交车①	柴油③	24	34
BRT	金龙公交车②	柴油	32	36
出租车		汽油	8	
私家车		汽油	8	

①参照金龙公司公布的 XMQ6121G 型车辆油耗参数。

②参照金龙公司公布的 XMQ6127G 型车辆的油耗参数。

③柴油比重为 0.875kg/L。私家车、出租车标定油耗参考 "California Life-Cycle Benefit/Cost Analysis Model（Cal-B/C）"，由于实际情况太复杂，实际油耗不做假设。

美国加利福尼亚州交通局（Caltrans, California Department of Transportation）通过对多年实测数据的研究，认为车辆运行的成本（消耗）主要与车辆的型号、运行速度、车速变化周期、路面情况等因素有关，其中车辆稳定状态下的运行速度是影响运行燃料消耗的最为重要的因素[8]。图11.1 是根据 Caltrans 报告中车速与运行消耗之间的关系修改而得的车速与燃料消耗之间的关系图，可以看到在实际运行过程中，轻型车行驶速度稳定在 35 mile/h（1 mile≈1.609 km），即 56.34 km/h 时燃料消耗最低，中型车（卡车、公交车等）行驶速度稳定在 25 mile/h，即约 40.26 km/h 时燃料消耗最低。

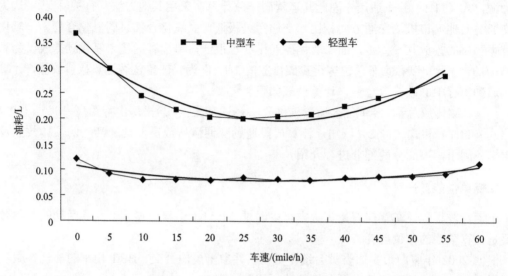

图 11.1　车辆运行速度与燃料消耗关系图

根据 TRANUS 说明文档[9]，在只考虑车辆运行速度影响的情况下，车辆运行单位能耗可改写为

$$ed_i = ed_i^{min} \times exp[-\delta_i \times (V_i - V^{min})] \tag{11.5}$$

式中，ed_i 为 i 类型车辆单位能耗（L/km）；ed_i^{min} 为 i 类型车辆运行时的最低能耗（L/km）；V_i 为 i 型车辆运行的速度（km/h）；δ_i 为 i 类型车辆的比降因子，用于表征车速变化时能耗变化的情况；V^{min} 为 i 类型车辆最低燃料消耗时所对应的最优车速。

实际计算中，ed_i^{min} 以车辆品牌商提供的标定能耗值为准；V_i 由 TRANUS 模型模拟得到；δ_i 则根据图 11.1 采用指数方程拟合得到，中型车和轻型车对应数值分别为 0.121 和 0.058。

三、燃料碳排放因子计算方法

1. GREET 模型

GREET 模型（greenhouse gases, regulated emissions, and energy use in transportation）[10]，是美国 Argonne 国家实验室开发的车辆全生命周期内的交通能耗、温室气体排放及调控模型。GREET 模型考虑车辆的整个生命周期的温室气体排放，涵盖车辆原材料开采运输、车辆组件生产、车辆制造、车辆使用及废弃车辆的处置、再循环的完整的过程。基于生命周期的分析方法提供了分析、对比传统车辆与新型车辆（如混合动力车辆、燃料电池车辆等）在生产和使用阶段所消耗的能源和排放的温室气体。

GREET 模型包含全部能源、化石能源及石油基能源等 3 种不同范畴的能量计算方法，同时提供 3 种主要的温室气体（CO_2、CH_4、N_2O）及 5 种标准排放物（VOC、CO、NO_x、PM_{10}，SO_x）的计算方法[11, 12]。对于车用燃料生命周期的温室气体排放计算，GREET 模型主要划分为两个阶段进行分析：其一是燃料的生产阶段，即燃料从油井到油箱的阶段（well to tank，WTT）；其二是燃料的使用阶段，即油箱到车轮的阶段（tank to wheel，TTW）。本章研究不涉及燃料生产阶段的温室气体排放，只对油箱到车轮阶段所引起的直接碳排放进行介绍。GREET 模型中车辆燃料使用引起的碳排放主要由车辆燃料使用量和燃料类型来决定，车辆单位距离碳排放计算公式如下[7, 8]：

$$EF_{km_i} = \sum_x \left[EC_{x_i} \times (EF_{CO_{2x}} + EF_{CH_{4x}} \times 21 + EF_{N_2O_x} \times 310) \times \frac{N_{x_i}}{N_i} \right] \tag{11.6}$$

式中，EF_{km_i} 为 i 类型车辆运行单位距离的碳排放量（$g\,CO_2e/km$）；EC_{x_i} 为 i 类型车辆消耗的 x 型燃料的量（L/km）；$EF_{CO_{2x}}$ 为 x 类燃料的单位碳排放因子（$g\,CO_2/L$）；$EF_{CH_{4x}}$ 为 x 型燃料的单位 CH_4 排放量（$g\,CH_4/L$）；$EF_{N_2O_x}$ 为 x 型燃料的单位 N_2O 排放量（$g\,N_2O/L$）；N_{x_i} 为 i 型车辆使用 x 型燃料的数量；N_i 为 i 型车辆的总数。

人均碳排放计算公式如下：

$$EF_{p_i} = \frac{EF_{km_i} \times DD_i}{P_{Z_i}} \tag{11.7}$$

式中，EF_{p_i} 为 i 型车辆人均碳排放量（g/人次）；EF_{km_i} 为 i 型车辆运行单位里程的碳排放量（g/km）；DD_i 为 i 型车辆年营运里程（km/a）；P_{Z_i} 为 i 型车辆年总客运量（人次）。

2. 燃料碳排放因子确定

在不同城市住区发展阶段背景下分析居民通勤交通碳排放的差异，强调由住区形态变迁而引发交通量、交通方式及其空间格局的不同，进而引起交通碳排放的差异。因此，为保证对城市住区形态变迁影响的准确分析，三个阶段的主要交通工具采用相同的燃料碳排放因子，不考虑燃料使用环境的不同所引起的差异。

根据 IPCC"全球变暖潜能值"（GWP）推荐处理方法[13, 14]，将碳排放计算所包含的 3 种温室气体 CO_2、CH_4 和 N_2O，按照 1、21 和 310 的比例折算成可以比较的 CO_2 当量（CO_2 equivalent，CO_2e）。参考 GREET 模型提供的燃料规格表单，最终确定厦门岛居民通勤出行几种主要交通工具的燃料碳排放因子，具体数值如表 11.2 所示。

表 11.2　居民通勤主要交通工具碳排放因子

交通工具	燃料类型	TTW 阶段燃料碳排放因子（$g\,CO_2e/L$）
大、中型车（BRT、普通公交）	汽油	2338
	柴油	2684
小型车（出租车、私家车）	汽油	2338
非机动车（步行、自行车）		

第三节　研究结果

一、居民通勤交通碳排放总量及排放强度

通过 TRANUS 模型模拟，1992 年、2008 年和 2020 年三个年份厦门岛城市居民在早 7~9 时的两个小时通勤高峰时间段内，通勤交通碳排放总量分别为 10.37 t CO_2e、116.39 t CO_2e 和 220.90 t CO_2e（图 11.2）。

采用单位客运量碳排放量衡量碳排放强度[单位为 g CO_2e/（人·km）]，即

$$碳排放强度＝机动车碳排放总量÷出行人次÷平均出行距离 \tag{11.8}$$

计算结果显示，1992 年、2008 年和 2020 年三个年份厦门岛城市居民通勤交通碳排放强度分别为 17.8 g CO_2e/（人·km）、27.12 g CO_2e/（人·km）和 46.81 g CO_2e/（人·km）（图 11.2）。

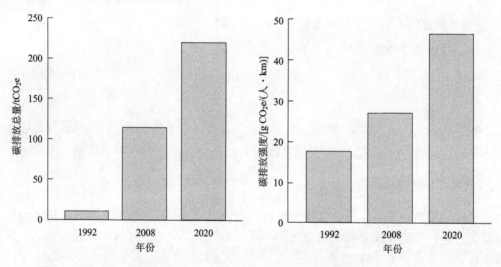

图 11.2　厦门岛居民通勤碳排放总量及排放强度

二、不同人群通勤交通碳排放对比

1992 年，高收入人群、中等收入人群和低收入人群通勤交通碳排放总量分别为 6.89 t CO_2e、2.12 t CO_2e 和 1.35 t CO_2e，交通碳排放强度分别为 141.09 g CO_2e/（人·km）、6.71 g CO_2e/（人·km）和 6.17 g CO_2e/（人·km）。2008 年，三类人群通勤交通碳排放总量分别为 59.1 t CO_2e、50.78 t CO_2e 和 6.51 t CO_2e，交通碳排放强度分别为 110.39 g CO_2e/（人·km）、24.99 g CO_2e/（人·km）和 3.77 g CO_2e/（人·km）。2020 年，三类人群通勤交通碳排放总量分别为 116.34 t CO_2e、95.54 t CO_2e 和 9.02 t CO_2e，交通碳排放强度分别为 108.85 g CO_2e/（人·km）、39.53 g CO_2e/（人·km）和 7.32 g CO_2e/（人·km）。

图 11.3 为三个阶段通勤交通碳排放总量及排放强度对比柱状图。

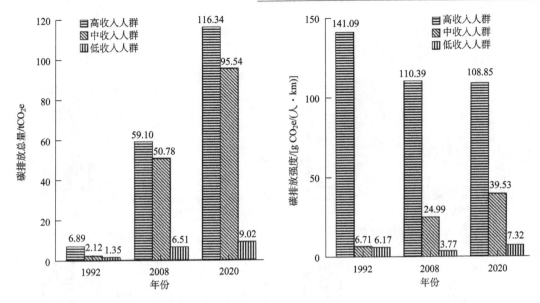

图 11.3 不同人群通勤碳排放总量及排放强度

三、不同交通方式的通勤交通碳排放对比

1992 年，厦门岛居民在通勤出行中采用公共交通和私家车所产生的交通碳排放总量分别为 3.66 t CO_2e 和 6.71 t CO_2e，排放强度分别为 6.8 g CO_2e/（人·km）和 148.91 g CO_2e/（人·km）。2008 年，采用公共交通和私家车的通勤出行所产生的交通碳排放总量分别为 22.23 t CO_2e 和 94.17 t CO_2e，排放强度分别为 6.44 g CO_2e/（人·km）和 112.32 g CO_2e/（人·km）。2020 年，采用公共交通和私家车的通勤出行所产生的交通碳排放总量分别为 33.17 t CO_2e 和 187.73 t CO_2e，排放强度为 10.93 g CO_2e/（人·km）和 111.45 g CO_2e/（人·km）。

按公共交通方式中的具体交通工具划分，1992 年厦门岛居民在通勤出行中采用普通公交和出租车所产生的交通碳排放总量为 1.49 t CO_2e 和 2.9 t CO_2e，排放强度分别为 2.17 g CO_2e/（人·km）和 90.94 g CO_2e/（人·km）。2008 年采用普通公交、中巴车、BRT 和出租车通勤出行所产生的交通碳排放总量分别为 7.15 t CO_2e、1.3 t CO_2e、0.77 t CO_2e 和 13 t CO_2e，排放强度分别为 3.12 g CO_2e/（人·km）、1.55 g CO_2e/（人·km）、3.84 g CO_2e/（人·km）和 111.97 g CO_2e/（人·km）。2020 年采用普通公交、中巴车、轻轨和出租车通勤出行所产生的交通碳排放总量分别为 6.19 t CO_2e、1.16 t CO_2e、1.76 t CO_2e 和 24.06 t CO_2e，排放强度分别为 3.53 g CO_2e/（人·km）、1.54 g CO_2e/（人·km）、5.58 g CO_2e/（人·km）和 111.61 g CO_2e/（人·km）（图 11.4）。

四、通勤交通碳排放空间格局对比

1992 年、2008 年和 2020 年三个年份，厦门岛居民通勤交通产生的碳排放中，单位长度道路上的平均碳排放分别为 0.22 t CO_2e/km、0.22 t CO_2e/km 和 0.25 t CO_2e/km。通勤交通碳排放空间格局如图 11.5 所示。

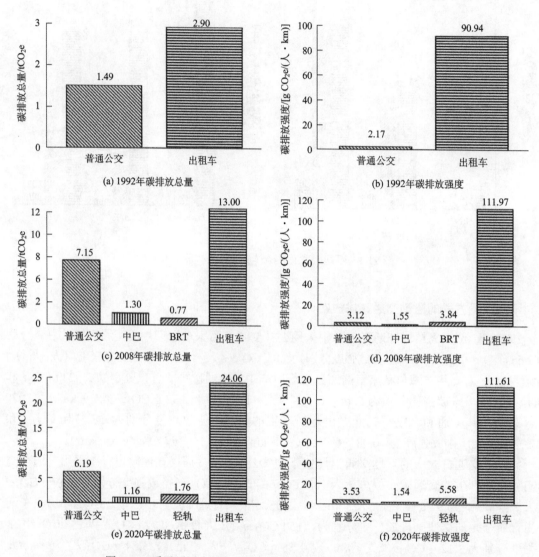

图 11.4　采用不同公共交通工具的通勤交通碳排放总量及排放强度

1992 年，厦门岛城市道路上的通勤交通碳排放基本在 0.5 t CO_2e/km 以下，碳排放高于 1 t CO_2e/km 的路段大多在连接厦门岛南部和北部的城市主干道上，位于厦门岛的中北部。2008 年，厦门岛城市道路上的交通碳排放基本在 1t CO_2e/km 以下，大于 1 t CO_2e/km 的路段分散全岛，以中部、北部居多，大于 6 t CO_2e/km 的路段分布在嘉禾路、吕岭路、禾山路等路段。2020 年，厦门岛城市道路上的交通碳排放仍然以 1t CO_2e/km 以下居多，大于 1 t CO_2e/km 的路段更加分散，而在 3 t CO_2e/km 以上的路段较 2008 年有所减少。

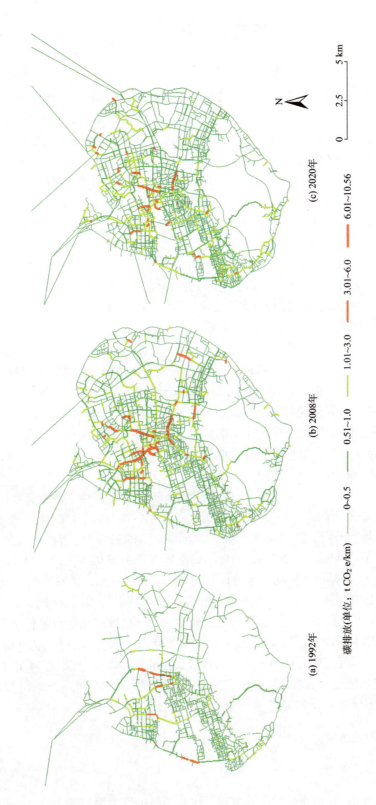

(a) 1992年　(b) 2008年　(c) 2020年

碳排放(单位：t CO₂ e/km)　——— 0~0.5　——— 0.51~1.0　——— 1.01~3.0　——— 3.01~6.0　——— 6.01~10.56

图 11.5　厦门岛通勤交通碳排放空间格局

第四节　分析与讨论

一、通勤交通碳排放变化及原因分析

1992 年、2008 年和 2020 年三个阶段中，厦门岛机动车辆在通勤交通中完成单位客运周转量分别为 58.27 万人·km、429.21 万人·km 和 471.89 万人·km，而车辆运行时的直接碳排放总量分别为 10.37 t CO_2e、116.39 t CO_2e 和 220.90 t CO_2e，碳排放强度分别为 17.8 g CO_2e/（人·km）、27.12 g CO_2e/（人·km）和 46.81 g CO_2e/（人·km）。

三个阶段完成客运周转量的变化趋势与碳排放总量的变化趋势有所不同，其中以 2008 年和 2020 年的变化趋势的差距为最大。2020 年的机动车客运周转量在 2008 年的基础上增加了 42.68 万人，增长率为 9.94%。而 2020 年的碳排放总量则在 2008 年的基础上增加了 104.51 tCO_2e，增长率高达 89.79%。客运周转量与碳排放总量增幅的巨大落差说明客运周转量的变化（量变）不是引起碳排放总量大幅增加的主要原因。通勤交通碳排放总量的变化主要受通勤出行所采用的交通方式的影响，即交通方式结构性变化的影响。2008 年，公共交通在通勤交通中的分担率为 61.52%，2020 年这一比例下降至 52.17%，与此同时，私家车的通勤出行分担率则从 14.94% 增至 29.19%。公共交通方式中，出租车的分担率由 2.07% 上升至 3.74%，普通公交和中巴车的分担率则从 55.93% 下降至 43.37%。从机动车运营里程看，2008 年，公共交通方式中的普通公交、中巴车和 BRT 在通勤出行中的总运营里程为 23451 km·车，出租车为 77420 km·车，而私家车则高达 558924 km·车。2020 年，普通公交、中巴车和轻轨在通勤出行中的总运营里程为 19477 km·车，出租车为 77685 km·车，私家车为 607000 km·车。可以看出，通勤出行中私家车的分担率及运营里程的大幅升高及普通公交、中巴车等公共交通分担率和运营里程的下降是造成 2020 年的通勤交通碳排放量较 2008 年大幅升高的原因，其中尤以私家车使用的增多所造成的影响为最大。

2008 年机动车完成客运周转量是 1992 年的 9.35 倍，而机动车通勤交通碳排放的比值则为 11.22，两者相差不大。1992 年，公共交通方式（不含出租车）的客运周转量为 51.38 万人·km，2008 年上升至 229.62 万人·km，增幅高达 346.92%。运营里程则由 7839 km·车增至 23451 km·车，增幅接近 200%，由此造成碳排放量由 1992 年的 1.49 t CO_2e 上升至 2008 年的 9.22 t CO_2e，增幅小于机动车碳排放量的增幅。由此可知，2008 年厦门岛公共交通的单位运载能力较 1992 年有所提高，碳排放量增幅高于运营里程增幅说明中巴车和 BRT 的单位碳排放之和高于普通公交，且公共交通方式的改变对碳排放增加的贡献较小。私家车方面，1992 年的私家车客运周转量为 4.51 万人·km，2008 年上升至 83.84 万人·km。运营里程则由 40062 km·车增至 558924 km·车，碳排放量由 6.71 t CO_2e 上升至 94.17 t CO_2e。由此可知，2008 年交通碳排放的增加主要由私家车运行里程的增加引起，同时可知，2008 年私家车的平均通勤出行距离较 1992 年短，运行车速较低。

二、通勤交通碳减排潜力分析

1. 机动车运行速度

2008 年和 2020 年两个阶段中均出现了比较明显的交通阻滞现象，一些道路交通流量接近道路设计值。根据式（11.5），当运行车速低于或高于最优车速越多时，车辆运行所消耗的燃料量也越大，对应更多的交通碳排放量。假设在道路不存在拥堵现象的时候，各种运行车辆均能以最优车速行进，则当道路出现拥堵时，车速下降所产生的额外燃料消耗就产生了额外的交通碳排放量，等同于优化运行车速后所能带来的通勤碳排放减排潜力。由于 1992 年厦门岛内机动车保有量较低，交通阻滞的现象极少出现，在此不做讨论。而 2008 年和 2020 年则均出现了不同程度的交通阻滞现象。2008 年，由于交通阻滞平均通勤车速由 42 km/h 下降至 40.1 km/h（没考虑非通勤车辆产生的阻滞，实际拥堵现象更严重），交通碳排放总量由 79.75 t CO_2e 上升至 116.39 t CO_2e，增加了近 36.64 t CO_2e。因此，如果能够通过合理规划和线路设计，使道路保持畅通，将有接近 36.64 t CO_2e 的碳减排空间。

2. 交通结构调整

根据本节机动车运行速度分析结果可知，轻型车（私家车和出租车）在通勤交通出行中使用的增加是 1992~2020 年交通碳排放大幅度增加的主要原因。因此，减少轻型车辆的通勤交通出行分担率能有明显减少通勤交通的碳排放。根据不同交通方式的通勤交通碳排放对比计算结果，2008 年私家车在通勤交通中的分担率为 21.5%，交通碳排放量为 94.17 t CO_2e，排放强度为 112.32 g CO_2e/（人·km）。2020 年私家车在通勤交通中的分担率增至 33.68%，交通碳排放量为 187.73 t CO_2e，排放强度为 111.45 g CO_2e/（人·km）。随着城市居民经济水平的提高，居民对私家车和出租车等出行成本较高的交通方式的承受能力随之升高，私家车拥有率不断升高，采用这两种排放强度较高的交通方式作为通勤出行方式的居民也不断增多，成为通勤交通碳排放大幅升高的主要原因。但与此同时，私家车和出租车的平均通勤距离却有下降的趋势；存在许多以轻型汽车作为交通方式的短距离通勤者，由于职住空间距离较近，轻型汽车并不是此类居民的唯一选择，因此其通勤交通方式存在由普通公交、中巴车等公共交通方式，甚至是步行、自行车等非机动车方式所替代的可能。2008 年，厦门岛内公共交通的分担率为 61.52%，而 2020 年这一比率下降至 52.17%。以目前厦门公共交通建设的情况看，若能够保持公共交通分担率在 60% 以上，并增加非机动车方式在通勤出行中的比例，使私家车的分担率保持在 25% 的水平，则 2020 年的通勤交通机动车的直接碳排放量将有约 42.73 t CO_2e 的减排空间。

3. 能源结构调整

机动车用燃料的碳排放因子也是影响交通碳排放总量的关键因素，因此采用具有较低碳排放系数的能源，如压缩天然气（compressed natural gas，CNG）、液化天然气（liquefied natural gas，LNG）、液化石油气（LPG）及电能等，是减少交通碳排放量的有效手段，也是今后低碳交通的一个发展趋势。以液化石油气（LPG）为例，根据《2006 年 IPCC 指南》（*IPCC Guideline*, 2006）中对欧洲液化石油气汽车运行时的碳排放标准，以 1800 g CO_2e/L 作为液化石油气的碳排放因子，在燃料消耗量不变且公共交通方式（包括普通公交、中巴车、BRT 和出租车）全部采用液化石油气的情况下，计算 2008 年和 2020 年厦门岛内居民通勤交通的碳减排潜力。2008 年，由于新燃料的使用，公共交通在通勤交通中的碳排放量由原来的 22.23 t CO_2e 降至 6.19 t CO_2e，降幅达 72.15%。2020 年，由于新燃料的使用，公共交通在通勤交通中的碳排放量由原来的 33.17 t CO_2e 降至 24.81 t CO_2e，降幅达 25.2%。由于公共交通的碳排放在通勤交通碳排放中所占比重不高，所以新能源的使用所能起到的碳减排的作用有限，但随着清洁能源技术的发展及其在机动车辆中的广泛应用，通勤交通碳减排的空间还是很大的。

三、通勤交通碳减排规划建议

根据以上分析，提出厦门岛通勤交通碳减排规划建议。

1. 优化城市功能布局

优化城市功能布局，提升城市土地混合利用的程度。合理控制用地规模，防止过于集中发展而造成的空间隔离。注重居住区与产业用地的均衡，减少远程通勤和向心通勤，从源头上减少通勤交通需求。从厦门岛城市功能格局分布特征上看，增加东部和北部的居住、商服和公共服务用地的比重，减少城市功能空间分异，提高土地的混合利用程度等均是优化城市功能布局的有效手段。

2. 优化交通结构

优化通勤交通结构，提高公共交通在通勤出行中的分担率，减少私家车使用，倡导步行、自行车等绿色出行方式，形成以公共交通为主导、其他交通方式为补充的通勤出行体系。进一步丰富公共交通的形式，维持公共交通方式在通勤交通中的分担率在 60% 左右，大力发展轨道交通和快速公交等长距离、大运力公交模式。控制私家车拥有量，利用价格杠杆、限行等手段减少私家车的使用。大力倡导绿色出行方式，逐步增加步行、自行车等零排放交通方式在通勤出行中的使用。

3. 加强交通基础设施建设

规划中充分考虑城市土地利用与交通的协调发展，有针对性地加强城市交通基础设施的建设。加强公交网络建设，争取公交网络在城市道路网络中的覆盖率达到 70% 以上，公交网络密度达 3.5 km/km²，公交站点服务面积基本覆盖全部城市建成区（以 500 m 半径计算），居民平均步行到站点时间少于 5 min（300 m 以内）。提升道路交通综合服务能力，提高主要路段和交通节点的通行能力，逐步完善非主干道路网络的建设，增加路网交通分流能力，减少交通阻滞现象的发生。加强城市慢行交通基础设施建设，尤其是自行车专属车道的建设，并在公共交通枢纽站点设立专门的自行车存放点以方便与公共交通系统的接驳，增加城市绿色通勤出行的比率。

4. 提高能源使用效率，优化能源结构

大力推动能耗低、排放少的环保节能型车辆及新能源和清洁能源的使用，加快淘汰高能耗、高污染的车辆，在城市营运车辆准入机制中加入对能耗、污染物排放等指标的严格要求。以城市公共交通系统为试点，逐步提高燃料电池、氢能、液化石油气、液化天然气等零排放或低排放的能源在城市机动车辆中的使用比例，并落实完善配套基础设施建设。

5. 加强交通综合管理

发展城市智能交通系统，加强交通综合管理水平，提升城市道路交通的运行效率。建立

城市智能化交通信息系统平台,为机动车辆和出行者提供实时路况、线路信息、换乘等信息服务。灵活运用限行、单向行驶等道路管制措施,有效引导交通流量的分流,减少道路拥堵现象,能显著提高车辆的能源使用效率。加强公共交通车辆的科学调度,建立乘客流量监控网络,根据实时客流情况增加或减少公交车辆的车次,推广出租车电话预约服务,减少空车运行的情况,提高车辆客运周转量,减少不必要的碳排放。提高乘坐公共交通车辆的舒适性,吸引更多居民采用公共交通方式完成通勤出行。

6. 加强政策保障

除了技术的提升和硬件的升级外,加强低碳交通政策的制定和推行将是实现通勤交通碳减排的有力保障。建立城市交通碳排放总量控制制度,编制交通碳排放的详细清单,将交通碳排放列入日常环境监测项目之中,建立健全预警机制。进一步完善公交优先政策,制定更加详细的制度以保障公共交通在城市交通发展中的优先地位。制定车辆分类限行制度,对尾气排放达标情况不同的机动车进行区别对待,限制未达标车辆的行驶区域和时段,加快淘汰超标车辆。制定限行政策,减少繁忙时段和繁忙路段上的交通负荷。

第五节 研 究 小 结

(1)1992~2020 年,厦门岛城市居民通勤交通碳排放总量及碳排放强度均呈逐年上升的趋势。居民的经济收入水平与通勤出行的碳排放关系密切,经济水平越高碳排放强度越大。在 2008 年和 2020 年模拟结果中,平均占 17.93%的高收入人群所产生的交通碳排放占碳排放总量均在 50%以上,但呈逐年下降趋势。1992~2020 年三个阶段中,厦门岛城市道路单位距离的碳排放整体上均在 1 t CO_2e/km 以下,但高于这一排放强度的路段在 2008 年和 2020 年有大幅增加趋势,2008 年高排放强度的路段集中在厦门岛中北部,而 2020 年则分散于全岛路网之上。

(2)私家车和出租车的碳排放强度远高于其他通勤交通方式,是通勤碳排放的主要来源。2008 年和 2020 年,私家车的客运周转量占总量的 14.94%和 29.19%,但其碳排放量却占机动车总排放量的 80.9%和 84.98%。

(3)机动车运行速度、交通结构和能源结构是实现通勤交通碳减排的三个有效的切入点,在 2020 年情境中三种方法的碳减排潜力分别为 36.64 t CO_2e、42.73 t CO_2e 和 8.36 t CO_2e。对这三个方面碳减排潜力的分析能够为城市通勤交通碳减排规划提供有力的支持。另外,优化城市功能布局、加强城市交通基础设施、加强交通综合管理及加强政策保障等规划措施也是实现交通碳减排的有效途径。

参 考 文 献

[1] Intergovernmental Panel on Climate Change (IPCC). Revised 1996 IPCC guidelines for national greenhouse gas inventories: Reference manual (Volume 3). Paris: IPCC/OCED, 1997.

[2] Schipper L, Celine M, Roger G. Flexing the link between transport and greenhouse gas emissions: a path for the World Bank. Paris: International Energy Agency, 2000.

[3] Bhat C R, Sen S, Eluru N. The impact of demographics, built environment attributes, vehicle characteristics,

and gasoline prices on household vehicle holdings and use. Transportation Research Part B: Methodological, 2009, 43(1): 1-18.

[4] Eggleston S, Buendia L, Miwa K, et al. 2006 IPCC guidelines for national greenhouse gas inventories. Institute for Global Environmental Strategies, Hayama, Japan, 2006.

[5] 朱松丽. 北京、上海城市交通能耗和温室气体排放比较. 城市交通, 2010, 8(3): 58-63.

[6] 娄成林. 交通模式选择与能耗及尾气污染关系研究. 北京: 北京交通大学硕士学位论文, 2007.

[7] 胡莹菲, 王润, 余运俊. 厦门城市交通系统碳足迹评估研究. 上海环境科学, 2010, 29(3): 98-116.

[8] Bailly H. California life-cycle benefit/cost analysis model(Cal-B/C). California: California Department of Transportation, 1999.

[9] Modelistica. Mathematical Description of TRANUS. Venezuela: Modelistica Company, 2007.

[10] Burnham A, Wang M, Wu Y. Development and applications of GREET 2. 7—the transportation vehicle-cycle model. Chicago: Argonne National Laboratory, 2006.

[11] 柴智勇. 基于 GREET 模型的车用生物质燃料能耗及其排放研究. 长春: 吉林大学硕士学位论文, 2007.

[12] 王微. 基于碳足迹评价的厦门市公共交通低碳发展研究. 北京: 中国科学院研究生院硕士学位论文, 2010.

[13] Asif M, Muneer T, Kelley R. Life cycle assessment: a case study of a dwelling home in Scotland. Building and Environment, 2007, 42(3): 1391-1394.

[14] Scheuer C, Keoleian G A, Reppe P. Life cycle energy and environmental performance of a new university building: modeling challenges and design implications. Energy and Buildings, 2003, 35(10): 1049-1064.

第十二章　家庭能耗碳排放的城市化影响机制

第一节　研究概述

近 20 年来，中国城市发展迅速，城市化率 1985 年仅为 23.7%，2014 年增至 54.8%。预计在未来的几年内，城市化率将持续以每年近 1%的速度增加，于 2030 年达到 60%[1]。

能源是保障城市快速发展的重要物质基础，2013 年我国居民生活能源消费占终端能源消费比例仅次于工业，达 15.27%，居民能耗碳排放已超过城市碳排放总量的 20%[2,3]。随着城市化的迅速推进，城市居民将会带来更大比例的温室气体排放，这给我国应对气候变化带来很大的压力，成为影响城市可持续发展不可忽视的部分[4]。

城市能源的大量消耗使仅占地球表面积约 0.4%的城市，产生全球 85%与能源消耗有关的 CO_2 排放[5]。研究表明，城市温室气体排放已越来越少地受到工业活动的影响，反而越来越多地受到照明、加热和制冷、电子产品使用和交通运输，诸如来自于家庭等能源需求部门的驱动[6,7]。深入系统探究城市家庭能耗碳排放的城市化影响机制，将是缓解全球气候变暖危机的重要途径。然而相比较工业交通等重要产业，关于家庭能耗碳排放及相关的城市环境问题的研究还较少[8,9]。

本章以厦门市为研究区域。厦门分为岛内和岛外区域，岛内高度城市化，城市化率已近 100%，而岛外表现为半城市化、城镇与乡村特征[10]。典型的城市化、半城市化、乡村区域为剖析城市化对于家庭能耗的作用提供了便利地理条件。此外，厦门为典型的海滨城市，对其进行家庭能耗碳排放驱动机制分析，在此基础上提出减少家庭能耗碳排放措施，对拥有全球 50%城市人口沿海城市的人居环境建设，具有重要参考价值[10,11]。厦门市更多详细介绍见第二章第三节研究区域介绍部分。本章的研究主要是通过调查城乡梯度家庭能耗碳排放水平与差异，解析其与自然、社会人文等综合因素的关系，深入理解快速城市化对家庭能耗碳排放的驱动机制。

第二节　研究方法

一、基于家庭单元的能耗碳排放驱动机理剖析

在快速城市化与全球变化共同作用下，城市重要单元——家庭中发生的能耗碳排放，它的驱动因子愈加错综复杂。社会经济条件、人类行为方式、城市自然系统及全球变暖等都将对它产生重要影响。因此，城市家庭能耗碳排放分析应得到更加地重视与深入探析。以家庭住房为研究单元，其数据不仅精确涵盖家庭成员的社会背景、经济条件、行为意识等模式，还可充分理解建筑物单体特征，以及建筑物单体周围的环境信息，如绿地、水体空气质量、人口密度、气候、城市规划特征等，将成为融合经济学、社会学、行为学与建筑学等方法，透彻解析家庭能耗碳排放驱动机制的有利工具[12]。

二、耦合社会人文和自然环境多因子的调查问卷设计

确定三个厦门城市化水平区域，建立样带，在三个区域 24 个街道 311 个社区、156 个村均匀选择样本，共发放调查问卷 7100 份。面对面调查家庭不同种类能源的终端消费量，包括电力、瓶装液化石油气、（代用）天然气、煤炭等的耗能情况及与之相关的四类影响主变量，即住宅所在建筑物特征（以下简称建筑物特征）、建筑物环境、家庭耗能倾向及家庭社会情况等[13]。四类主因素由多个次因素组成，四类主因素的结构组成列于表 12.1。在对数据进行处理前，先针对四类主因素的特点，给次因素编码，以建筑物环境为例，次因素编码设置。问卷数据有定性数据和定量数据两类，其中，家庭耗能方式与耗能量为定量数据，而建筑物特征、家庭社会条件、家庭耗能倾向有定性与定量两类[14]。

表 12.1　社会调查问卷变量结构表

主因素	次因素
建筑物特征	①建筑年代；②建筑结构；③朝向；④住宅通风条件；⑤建筑物屋面颜色；⑥外墙颜色；⑦外墙表面粗糙度；⑧外墙隔热保温效果；⑨住宅外窗颜色；⑩外窗隔热保温效果
建筑物环境	①建筑物周围绿地面积；②建筑物周围水体面积；③社区人口密度；④居住地空气质量
耗能倾向	①注意使用节能家用电器及燃具的程度；②夏天使用空调设定室内达到的理想温度；③为了抵抗高温，提高居住舒适度，愿意投入的改善资金
家庭社会情况	①人口数；②家庭成员平均年龄；③住房面积；④文化程度；⑤年收入；⑥职业

结合 1∶5000 厦门市地形图，使用高分辨率遥感图像 IKONOS，经过几何纠正、辐射纠正、大气纠正等前期处理之后，按照地物的光谱特征进行信息提取，从图像中提取出家庭住宅周围一定缓冲区范围内的绿地、水泥、水体、瓦面、建筑容积率（城市规划）等信息。家庭住宅周围一定缓冲区范围内的人口密度等信息提取为：使用 ArcGIS 将人口密度属性数据与图形数据关联，然后根据水体、绿地等下垫面类型（经遥感技术、高分辨率地形图提取）进行配分。空气质量选用厦门市环境监测站监测数据，也按下垫面类型进行配分，形成全市的空气质量图。人口密度、空气质量、下垫面（绿地、水体等）要素及家庭人文信息要素与家庭能耗碳排放进行链接。

三、多元数理统计计算

由于针对家庭住房单元的数据，其获取途径丰富，数据性质丰富，存在定性和定量数据共存的状况，融合应用多元方法的数据处理模式，是深入理解城市化对家庭能耗碳排放的驱动机制的重要方式。

基于家庭能耗碳排放数据库，以家庭住房为精细单元的社会人文与自然环境信息为基础，综合采用数理统计方法单因素方差分析、多元逐步回归、主成分分析与单变量分析的一般线性模型（general linear model for univariate, GLM-Univariate）进行家庭社会条件、家庭耗能意识、建筑物特征、建筑物环境、城市经济特征对不同城市化水平家庭能耗碳排放的影响因子提取，在此基础上，构建不同城市水平家庭能耗碳排放数学方程[15]。

单因素方差分析能测试某一个控制变量的不同水平是否给观察变量造成了显著差异和

变动。首先，通过单因素方差分析方法来分析影响家庭能源碳排放的可能影响因子，然后应用多元逐步回归方法分析，并结合单因素方差分析得到的结果得出家庭能源碳排放的显著影响因素。在此选用双对数方程对家庭能源碳排放及可能影响因素进行多元逐步回归。用逐步回归分析方法研究家庭住宅所在建筑物特征等四个自变量对家庭能耗碳排放的影响，其结果比其他相关回归分析意义更显著，保证了所建立的最优方程中的自变量对因变量的贡献都是显著的。

$$\ln y = \beta_0 + \beta_1 x_1 + \beta_2 x_2 + \beta_3 x_3 + \beta_4 x_4 \tag{12.1}$$

式中，x_1、x_2、x_3、x_4 分别为建筑物特征、建筑物环境、耗能倾向、家庭社会情况；β_0 为常数；β_1、β_2、β_3、β_4 为回归系数。研究中将这几个变量取对数，可以消除异方差，使得变量之间的拟合效果更好，而且回归方程中的系数反映的是解释变量与被解释变量之间的弹性关系。

基于社会调查数据存在定性和定量数据并存的状况，应用单变量分析的一般线性模型，克服对存在至少两个水平以上的分类因素等定性数据进行处理时开展的庞杂的哑变量处理，并克服计算结果对哑变量赋值方法的高度依赖，从而得到分析因素的整体效应[16]。

在对建筑物特征的家庭能耗驱动机理探究中，将人口、住宅面积 2 个协变量与 9 个建筑体特征因素纳入 GLM-Univariate 模型。通过单变量分析的一般线性模型，分析各因素（协变量）的 p 值和效应值 η^2，判断主要影响因素（协变量）[17]。

四、标准家庭的建立

建筑物特征与家庭社会人文环境对城市家庭能源有着重要的影响，为了精确地分析家庭能耗排放的自然环境（绿地水体等）驱动机理，应尽可能地消除建筑体特征及家庭社会人文环境这两个因素带来的影响。研究表明，确定厦门市家庭社会人文环境的主要因子为家庭人口、住宅使用面积、家庭成员的平均年龄和家庭收入。据此定义了一个标准家庭，以其社会人文变量代表城市的平均水平，这个标准家庭在城市不同区域的碳排放水平就可消除家庭社会人文信息对家庭能耗碳排放的影响。据调查可推算厦门标准家庭的平均社会条件是：4 个家庭成员、拥有住宅面积 70~90 m²，家庭月平均收入 2500~4500 元，家庭平均年龄 35~45 岁。

使用普通最小二乘回归方程构建不同街镇的家庭能源消耗碳排放回归方程。回归方程有小于 12 个的解释变量，包括 1 个家庭规模的变量（FS）、1 个家庭住宅面积的变量（HA）、6 个家庭收入的变量（IM）、4 个平均年龄的变量（AA）。每个街镇的家庭能耗碳排放回归方程的变量不同，参数也不相同。例如，湖里区的回归方程为

$$Y = 3.73 + 0.96 \times FS + 0.46 \times HA - 0.32 \times IM1 + 0.26 \times IM2 + 0.15 \times IM3 + 0.50 \times IM5 + 0.59 \times IM6$$
$$- 0.17 \times AA1 - 0.41 \times AA2 - 0.10 \times AA4 - 1.01 \times AA5$$

将标准家庭的社会人文信息代入家庭能耗碳排放的回归方程就可以得到不同街道标准家庭的能耗碳排放值[18]。

五、建筑周围环境指示指标的构建

空间可达性是指从事某项活动时到达某一空间位置的便捷度，它反映了空间实体之间克服距离障碍进行交流的难易程度，表达了空间实体之间的疏密关系。绿地水体的空间可达性，可作为建筑物周围环境信息的指示指标，以分析建筑物周围环境对于家庭能耗碳排放的影响

机理。使用 ArcGIS 计算住宅一定缓冲区 10m、50m、100m、300m、500m、1000m 距离内的绿地和水体面积，以及相应缓冲区范围内的绿地（水体）中心点与住宅点的距离。定义特定缓冲区范围内绿地（水体）的面积与距离比值为绿地（水体）综合可达性，以此构成建筑周围环境指示指标。

六、家庭能耗碳排放视角的城市可持续形态指标构建

由于研究空间尺度较为精细，为了尽量消除城市建设用地面积对于紧凑度计算结果的影响，构建一种新型空间形态定量化指标"标准化紧凑度指数"（normalized compactness index，NCI），以圆形区域作为具有最大紧凑度的城市空间形态。通过标准化紧凑指数指示城市的形态，进而从家庭能耗碳排放的视角理解紧凑是否是可持续的城市形态。

紧凑度的高低通常反映在城市人口、产业、交通、设施和资金的空间密度上[19]。圆形被视为区域最紧凑的特征形状，即该城市内部空间完全被建设用地占用。圆形区域作为标准度量单位，它不仅综合了不规则形状的多方面特性，还便于不同城市及更小的城市内部尺度之间的比较。厦门市江头街道已建设用地分布情况如图 12.1 所示，图 12.2 中圆的面积与江头街道的建设用地面积总和相等，该圆称为江头街道的等价圆。图 12.1 和图 12.2 中采用的是 5km ×5km 的网格。

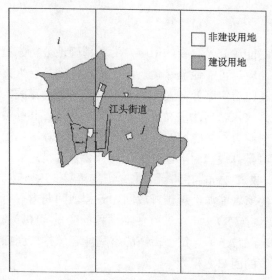

图 12.1   江头街道建设用地布局

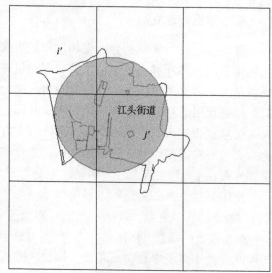

图 12.2   等价圆示意图

根据等价圆思想，城市的标准化紧凑度指数被定义为

$$NCI = \frac{T}{T_{max}} \tag{12.2}$$

式中，NCI 为标准化紧凑度指数；T 为街道紧凑度；T_{max} 为街道建设用地等价圆的紧凑度。NCI 的取值在 0~1，NCI 值越接近 1 则表示街道的空间形态越接近圆，即越紧凑。标准紧凑度指数的计算公式为

$$\text{NCI} = \frac{T}{T_{\max}} = \frac{M(M-1)}{N(N-1)} \frac{\sum_{i=1}^{n} \sum_{j=1}^{n} \dfrac{Z_i Z_j}{d_{ij}^2}}{\sum_{i'=1}^{m} \sum_{j'=1}^{m} \dfrac{S_{i'} S_{j'}}{d_{i'j'}^2}} \tag{12.3}$$

式中，Z_i 和 Z_j 为江头街道网格 i 和网格 j 内的建设用地面积；d_{ij} 为网格 i 与网格 j 的几何距离；N 为网格数；S_i 和 S_j 为江头街道等价圆中网格 i' 和 j' 内的建设用地面积；$d_{i'j'}$ 为网格 i' 和 j' 的几何距离；M 为等价圆的网格总数。从图 12.2 可看出，江头街道在 5km ×5km 的网格中等价圆的网格总数 $M=4$。

第三节　研究结果

一、厦门市家庭能耗碳排放

厦门岛区居民的主要能耗方式为电力和液化石油气，其中液化石油气主要由代用天然气、瓶装液化石油气组成。从调查问卷统计得出厦门岛区家庭电力消费量平均为 932.08MJ/（户·a），液化石油气及代用天然气消费量为 616.93MJ/（户·a），总的家庭能耗直接碳排放量为 1218.2kg/（户·a）。液化石油气、代用天然气及电力碳排放分别占能耗直接碳排放量的 7.9%、9.0%及 83.1%，电力碳排放是主要的家庭能源碳排放方式（图 12.3）。

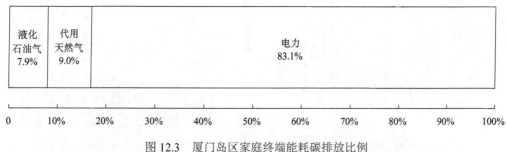

图 12.3　厦门岛区家庭终端能耗碳排放比例

厦门岛家庭单位面积能耗碳排放在 0.0112~57.37 kg/ m²，平均值为 5.02kg/ m²。厦门岛年单位面积家庭能耗为 100.7 kW·h。如果按照厦门岛家庭规模户均 3.53 人计算，那么我国年家庭能耗碳排放量是 2.84 kg/m²，厦门市比全国水平高 70%。

厦门岛能耗碳排放月均家庭为 114.06kg，比郑思奇报道的厦门市水平的 50.17 kg 高[20]，厦门岛单位面积能耗碳排放量为 11.98 kg/m²，与林树枝的研究结果 11.31 kg/m²接近[21]。厦门岛 CO_2 排放量为 4.70 t，比上海市的 1.8 t、北京市的 4.0 t 高。与中国其他城市相比，厦门市家庭能耗 CO_2 排放量较高，但是相比一些发达国家，如美国最洁净的城市圣地亚哥和旧金山，厦门岛家庭能耗碳排放量要低得多[22]。

从街道空间上看，厦门马巷街道的家庭能耗碳排放量最低为 77.44 g C /a，嘉莲街道最高为 1021.16 g C/a。整个厦门市月家庭能耗碳排放量为 60.91kg，比厦门岛的 114.06kg 低。厦门市单位面积的能耗碳排放量是 9.84 kg/ m²，同样低于厦门岛的 11.98kg/m²。整个厦门市年碳排放量为 2.68t，比厦门岛的 4.70t 低。

二、家庭能耗碳排放综合影响因子

根据获得的厦门岛区家庭能耗基础数据，分别进行建筑物特征、建造物周围环境、家庭社会情况，以及家庭耗能倾向社会调查状况四类主因子对于家庭总能耗直接碳排放的单因素方差分析（图12.4）。与建筑物特征、家庭耗能倾向相比，建筑物环境分组变量之间相伴概率为0.013，未通过0.05显著性水平检验，表示拒绝零假设，说明建筑物环境11个分组变量中至少有一组和其他10组有明显的区别，也有可能11个分组变量之间都存在显著的区别（$F=2.30**$，$P=0.000$）。最小显著差异法（least significant difference，LSD）多重比较的结果表明，建筑物环境分组变量0.55组与0.5组（sig=0.034）、0.74组（sig=0.005）、0.9组（sig=0.004），变量0.61组与0.74组（sig=0.001）、0.9组（sig=0.001）家庭的能耗直接碳排放存在显著差异，因此推断家庭住宅所在建筑物周围自然环境是影响家庭能耗直接碳排放的主要因素。不同建筑物环境的家庭能耗直接碳排放的差异既表现在液化石油气、代用天然气消耗直接碳排放上，也体现在电力消耗碳排放上。

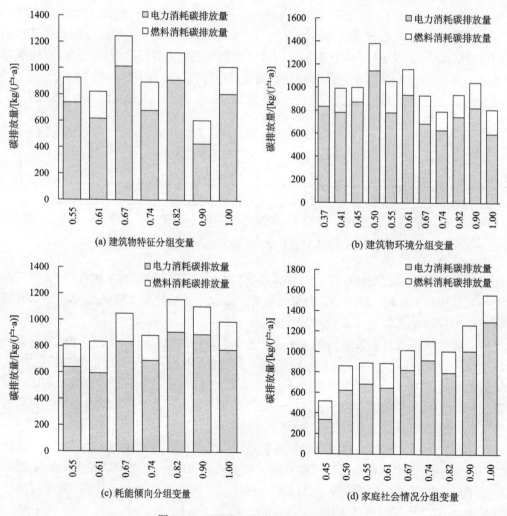

图12.4　不同类型家庭能耗直接碳排放

对家庭社会情况进行单因素方差分析，得出不同社会情况的家庭能耗直接碳排放存在显著差异（$F=2.048**$，$P=0.000$）。家庭社会情况分组变量之间相伴概率为 0.04，小于显著性水平 0.05，即家庭社会情况 9 个分组变量中至少有一组和其他 8 组有明显的区别，或者 9 个分组变量之间都存在显著的区别。LSD 多重比较的结果也证实了以上结论，即家庭社会情况变量 1.0 组与 0.45 组（sig=0.021）、0.5 组（sig=0.028）、0.55 组（sig=0.008），变量 0.74 组与 0.55 组（sig=0.032）、0.61 组（sig=0.025）的家庭能耗直接碳排放有着显著的差异。家庭社会情况变量值高的家庭能耗直接碳排放相应较高，而且不同家庭社会情况能耗直接碳排放的差异主要体现在液化石油气及代用天然气消耗直接碳排放上。

通过不同类型家庭间的比较，得到厦门岛区居民家庭能耗直接碳排放的差异特征，得出建筑物环境和家庭社会情况为家庭能耗直接碳排放的两个影响因素。但是，由于单因素分析没有考虑主变量之间可能存在的相互作用关系，因此通过单因素分析得到的两个影响因素对于家庭能耗直接碳排放的机制尚不是很明确。例如，建筑物环境和家庭社会情况之间就可能有着内在的联系，在相当大程度上，住宅小区的档次是家庭社会经济条件的反映。

为了更好地探究四个主变量对家庭能耗直接碳排放的影响水平，对建筑物特征（x_1）、建筑物环境（x_2）、耗能倾向（x_3）和家庭社会情况（x_4）四个因素进行多元逐步回归分析。分析结果显示，仅有家庭社会情况被选入回归方程，回归方程（$F=11.15$）及回归系数均在 99%置信度下显著，家庭社会情况因素对家庭能源直接碳排放变化的解释能力为 17.9%（$R^2=0.179$），其回归方程为 $\ln y = 6.412 + 0.582\ln x_4$，按标准回归系数实值顺序将影响因素列于表 12.2。逐步回归结果进一步证实了家庭社会情况对家庭能耗直接碳排放的影响，但是由于家庭社会情况因素对家庭能耗直接碳排放变化解释能力较低（仅解释了 17.9%），因此除了家庭社会情况外，可能存在其他影响家庭能耗直接碳排放的因素。

表 12.2　家庭能耗碳排放影响因子逐步回归分析

自变量	偏回归系数	标准误差	标准回归系数	T 值	P
常数项	6.412	0.195	—	32.801	0
x_4	0.582	0.174	0.179	3.34	0.001

三、家庭能耗碳排放的社会人文影响

在明确了家庭社会情况为家庭能耗直接碳排放的主要影响因素后，为进一步分析家庭社会情况次因素对于家庭能耗直接碳排放的贡献，对家庭社会情况中的 6 个次因素即住宅面积、家庭人口数、家庭人口平均年龄、职业、文化程度、年收入进行对家庭能耗直接碳排放贡献的主成分分析。分析结果表明，家庭能耗直接碳排放受住宅面积和家庭人口数的显著影响。从表 12.3 可以看出，由家庭人口数和家庭住宅面积组成的公共因子解释了 42.74%的方差，但是住宅面积对公共因子的贡献率（0.829）大于家庭人口数的贡献率（0.792），所以相对于家庭人口数，住宅面积是影响家庭能耗直接碳排放的更为重要的因素。

表 12.3　家庭能耗直接碳排放影响因子的载荷矩阵

项目	第一主成分	第二主成分
住宅面积	0.829	−0.041
家庭人口数	0.792	−0.024
职业	0.069	0.75
年龄	−0.137	0.59
年收入	0.038	0.278
文化程度	−0.107	−0.506
特征值	1.366	1.26
信息百分比	42.74%	19.49%

四、家庭能耗碳排放的建筑特性影响

为了更好地解决社会问卷调查中的定性和定量数据共存问题，在针对建筑体的家庭能耗碳排放（以下简称为 UHEUCE）影响机制剖析中，将建筑物特征及人口、住宅面积共 9 个因素、2 个协变量纳入 GLM-Univariate 模型，并通过单变量的一般线性模型，分析各因素（协变量）的 P 值和效应值 η^2，判断主要影响因素（协变量）（表 12.4）。

表 12.4　模型 1 的 GLM-Univariate/UNIANOVA 计算过程

UNIANOVA
UHEUCE BY 建筑年代, 建筑结构, 外墙颜色, 建筑物顶颜色, 外墙粗糙度, 朝向, 通风性, 外墙隔热保温效果, 外窗隔热保温效果 WITH 建筑面积, 家庭人数
/METHOD=SSTYPE（3）
/INERCEPT=INCLUDE
/PRINT=ETASQ
/CRITERIA=ALPHA（0.5）
/DESIGN= 建筑年代, 建筑结构, 建筑面积, 外墙颜色, 建筑物顶颜色, 外墙粗糙度, 朝向, 通风性, 外墙隔热保温效果, 外窗隔热保温效果, 家庭人数

表 12.5 表明朝向的 η^2 最小，因此去除朝向因子后建立新的模型，得到新模型中各因素的 P 值和效应值。依次去除与 UHEUCE 相关性较小的因子，直到获得与 UHEUCE 相关性较高的因子。

表 12.5　模型 1 主体间效应的检验

源	III 型平方和	自由度	均方	F 值	显著性
校正模型	748.21	34	22.006	4.470	0.000
截距	31.734	1	31.734	0.001	0.980
建筑面积	57.6	1	12.855	26.111	0.000
建筑年代	0.383	3	1.920	3.900	0.009

续表

源	Ⅲ型平方和	自由度	均方	F值	显著性
建筑结构	0.1665	2	0.191	0.389	0.678
朝向	0.0973	4	0.416	0.845	0.497
外墙颜色	1.5123	3	0.324	0.659	0.578
外墙粗糙度	72.85	3	0.504	1.024	0.382
外墙隔热保温效果	0.1019	4	0.182	3.699	0.006
建筑物屋顶颜色	71.48	3	0.340	0.690	0.559
外窗隔热保温效果	0.1575	6	0.119	2.420	0.027
通风性	122.64	4	0.394	0.800	0.526
家庭人数	128.55	1	0.123	24.909	0.000
误差	150.163	305	0.492		
总计	729.53	340			
校正的总计	224.984	339			

R^2 =0.333（调整 R^2 =0.258）

表 12.6 是模型 2 的计算过程。表 12.7 是最终的模型 2 的计算结果。建筑年代、外墙隔热保温效果、外窗隔热保温效果及家庭人口数、住宅面积具有统计学意义的 3 个因素、2 个协变量纳入最终模型。在最终模型中总的离差平方和分为两个部分：多个控制变量对观察变量的独立作用部分及随机变量影响部分。从模型 2 可以看出，UHEUCE 的影响最为显著的是外窗隔热保温效果（ η^2 =0.571），次之是建筑年代（ η^2 =0.379），然后是外窗隔热保温效果（ η^2 =0.360），其他建筑体特征与 UHEUCE 的相关性很小。由此得出，外墙隔热保温效果、外窗隔热保温效果越好、建筑年代越久远，家庭能耗碳排放越小。

表 12.6　模型 2 的 GLM-Univariate/UNIANOVA 计算过程

UNIANOVA
UHEUCE BY 建筑年代, 外墙隔热保温效果,外窗隔热保温效果 WITH 建筑面积, 家庭人数
/METHOD=SSTYPE（3）
/INERCEPT=INCLUDE
/PRINT=ETASQ
/CRITERIA=ALPHA（0.5）
/DESIGN= 建筑年代, 建筑面积, 外墙隔热保温效果, 外窗隔热保温效果, 家庭人数

表 12.7　模型 2 的 P 和 η^2

源	Ⅲ型平方和	自由度	均方	F值	显著性
校正模型	67.966	15	4.531	9.35	0
截距	1.757	1	1.757	36.26	0.058
建筑年代	6.189	3	2.063	42.57	0.006

续表

源	Ⅲ型平方和	自由度	均方	F值	显著性
外墙隔热保温效果	5.861	4	1.465	30.24	0.018
外窗隔热保温效果	9.508	6	1.585	32.7	0.004
误差	157.017	324	0.485		
总计	729.526	340			
校正的总计	224.984	339	$R^2 = 0.302$（调整 $R^2 = 0.270$）		

五、家庭能耗碳排放的建筑物自然环境影响

1. 绿地水体面积对家庭能耗碳减排效应

通过标准家庭的建立，获得消除社会人文因素影响的家庭能耗碳排放。一个标准家庭在滨海街道的能耗碳排放最低，为 304.71 g C/a，而嘉莲街道的碳排放最高，达到 1504.59 g C/a（图 12.5）。不同街道之间的家庭能耗碳排放差异是显著的。以每吨二氧化碳的最大社会边际成本为 35 美元计算，一个标准家庭从嘉莲街道移居至滨海街道，将减少 153.98 美元的碳成本，大约为一个 50000~70000 元人民币家庭收入的 23.10%[22]。

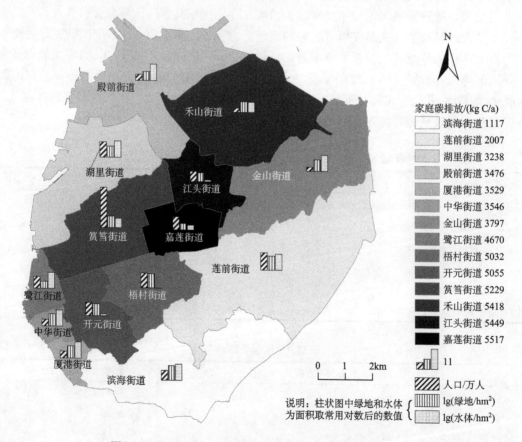

图 12.5 街道的人口/绿地面积/水体面积与家庭能耗碳排放

基于 RS/GIS 技术获取了不同街道内部的绿地和水体面积总和，其中滨海街道的绿地面积最大（2220.95 hm²），嘉莲街道的绿地面积最小（34.50 hm²）。水体面积的变化幅度大于绿地，最大的水体面积在殿前街道（5704.71 hm²），而最小的是梧村街道，该街道没有水体存在（图 12.6）。线性回归方程表明 UHEUCE 与城市绿地水体面积之间存在负相关，水体对家庭住宅能耗碳减排的作用显著于绿地。

由图 12.7 可知，每增加 1.07 hm²绿地、0.40 hm²水体的面积，将减少 1 t 的 CO_2 排放。按照 20 世纪 70 年代以来厦门市的绿地面积每年减少 2.6%及自 1908 年以来厦门市海岸带每年缩减 3.5%的速率计算[23]，到 2030 年绿地和水体面积的减少将导致家庭能耗碳排放量分别增加 9.23t 和 14.26t。

$$Y_{CO_2}=4819.522-1.069X_{GS}（R^2=0.34）\tag{12.4}$$

$$Y_{CO_2}=5292.068-0.402X_{WB}（R^2=0.62）\tag{12.5}$$

式中，Y_{CO_2} 为家庭能耗碳排放；X_{GS} 和 X_{WB} 分别为绿地和水体的面积。

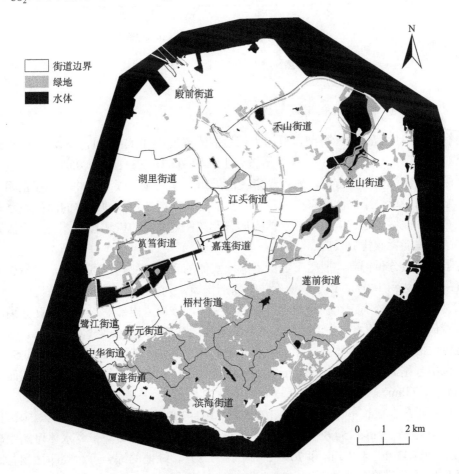

图 12.6　水体绿地信息

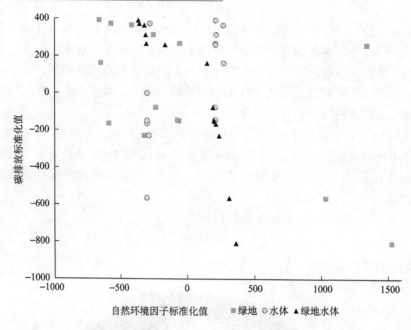

图 12.7　自然环境因子与能耗碳排放的相关性

2. 绿地水体面积对家庭能耗碳减排效应

应用标准紧凑度指数指标得到，厦门市街道的紧凑度为 0.17~0.91，平均值为 0.56。有 1/3 的街道紧凑度介于 0.17~0.43；1/3 的街道介于 0.49~0.62，1/3 则高于 0.62。建立紧凑度与家庭能耗碳排放的线性回归方程，发现越紧凑的城市与家庭能耗碳减排并不存在正相关性，相反，越紧凑的城市，家庭能耗碳排放越高。从前述研究得知，绿地水体的面积与家庭能耗碳减排具有正相关性，通过城市绿地水体的形态及其住宅空间的可达程度，进一步探究紧凑城市形态的家庭能耗碳排放效应。

通过景观指数分析得到，厦门市各街道绿地水体的联通度变化范围较大，中华街道的绿地联通度最大，达到 100%。最小联通度位于新店街道，为 11.94%，而 75% 街道的绿地联通度为 24.23%~89.19%。有三个街道的水体联通度为 0，该街道内部的水体是相互分离的。两个街道有着最高 100% 的水体联通度，大多数的水体的联通度位于 6.85%~78.57%。

绿地可达面积在建筑单体的缓冲 1~100 m 带、101~300 m 带、301~500 m 带和 501~1000 m 带的区域中分别为 2.52 hm^2、8.05 hm^2、13.09 hm^2 和 59.87 hm^2。相应的水体可达面积分别为 0.48 hm^2、2.73hm^2、6.16 hm^2 和 38.15 hm^2（表 12.8）。

绿地可达距离在建筑单体的缓冲 1~100m 带、101~300m 带、301~500m 带、501~1000 m 的区域中分别为 51.58 m、154.65 m、410.79 m 和 769.81 m。相应缓冲带内水体可达距离分别为 55.02 m、157.11 m、412.7 m 和 769.02 m（表 12.8）。绿地的综合可达（即面积与距离比值）最低值出现在建筑单体的缓冲 301~500m 带，为 316.12，最大值为 777.73，出现在 501~1000 m 带（图 12.8）。而水体的综合可达最低值出现在 1~100 m 带，为 87.11，最大值在 501~1000 m 带，为 496.08（图 12.9）。

表 12.8 缓冲区范围内的绿地水体可达性

住宅缓冲区区间/m	相交的绿地数	相交的水体数	绿地可达（平均值）			水体可达（平均值）		
			面积/hm²	距离/m	综合	面积/hm²	距离/m	综合
1~100	11	11	2.52	51.58	487.72	0.48	55.02	87.11
101~300	80	25	8.05	154.65	520.52	2.73	157.11	174.16
301~500	149	46	13.09	410.79	316.12	6.16	412.7	149.31
501~1000	635	185	59.87	769.81	777.73	38.15	769.02	496.08

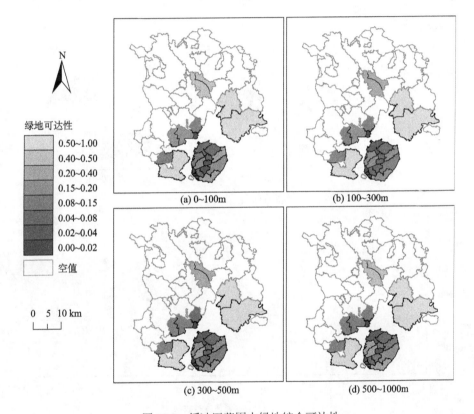

图 12.8 缓冲区范围内绿地综合可达性

　　水体的综合可达程度与水体距离成正比，而绿地的综合可达程度与绿地距离不存在一定的相关性。分析结果显示，紧凑的城市形态并不利于家庭住宅能耗碳减排。与住宅近的绿地水体表现出更加显著的碳减排能力。另外，绿地和水体的破碎度越高，家庭能耗碳减排的能力越强（图 12.10）。通过建筑物周围水体的面积/路径的可达性分析，发现紧凑的城市形态由于在城市建设过程中挤占大面积绿地水体，同时忽视近住区的绿地水体的建设，导致住宅碳减排与城市紧凑程度的负相关（表 12.9）。

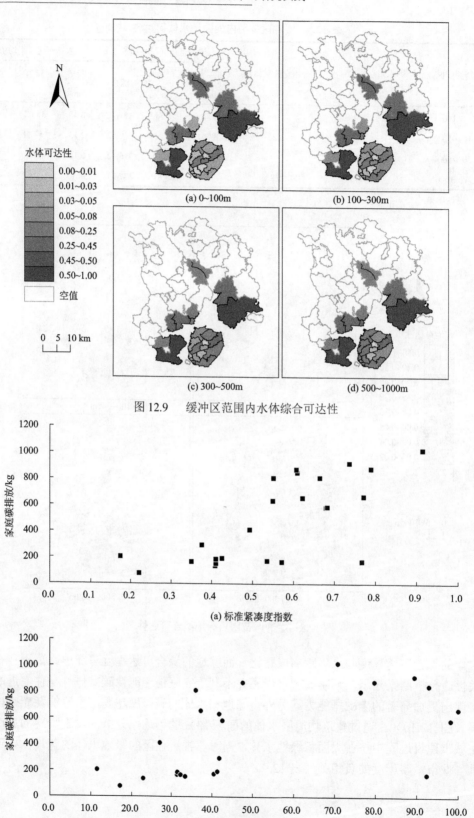

图 12.9　缓冲区范围内水体综合可达性

(a) 0~100m　　(b) 100~300m　　(c) 300~500m　　(d) 500~1000m

(a) 标准紧凑度指数

(b) 绿地联通度/%

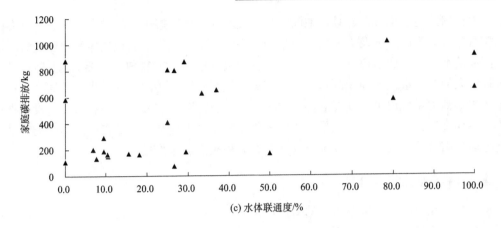

图 12.10　　NCI、GS/WB 联通度与 UHEUCE 相关性

表 12.9　综合可达性与 UHEUCE 相关性

住宅缓冲区区间/m	绿地		水体	
	面积	综合	面积	综合
1~100	$y = -0.0106x + 750.16$	$y = -0.806x + 14.793$	$y = -1.1075x + 14.428$	$y = -0.8008x + 11.746$
	（0.5652）	（0.5467）	（0.5461）	（0.4909）
101~300	$y = -0.003x + 722.25$	$y = -0.9016x + 15.043$	$y = -1.0567x + 15.989$	$y = -1.3495x + 15.959$
	（0.5251）	（0.5706）	（0.5275）	（0.6325）
301~500	$y = -0.0017x + 707.91$	$y = -0.7919x + 14.064$	$y = -0.6569x + 14.636$	$y = -1.0244x + 14.551$
	（0.4733）	（0.5373）	（0.4559）	（0.6536）
501~1000	$y = -0.0003x + 690.36$	$y = -0.76x + 14.838$	$y = -0.4976x + 15.504$	$y = -0.9051x + 15.148$
	（0.3931）	（0.5314）	（0.3575）	（0.5718）

注：括号内为 R 值。

第四节　分析与讨论

一、家庭建筑能耗碳排放主导影响因素

　　相比较家庭住宅建筑物特征、建筑物环境，以及家庭耗能倾向，家庭社会情况这一人文因素是家庭能耗直接碳排放的最为重要的影响因子，并且家庭社会情况对家庭能耗的作用主要体现在对炊事燃料使用的影响上，造成这种结果的原因主要在于以下两个方面：一是不同社会情况的家庭利用的炊事燃料存在较大差异；二是厦门岛区不同社会情况的家庭在外用餐的次数存在较大不同。因此，有些家庭能耗碳消费可能转移到家庭外排放，所以综合城市其他耗能部门的碳排放状况，将有助于完善家庭能耗碳排放的影响因素分析。

二、社会人文要素影响机制

　　家庭社会情况中的住宅面积与人口数量这两个因子解释了家庭社会情况对家庭能源直

接碳排放贡献的主要部分，并且住宅面积是导致家庭能耗直接碳排放发生变化最为重要的因素。随着城市的迅速发展及人们生活质量的提高，城市居民住宅面积整体呈增加趋势。城市住宅面积的增大是造成城市家庭能源消耗过程向大气增加 CO_2 排放的主要原因，所以城市发展过程中人们对宽敞住宅面积的追求与城市家庭能耗碳排放之间存在着尖锐矛盾，而解决这对矛盾将成为关系城市可持续发展的重要环节。目前，政府在城市规划和城市建设中提倡以中小户型住宅建设为主，这不仅是解决居民居住问题的重要举措，还在一定程度上对减少城市住宅能耗碳排放，改善城市局部气候环境有着积极的促进作用。

三、建筑体特征要素影响机制

位于冬暖夏热区域的厦门市，随着城市化的迅速推进，家庭能耗已成为城市能耗的重要组成部分，家庭能耗碳排放加剧了城市对全球气候变化的影响程度。家庭能耗碳排放除受到家庭人口数及家庭住宅面积因素的影响外，建筑物特征也与其有着密切的相关性，外窗隔热效果、外墙隔热效果、建筑年代的影响程度依次减小，同时外墙、外窗隔热效果越好、建筑年代越新，越有利于节约家庭能耗，从而减小家庭能耗的碳排放量。因此，重视建筑围护结构中外窗和外墙隔热保温的节能性质设计，同时在新型建筑中积极推进空调制冷系统、热水供应系统和照明系统等建筑能耗系统的节能设计与运行管理工作，提高用能设备的整体效率，将促进节约建筑能耗，从而减缓家庭能耗的碳排放，实现建设生态城市环境的目的。

四、城市形态要素影响机制

紧凑的城市形态并不能减小家庭能耗碳排放。紧凑的城市形态造成与住宅邻近的绿地水体面积的减小，形态的破碎化，而这些区域中具有良好联通性的绿地水体具有重要的碳减排效应。紧凑的城市格局会压缩住宅的绿地水体可达性，从而造成建筑能耗碳排放的增加（图12.10）。理解紧凑等城市形态对住区能耗碳排放的作用，对于合理规划绿地和水体的空间布局，实现低碳城市建设具有重要的作用。构建代表城市平均水平的标准家庭在一定程度上消除家庭人文环境的差异，为精细分析建筑周围环境对于家庭能耗碳排放的影响机制分析提供了科学依据。通过绿地水体空间可达性及城市紧凑等城市形态模型构建建筑物周围环境指示指标，进而建立标准家庭能耗碳排放量与建筑周围环境指示指标之间线性回归模型，是挖掘街道微尺度家庭能耗碳排放的自然环境影响机理的重要途径。

第五节　研究小结

（1）应用社会调查与 RS/GIS 等空间分析方法获得以家庭住房为单位的家庭能耗碳排放及社会人文和自然环境信息，为分析家庭能耗碳排放的相关研究提供数据基础。

（2）分析建筑体周围自然环境（如绿地水体空间可达性）的家庭能耗碳排放机制，应尽量减小来自社会人文、建筑体建筑特征的影响，而耦合社会人文和自然环境因子，针对多源数据源的多元方法应用，为实现家庭能耗碳排放的环境驱动机理分析，如绿地水体的空间可达程度的建筑碳排放影响机制挖掘，提供了方法支持。

参 考 文 献

[1] 国家统计局. 中国统计年鉴 2015. 北京: 中国统计出版社, 2015.

[2] Li B, Yao R. Urbanisation and its impact on building energy consumption and efficiency in China. Renewable Energy, 2009, 34(9): 1994-1998.

[3] Feng Z, Zou L, Wei Y. The impact of household consumption on energy use and CO_2 emissions in China. Energy, 2011, 36(1): 656-670.

[4] David E B, David C, Günther F. Urbanization and the wealth of nations. Science, 2008, 319: 772-775.

[5] International Energy Agency, Head of Communication and Information Office. World Energy Outlook. 2008, France.

[6] Houghton J T, Meira F L G, Lim B, et al. Revised 1996 IPCC Guidelines for National Greenhouse Gas Inventories Workbook. http: //www. ipcc-nggip. iges. or. jp/public/gl/guidelin/ch1wb1. pdf.

[7] Organisation for Economic Co-operation and Development. Cities and Climates Change Report. 2010. http: //www. oecd. org/document/4/0, 3746, en_2649_34413_44232836_1_1_1_1, 00. html.

[8] Anker-Nilssen P. Household energy use and the environment—a conflicting issue. Applied Energy, 2003, 76(1): 189-196.

[9] Zhang X, Luo L, Skitmore M. Household carbon emission research: an analytical review of measurement, influencing factors and mitigation prospects. Journal of Cleaner Production, 2015, 103: 873-883.

[10] 厦门市统计局. 厦门经济特区年鉴 1986, 1990~2015. 北京: 中国统计出版社, 1987-2016.

[11] Grimm N B, Faeth S H, Golubiewski N E, et al. Global change and the ecology of cities. Science, 2008, 319(5864): 756-760.

[12] Liu J G. Sustainability: a household world. Science, 2010, 329(5991): 512.

[13] 王瑛. 问卷调查的质量控制. 商业经济与管理, 2003, (04): 25-27.

[14] 叶红, 潘玲阳, 陈峰, 等. 城市家庭能耗直接碳排放影响因素. 生态学报, 2010, 30(14): 3802-3811.

[15] 古亚拉提. 经济计量学精要. 北京: 机械工业出版社, 2006.

[16] 马立平. 统计数据标准化——无量纲化方法——现代统计分析方法的学与用(三). 北京统计, 2000, (03): 34-35.

[17] Ye H, Wang K, Zhao X, et al. Relationship between construction characteristics and carbo n emissions from urban household operational energy usage. Energy and Buildings, 2011, 43(1): 147-152.

[18] Ye H, Qiu Q, Zhang G, et al. Effects of natural environment on urban household energy usage carbon emissions. Energy and Buildings, 2013, 65: 113-118.

[19] Burton E, Jenks M, Williams K. The Compact City: a Sustainable Urban form? New York: Routledge, 2003.

[20] Zheng S, Wang R, Glaeser E L, et al. The greenness of China: household carbon dioxide emissions and urban development. Journal of Economic Geography, 2010: 31.

[21] Li S Z. General plan and strategies on construction of low-carbon city in Xiamen. Building Energy Efficiency, 2010: 1.

[22] Glaeser E L, Kahn M E. The greenness of cities: carbon dioxide emissions and urban development. Journal of Urban Economics, 2010, 67(3): 404-418.

[23] Lin T, Li X H, Zhang G Q, et al. Dynamic analysis of island urban spatial expansion and its determinants: a case study of Xiamen Island. Acta Geographica Sinica, 2010, 65(6): 715-726.